叢書 現代社会のフロンティア 27

社会学の問題解決力

理論・分析・処方箋

Kaneko Isamu
金子 勇 著

ミネルヴァ書房

はじめに

若いころの私は社会学を学びながら、漱石の『草枕』冒頭にある次の文章に強く惹かれた。「人の世を作ったものは神でもなければ鬼でもない。やはり向う三軒両隣りにちらちらするただの人である。ただの人が作った人の世が住みにくいからとて、越す国はあるまい。あれば人でなしの国へ行くばかりだ。人でなしの国は人の世よりもなお住みにくかろう。越す事のならぬ世が住みにくければ、住みにくい所をどれほどか、寛容《くつろげ》て、束の間の命を、束の間でも住みよくせねばならぬ」（傍点原文、夏目漱石『草枕』岩波文庫。現代仮名に表記変え）。そして、「世に住むこと二十年にして、住むに甲斐《かい》ある世と知った」（同右）。漱石のこの文章へのこだわりは四〇年間の研究テーマを決定させて、それは今でも続いている。

本書は、マクロ社会学の観点から社会学的想像力を活用して、日本社会の「住むに甲斐《かい》ある世」の構造と機能を探求してきたささやかな私の記録である。

社会学を生業としてから、「三軒両隣りにちらちらするただの人」が集合した現代社会のなかで「住むに甲斐《かい》ある世」を探究するには、比較社会学の手法により、日本社会全体を素材とした歴史的な変遷を知ることが重要であると考えて、マクロ社会学的な観点を堅持してきた。とりわけ私が青春時代を過ごした一九六〇年代の高度成長期の個別的研究が、社会変動、社会成長、社会発展、社会解体などの事例を豊富に提供するので、その時代を大きく特徴づけるイノベーションの歴史についても学んできた。

今日に至る政治、経済、文化が大きく変動した理由は、人口動態とともに高度成長期のさまざまなイノベーションの成果が日本社会システムと国民生活に影響したからである。

幸いなことにその時期には、全体社会の「一筆書き」ともいえる「社会システム」という発想がパーソンズによって体系化され、日本でものちに構造機能論者として評価される人々が社会システム論を基盤として社会変動論を開始していた。そして、その半世紀も前に高田保馬が彫琢した人口史観を社会システム論と組み合わせれば、二〇世紀末から二一世紀の中盤に顕在化する「少子化する高齢社会」の全貌が見えてくると考えた。

他方、実態としての社会変動は、そこに生きて、学び、働き、子育てをして、遊ぶ日本人の意識にも行動様式にも強く作用して、国民性の変容を促した。日本人はかなり変わったが、その直前の姿は柳田國男が創始した日本民俗学によりかなり正確に記録されていたので、それを学ぶことにより高度成長期前後の比較が可能になった。

身近なライフスタイルはさまざまな分野で大きく変わった。たとえば燃料としての薪《たきぎ》から都市ガスやオール電化へ、通信では速達からメールとインターネットの時代へ、知の宝庫としての大百科事典の参照からネット検索の時代へ推移した。さらに交通機関の変貌も大きく、特急列車から新幹線やジェット機の時代へ移り、筆記具でも万年筆からパソコン・ワードの時代になるなど、この半世紀には多様で著しい変貌が生じた。

社会学でもデータ情報処理の技術が革新されたために、都市での五〇〇人規模のランダムサンプリングに基づく訪問面接調査の実施と集計分析が容易になった。調査票という限界はあるにせよ、特定のテーマについての市民や国民の意見分布と行動様式の多様性が調査でき、その結果を自らのパソコンで細かく計算できるようになり、この方面のイノベーションは計量社会学の隆盛に貢献した。

団塊世代である私の四〇年間はこの種の社会変動現象に溢れていたので、個人的には適応するのがやっとの研究生活であった。もちろんそれは研究と並行しての教育面でも影響を及ぼした。教師は学生・院生が論文のテーマを選ぶ際に適切なアドバイスを行い、それにふさわしい方法論で支援するのだが、ワードを使った論文がメールで簡単に送受信できるため、学生や院生の草稿への添削が増えてきた。

周知のように、社会学の素材は自分の身体から天下国家まで何でもいいし、自由に選べるというのは論文執筆の入口の議論である。しかしその出口になると、少しは標準化された方法でのまとめ方と執筆内容が周囲から要求される。事例を収集して単に羅列するだけではもちろん不十分である。インタビュー相手が話してくれた経験をまとめても、その分野の先行研究に無知であり、関連情報が不足していれば、それは論文としての体裁をとりえない。ましてやテープ起こしだけの「口述の生活史」だけではどうにもならない。論文執筆の入口と出口の論理をどう押さえるかが学習の最終的な狙いになる。

かつて柳田國男は、「共同の疑いがあれば、それに答えようとする研究者も必ず生まれるだろう。自分がまだはっきりと答えられないからと言って、問題までしまっておくのはよくない」（柳田國男『年中行事覚書』）と書いた。

本書のテーマ設定は、二一世紀日本の行く末に関連があり、「住むに甲斐《かい》ある世」の探究の一環として、第一読者として知りたい項目を中心に、私が研究してきたテーマを軸に選択した。この方針による各章は、「ただの人が気にかける」ような「共同の疑い」について、社会学の観点から私がこれまで選択してきた課題を軸に書き下ろした一つの解答であり、その積みあげが「社会システムの創新」となる。

ただし、社会学からの解答も処方箋も唯一というわけではないので、本書でまとめた結論と提言は当然乗り越えられるべき運命にある。社会学を含む社会科学全般は、普遍性を求めるとともに研究者の個性を活かすところに開花する。本書ではテーマに即した標準的な方法とともに、研究者独自の考え方と方法を開陳して、その個性により資料収集法や結論へと導く論旨の組み立て方も少し丁寧に説明した。

教室での社会学の講義や演習の大目標は、この不透明な時代に、受講者が自らの問題意識を洗練するのに役立ち、関心のある課題についての先行研究と方法に親しみ、最新の研究動向を理解してもらうところにある。その後、標準化された「pならばqである」という社会学方法論を身に付け、自らの関心により取り上げた論文のテーマを二一世紀という時代の動きに位置づけておけば、あとは収集した資料やデータによる標準化と個別化とのせめぎあいを意識しつつの執筆になる。本書では、標準化とともに個別化された方法論として、「社会システム創新というqをもたらすために十分なp」を探求しようとした。

このような意図により二年前から書き下ろしを開始した本書を温かく見守り、出版の機会をいただいたミネルヴァ書房の杉田啓三社長には心から感謝する次第である。また、編集業務全般でお世話になった編集部の田引勝二氏にはお礼の言葉もない。いつもながらの丁寧な編集に助けられた執筆であった。

本書の精読の後、社会学的想像力を駆使して、若い読者が選択したテーマで個性的な論文執筆が可能になれば、著者として冥利に尽きるものである。

二〇一七年一〇月二三日

金子　勇

社会学の問題解決力——理論・分析・処方箋　目次

目　次

第Ⅰ部　理論から応用へ

高田保馬生家の遺墨と胸像（著者撮影）

第1章　マクロ社会学で個人が見えるか

1　社会変動の時代と社会学の使命

戦後日本の社会変動

日本の高度成長期以降では、それまでの日本経済よりも大幅な生産力の増大、大衆消費社会を招いた多様な消費が拡大し、並行して産業構造の多様化が進み、家電、自動車、バイク、食品、薬品、住宅、情報機器などの技術が高度化した。政治面でも、権力の正統性の根拠としての選挙制度が広く浸透して、自民党と社会党（自民党の約半数）による安定した国民国家が形成された。そして国政とは異なり革新自治体では、政治参加が進み、政治行政の多様性が顕在化した。

文化面でも、史上空前の人口圧力となった一九四七年から四九年にかけて誕生した「団塊世代」を受け皿に、昭和一桁世代や一九四〇年までに生まれた戦前派のスーパースターが、映画や流行歌の世界で君臨した。さらにその影響を受けた「団塊世代」自らも、新しい音楽文化を創り始めた。スポーツでも文化と同じく、一九四〇年までの世代が野球でも相撲でも水泳でもマラソンでも世界的に活躍した。日本社会の隅々まですべての階層において近代化の指標である合理化が貫徹し、都市でも村落でも「世俗化」が進展した。世俗化（secularization）とは宗教性が全般的に薄れて、国民に対する寺院や教会の勢力が弱まり、加えて法王、教皇、法主、僧侶、牧師などの聖職者の影響力も減退し、国民の道徳や教育と宗教が分離した状態に向かう過程を総称する。

合理化が進んだ社会では、階層的な移動も地域的な流動もともに激しくなった。その両者をまとめれば、

(1)地域的側面……地域移動、地域定住と流動、漂泊
(2)階層的側面……地位の上昇と下降、安定と格差
(3)国際的側面……国際分業、国際格差の拡大

などになる。とりわけウォーラーステインが提唱した「巨視的歴史理論」としての世界システム論では、中核的国家（core-states）、半辺境（semi-periphery）、辺境（periphery）などが概念化され、実証的にも利用された。

いずれもこれらは二一世紀の現在にも繋がっている大きな変動である。その実像に迫り、全体社会システムの諸領域で発生した社会変動を理論として体系化することは世界的にもマクロ社会学の悲願であった。私もその願いを抱いていた一人であり、一九九三年に日本で初めての『マクロ社会学』（長谷川公一との共著、新曜社）を刊行した。それは富永健一を先頭に理論化されてきたパーソンズ社会システム論（一九五一＝一九七四）を日本の社会的現実に応用したものであり、九つのゼーション現象を二人で

分担し、書き下ろした作品であった。

社会学への期待

さて、「産業化と都市化」の両輪で突き進んだ高度成長期日本の一九六〇年代において、社会学は政府からも国民からも期待される新興学問の一つであり、全国の大学で社会学の学部や学科が作られるようになった。戦前から戦中を通して戦後の一九五五年までの「閉塞した社会」や「自由に乏しい社会」が終わり、「もはや戦後でない」一九六〇年代にふさわしいデモクラシーを体現した社会において、その先にバラ色に見える「社会主義社会」(福武・日高、一九五三)の輪郭を示す社会学には、政治・行政・マスコミなど各方面が注目した。

ほとんどすべての大学の一般教育でも、その時期から社会学の専任教員が置かれるまでに重視されるようになった。大学院が拡充される際には社会学の専攻の修士課程や博士課程も設置され、文字通り学問としての勢力は上向きになり、自治省や経済企画庁など政府の審議会で設置されたコミュニティ部会や国民生活審議会、社会開発部会などでは、社会学者の出番が多かった。

社会変動の理論

それらの新しい動きを社会変動とみて、日本で独自の理論化が構想された(富永、一九六五：一九八六：一九九五)。一九六五年に発表され一九八六年にも踏襲された「社会変動とは社会の構造の変動である」という富永社会変動理論はその後日本では共有されて、賛否両論はありつつもさまざまな応用可能性を拡大した。マクロ社会学という表現よりは社会変動の理論として、私も含めてその後の若い世代の研究にも着実に浸透していった。

総論的にいえば社会変動の理論は、時間的広がり、空間的広がり、変動の規模、変動の強さ、変動の長さ、変動の激しさなどを幅広く包摂するはずである。理論の水準を問わなければ、社会変動は全方位性を目指し、幅の広い視点をもち、高遠な大局観からの複眼性を維持し、広範な多次元性を保ちたい。しかし、これらの条件を一冊で網羅することは人知を超えた要求といってよいので、もっとささやかな理論的展開しか行えないのが社会学史で証明されている。これはのちに産業化、都市化、官僚制化、流動化、情報化、国際化、高齢化、少子化、計画化などの「ゼーション現象」（今田、一九八六）と命名され、細かな専門分化が生まれることになった。九三年の共著『マクロ社会学』を継承して、二〇世紀末に構想され、二一世紀になってから刊行が始まった「講座・社会変動」（ミネルヴァ書房）全一〇冊は、実に一八年後の二〇一七年にようやく完結した。

社会問題解決法が出せなかった

しかし日本社会の二〇年間でも、これらの「ゼーション現象」の正の部分とともに負の部分もまた目立つようになった。たとえば都市化ならば「限界集落」、産業化に伴う環境研究では「公害問題」、国際化ならば「難民問題」、情報化ならば「情報難民」、高齢化ならば「孤独死」問題、少子化ならば「人口減少社会」や「児童虐待」などという喫緊の解決を必要とする社会問題が山積していた[1]。

二〇世紀後半から二一世紀の今日までの社会学への期待は、社会変動そのものの解明よりも、社会変動の結果生じた多くの社会問題の科学的ないしは政治的な解決法の提示にあった。かりにそれに無力であれば、周囲からの高かった期待は萎んでしまい、政策科学内での社会学の復権も難しくなる。

学界全体を概観すると、社会学者の多くがそれらの問題解決要請に対しては十分な応答ができないままで推移してきたような印象が強い。たしかに理論的には、社会変動を下位概念に分解して、発展、停滞、衰退、解体などの諸過程に分け、細かな理論を展開することは可能になった。しかしその先にある日本社会が抱えるたとえば「地方創生」や「孤独死」や「児童虐待防止」など現実的な応用問題を解決し、これからの「社会システム創新」に、社会学の諸理論がしっかりとは結び付かなかった。

たとえば行動主義的な経済発展研究が途上国を軸として膨大に蓄積されてきた（クンケル、一九七〇＝一九七四）。しかし日本のとりわけ現場での経験に乏しい理論家は、文献中心の社会システム論における社会発展研究にとどまっているようにみえる。

独自の社会システム論の発展

この流れの中で社会発展を社会システムの欲求充足能力の上昇と読みかえ、システムの機能的分化を論じると、パーソンズのＡＧＩＬすべての社会システム要素の分化が進み、社会的分業が精緻化して、有機的な連関をして、社会システム全体の遂行力が高まるという日本独自の一般的な図式が得られた（富永、一九九五）。これには高い評価が得られており、現在では「地方創生」論の基礎としても利用されている（金子、二〇一六ａ）。

日本で彫琢されてきた独特の社会システム論に依拠して最大公約数的にいえば、社会構造とは「同一の集合体における社会的位置＝役割間の知識、権力、報酬、威信の分布」を指す概念という理解になる。空間的な同一の集合体とは、たとえば札幌市、北海道、日本社会など地理的な広がりに裏付けられた社会システムレベルを想定し得るが、その社会構造には独自の地位と役割を持った成員が配置されている。当該の地理的制約を受けた社会システムの中に、知識、権力、報酬、威信などの社会資源が、地域的空間的にも組織的階層的にも細かく分布していて、同じ成員でも付与される地位と役割が違う。

たとえば家族内では父親であり、会社では会計課長をしている男性は、それまでの人生で身に付けてきた知識や経験などの「人間資本」を大量に持ち、加えて人脈としても会社内外や大学までの同窓生などのソーシャル・キャピタルとしての「社会関係資本」がある。

一般的に社会変動は、なんらかの原因で個人や集合体や全体社会などにおいて、知識、権力、報酬、威信などの社会資源の分布構造が変わることを総称する。代表的には近代社会の原動力となった産業化がその筆頭要因に挙げられる。この動きは産業革命期の二〇〇年間という時代を牽引してきたが、その端緒は具体的にいえばエネルギー革命であり、その中ではエネルギー革命を担う企業人が、当然ながら力を持ってくる。すなわち、産業化はそれまでの農業社会に適合してきた権力構造を変化させ、製造業を中心とする職業構造に激変させた原因となった。

社会変動の定義

本章のように、社会構造の要素を知識、権力、報酬、威信とみなすと、時代によってたとえば権力を担う人々の属性も異なる。社会構造全体が変動することを社会変動と定義する（富永、一九六五）ので、この概念自体は無方向であり、軍事政権ができると軍の力が強くなる方向に社会変動が発生するし、またIT革命時代ではインフォメーション・テクノロジーが有力になり、そのリーダーの発言力が増大する。それを義務教育に活用すれば、教育分野をはじめとして情報化社会変動が進展する。また、Eメールが葉書や封書に取って代わり、郵便事業の見直しが進み、日本郵政の業務が変化する。これらもすべて社会調査ができる範囲で、中範囲の社会変動論の研究事例になる。

ギデンスは「重大な変動か否かの認定には、対象となるものや状況の《根底をなす構造》に、どれだけの変化が生じているかを示す必要がある」（ギデンス、一九八九＝一九九二：六〇一）と述べた。社会変動は社会構造の変動だが、問題を特定化するには、自分なりに《根底をなす構造》つまり「今の社会構造はどういう特徴を持っているか」を示さないと、研究が進まない。その特徴は、エネルギー面、個人意識面、人口動態面、情報機器の浸透面などから得られる。

私であれば、社会システムの個人化が進み、それを「粉末化」（powdering）と表現する。そのために、ゲマインシャフトもコミュニティも連帯性も社会統合も、社会システムの粉末化を前提にして組み立てられるので、その集まるきっかけを探すことが優先される。連帯の前提には不幸があるのか、災害があるのか、不安が強いのか、不満が蓄積されてきたのか。それを明らかにして、自らが対象とした社会構造の構成要素を調べて、社会変動の実態を探求することになる。

水準変動と構造変動

産業化による社会変動では、端的には「エネルギー革命」によって生産力水準が急上昇し、それを支える労働市場が激変し、大衆消費社会という新しい「近代産業社会後期」（富永、一九八六：二六五）が生まれるというスケッチが得られた。その延長線上に、社会変動は「水準変動」と「構造変動」に細分化されるという指摘も登場した（吉田、一九七四）。そこから一般社会変動論を狙い、社会システムに「許容原理」を持ち込み、「許容・均衡」状態と「許容・不均衡」状態とを区別した吉田モデルは独自の応用であった。

しかし、「不均衡状態」なら構造変動が可能であり、「均衡状態」ならば構造変動は不可能であるとする分類に止まった。吉田本人が自覚していたように、そのモデルでは社会的リアリティに乏しく、経験的妥当性にも欠けていた。しかしこの考え方は、地方創生などを研究する立場では受け入れられて、地域社会変動論では「水準が変わる」変動と「構造が変わる」変動の両方に目配りする必要性が生まれた。限界集落論や地方消滅論でも、吉田社会変動分類への自覚の強弱に違いはあるが、水準と構造を区別する考え方は現在でも活用されている。

産業化は「水準変動」と「構造変動」をほぼ同時に進行させる。両者は補い合って、社会変動を鮮明な状態にする。なぜなら、産業化は生産構造に直結しているので、その成果が反映する国民の「生活水準」に強く影響するからである。しかも、その延長線に存在する国際化それに少子化や長寿化は、「構造変動」を引き起こしつつ、その結果として「水準変動」ももたらす。国際化による人や商品の移動、そして少子化や長寿化などの人口変動は、社会構造へ直接に働きかけるからである。

理論が発展しない

富永や吉田の研究によって、「社会システム発展＝システムの適応能力増大＋構造変動」が社会学界でも理論的に共有されるようになったが、その後の理論的な発展は牛歩の状態にあるように見える。ただし地域研究や家族研究では、その理論化による恩恵を受けた研究もあり、社会システムや社会変動ないしは社会発展という文脈による研究が続けられている。

外国でもたとえばパーソンズ学派に属するスメルサーは、マルクス、マリノウスキー、シュペングラー、ソローキン、スペンサー、デュルケムなどの所説を詳しく検討して、「変動の起動力」と「緊張の蓄積」を軸とした「停滞と衰退」ならびに「連続的な発展」そして「非連続的な発展」を図式化した（スメルサー、一九六八＝一九七四：三七六）。それは参考にはなるが、革命論、過渡期植民地の文化変動、西洋の没落論、軍事型社会と産業型社会、機械的連帯と有機的連帯などの融合に止まり、今日まで体系的な社会変動理論は得られていない。さらに社会体系内での「構造的緊張」論だけでは理論研究の焦点が定まらない（同右：三四五）。どうしても一定の理論社会学的な基礎をもたないと、マクロ社会学の骨格が鮮明にはなりえない。社会変動理論の体系化は、個別研究の発展にも貢献する。

表1-1　社会資源の分類

	手段的特徴（道具性）	表出的特徴（完結性）
物　的	資本，社会的共通資本	消費財
関係的	権力，勢力，影響力	威信，名声
文化的	手段としての知識，教養，情報	尊重の対象としての知識，教養，情報

（出典）富永（1986：271）を元に修正した。

社会変動の下位カテゴリー　本章では日本の社会学史の伝統に従い，マクロ社会学としての社会変動研究では社会システム論を根底に持つようにした。そして社会学での社会資源論を活用して，階層構造，権力構造，集団構造，地域社会構造の四者の下位カテゴリーを用意した。ここでいう社会資源とは，社会または個人にとって有用な，物的，関係的，文化的な行為対象であり，主に行為選択の際に用いられる。いくつかの類型方法があるが，大きくは，

(A)個人外社会資源……社会システムに影響する人口動態，社会環境，自然環境，特産品，年中行事

(B)社会的個人資源（社会の中でしか役に立たない個人資源）……収入，資産，カネ（キャピタル），地位，身分，ヒト（ソーシャル・キャピタル），権力，影響力，持ち時間，信用，尊敬，人気，情報，知識

として，観察された事実を基礎として私は分類してきた。

その他にも社会資源を分けて，instrumental（手段的特徴）と expressive（表出的特徴）の二分類とする方法がある。これに縦軸として，物的，関係的，文化的な側面を組み合わせて，六種類の社会資源を分類する（表1-1）。この分類法は分かりやすく，発表後には広く応用されてきた。

ニスベットは、社会変動を過程に分解して、イノベーションを含む個性化（individualization）、政治化（politicization）、世俗化（secularization）にまとめた（ニスベット、一九七〇＝一九七七（四）：六三～六四）。しかもこれらは「断続的であり、不連続であり、そして不均等である」（同右：六五）と見た。いずれも重要な変動過程を表現する用語ではあるが、たとえば個性化は社会構造のどこで顕在化したか。それは集団構造か地域社会構造においてか。イノベーションは地域社会構造で発生するが、権力構造では起きにくいのはなぜか。政治化は階層構造で認められるのか。世俗化は集団構造や地域社会構造では顕著だが、権力構造ではどうか。すなわちニスベットの社会変動過程というアイディアは理論的思考に有益ではあるが、実証的な対象をどこにするかに関しては焦点が絞り切れていない。実用的に個性化、政治化、世俗化を活用するのなら、使う対象と場面などに関してさらなる類型化が求められる。

同じ時期にベルは、社会構造を「いろいろな生活様式、社会的関係、規範や価値観」（ベル、一九七六＝一九七六（上）：三二）とする研究を発表した。これもまたきわめて典型的な社会構造の理解である。そして実質的には、社会を「分析学的に技術―経済構造、政治形態、文化」（同右：三七）に分けた。この三者は社会システムを論じるうえで不可欠の分析領域になるが、現代の問題としてはこれらが「異なった変化のリズムを持っている」（同右：三七）ことにあるという。

その変化のリズムの相違は、社会学の周知の二項対立図式でも明らかである。たとえば、時代の趨勢に適応する集合体は肥大化し、勢力を拡大して、権力構造を支える。ヨーロッパ中世にみるように、神や宗教の権威が社会全体を覆いつくす「聖なる時代」では教会の意向が国民全体に浸透したが、世俗化が始まると教会の力が弱まり、軍事型社会になると軍の存在が大きく、産業型社会では企業の影響力が強くなった。

国家は現代日本のような国家先導資本主義時代では、産業活動の最前線に出る場合もあれば、一七世紀中葉から一九世紀中葉までの「夜警国家」のように、国家機能が縮小する時代もある。(2)ちなみに、「夜警国家」とは一七世紀中盤から一九世紀中期にかけてヨーロッパで唱えられた国家観であり、外敵からの防御、国内の治安維持、最小限の公共事業にとどめるという政治を特徴とする。経済的には自由放任主義、財政的には安価な政府を主張して、「最良の政治は最小の政治」にその理念は集約される。

ゲマインシャフトとゲゼルシャフト

同時に、家族・親族という血縁の共同体、地縁による村落共同体、宗教の共有が精神的な共同体を作る教会などに見られるように、ゲマインシャフト的な集合体が時代の前面に登場する時代もある。テンニース（一八八七＝一九五七）によれば、ゲマインシャフトとは血縁、地縁、精神縁による「共同社会」のことを指し、「あらゆる分離にもかかわらず、本質的には融合している」集合体である。

一方で世俗化に伴い、ゲゼルシャフト的集合体が世界的に活動を始める。ゲゼルシャフトは、都市、企業、世界に象徴される「利益社会」であり、「あらゆる結合にもかかわらず、本質的には分離している」集合体である。実際に資本主義体制が確立すると、世俗化をいっそう強めながら、土地、労働、資本、組織の組み合わせにより利益を最大限に追求する企業、第一次関係よりも二次的関係が主流の大都市、企業利益や国益最優先で結び付いた世界システムなどの巨大集合体が活躍する時代になり、その構造は二一世紀の今日でも続いている。

晩年のパーソンズは社会システムの主要な型の変動に焦点を置き、それは有機体の成長過程から類推したものだとして、量的（人口）要素とともに質的（構造）変動も含めた。ここでの質的構造変動とは構造的分化を指す。この分化という認識は世界的に見ても社会システム論では共有されている（パーソンズ・倉田、一九八四）。

このように、通説としても社会変動の原因は多様である。原因を特定化して体系化された社会変動理論も、歴史的にはヘーゲルやウェーバーの精神（宗教）史観、マルクスの経済（唯物）史観、高田保馬の人口史観などがあり、学界では共生・共存している。

中範囲の社会変動研究　本書ではマクロ社会学としてそれらを取り込めば、社会変動が社会構造という考え方を含むという前提から、その応用を開始することになる。細かな学説検討だけに終わらずに、社会変動論が二一世紀の今日でも有効であり続けるには、どの史観に立つにせよ、社会構造概念の精緻化とその指標化を試み、具体的な対象を設定して中範囲の社会変動論（本書第3章）を試み続けるしかない。

それらはテーマごとに、たとえば、

(1)人口変動：少子化する高齢社会
(2)経済発展：量的水準の上昇、産業構造の変化、技術の高度化、失業、情報化
(3)政治変動：国民国家形成、社会統合の安定と不安定、政治参加促進と無関心の増大
(4)社会的流動化：教育と婚姻による階層移動、学業と就業における地域移動
(5)文化変容：世俗化の浸透、合理化（ウェーバー）、普遍主義と業績性（パーソンズ）

表１-２　パーソンズのパターン変数

	前近代 →　　近代化　　→ 近代
Ⅰ「欲求充足と規律」	感情性（affectivity）―感情中立性（affective neutrality）
Ⅱ「私的関心と集合的関心」	自我指向（self-orientation）―集合体指向（collectivity）
Ⅲ「価値指向基準」	個別主義（particularism）―普遍主義（universalism）
Ⅳ「社会的客体の様相」	帰属性（ascription）―業績性（achievement）
Ⅴ「客体の関心領域」	無限定性（diffuseness）―限定性（specificity）

（出典）パーソンズ（1951＝1974）。

(6)心理的変容：達成動機の強化、創造性の強調、急性アノミーの発生、個人の粉末化
(7)国際的格差：国際関係における階層化と分極化、先進国と途上国

などに整理できる。いずれの問題でも一冊の本が書けるような重たい主題である。

このうちパーソンズが体系化したパターン変数は、今日でも社会変動の説明には有効な側面を持っている（表１-２）。とくに前近代から近代化の過程を経て、最終的に近代に向かう一連の変動の分析には役に立つ。すなわち感情中立性、自我指向、普遍主義、業績性、限定性という軸が近代化の達成度合を測定する用具になった。

理論的には「水準変動」と「構造変動」に加えて、「均衡重層変動」という概念を用いて、マクロ社会レベルでの社会変動の見取図を考えておきたい。「均衡重層変動」とは、均衡して重ね合わせられる変動現象を指すために鋳造された用語である。

たとえば、「社会システムで少子化が強まると同時に、同じ時代に国際化も同時進行している」イメージがこの概念の中にある。時代の推移につれて万事変わっていくことは周知の事実であるが、これまでの社会

変動論では産業化、都市化、国際化、情報化、少子化、高齢化、官僚制化、流動化、計画化などのマクロ社会変動を、独立して扱うことが普通に行われてきた。高齢化の研究者は官僚制化や流動化が強まっているにもかかわらず、それらを高齢化に関連する社会変動としては認識してこなかった。ゼーション現象は均衡しながら重なり合うのであるが、研究の際には仕分けられてきたのである。

2　社会変動の下位カテゴリー

社会構造には下位カテゴリーとして階層構造、権力構造、集団構造、地域社会構造があり、人口構造が社会構造の内部与件になるという立場で、ここでは総論的に社会変動概念を要約しておこう。

階層構造の研究　日本社会学会が総力を挙げて「日本社会の階層的構造」を調査したのは一九五五年からであり、これが実質的な第一回のSSM調査になった。第一回調査での'social stratification'は「社会成層」と訳され、「その成員が所属する階層の相違にもとづくある全体社会の段階的構造」（日本社会学会調査委員会編、一九五八＝二〇〇二：三六）とされた。成員が所属する階層概念は、⑴帰属階層にもとづく成層、⑵帰属階級にもとづく成層、⑶職業にもとづく成層、⑷職業と従業上の地位による成層、⑸専門家の格付けによる成層、⑹調査員の判定による成層、⑺相互評価法による成層、⑻帰属階級と職業との組合せによる成層、⑼回帰推定による成層の九つに分けて調査された（同右：三六～四三）。

現在の'social stratification'は「社会階層」という訳語で統一されている。国民は一様ではなく、さまざまな指標を使って層化すると、幾重にも階層があり、それら間での大きな違いが見えてくるので、階層概念は社会システム論における社会構造と社会変動の研究では大きな意味を持っている。

学説史を通してみると、階層は権力、財産、威信、地位などで論じられてきた（チューミン、一九六四＝一九六九）。どの構成要因も重要だが、とりわけ階層要因の一つである威信は周囲からの評価に左右されることが多く、それによって権力の行使にも影響が出るから、社会学としてもいろいろな角度から探求されてきた。本人の財産、資産、能力、社会的地位だけではなく、生育した家庭環境全般で構成される家格による威信への影響も存在する。

ただし、パーソンズのパターン変数を使えば、生得的地位（帰属性）よりも獲得的地位（業績性）が今日的には階層決定には有力である。それを前提として、日本でも一九五五年から今日まで、父親の階層や所得と本人の初職や所得や階層間の関係が、ＳＳＭ調査における「計量信仰」の極致といえるようなデータ計算により微細に追究されてきた。

この親子関連を軸として、現代階層論では社会資源論と社会移動論が新たに加わる。これらを合わせて理論化すれば、「社会階層とは、社会的諸資源―物的資源（富）・関係的資源（勢力および威信）・文化的資源（知識や教養）の三つ……（中略）が不平等に分配されている状態である」（富永、一九八六：二四二）という表現になる。分配のアウトプットは、富、勢力、威信、知識、教養などであるが、個人にも家族などの集合体にもすべてに分配面での過不足がある。もちろんこれは古今東西時代を超えた真理である。

それらの間にバランスを欠くことも多い。富があっても威信に乏しく、知識があっても勢力には程遠

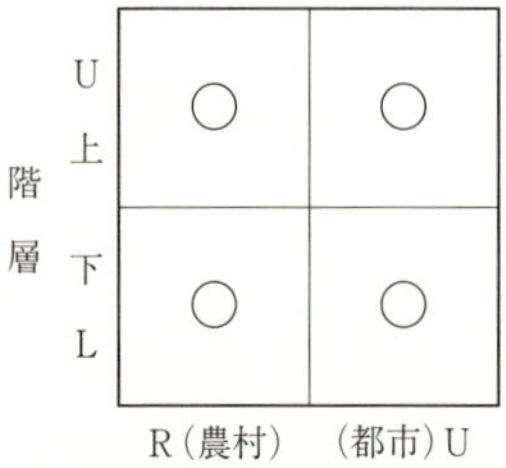

図１‐１　階層移動と地域移動
（出典）鈴木（1970：61）。

い。俗にいう「色男、金と力は無かりけり」である。階層論の中心課題は、定義上不可欠な分配の「不平等」がどの程度著しいのかの解明にあり、一〇年おきに行われたＳＳＭ調査から得られたデータに基づき細かな各論が闘わされてきた。

階層研究と社会移動論

現代の階層研究は社会移動論の枠組みで行われるため、上昇志向の動きが阻まれる時代では、「下層階級は、その世代限りのものではなくなり、半永久的現象となった」（ガルブレイス、一九九二＝二〇一四：五〇）という総括も珍しくない。ガルブレイスの「下層階級なしには社会は機能しない」（同右：四二）は大都市のいわゆるダーティワークを見据えた議論の一部であるが、いささか事情が異なる日本ではこの問題を明示的には取り上げてこなかった。

「アメリカで、下層階級は現代資本主義においてなくてはならぬ下積みの役割を担ってきた」（同右：四七）は、マクロ経済社会学の観点から加えられた実態を鋭く指摘している。日本の階層研究ではここまで断言する政治文化的な背景がなかった。しかし、階層移動研究が地域移動論と離れた現在、ガルブレイスのような地域社会レベルまで含んだマクロ社会的な認識のもつ重要性が改めて強調される。

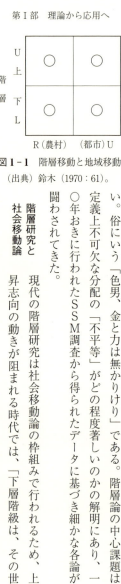

もっとも社会移動研究の初期の頃には、階層移動と地域移動を均等の分野とした日本での研究もあり、それは鈴木（一九七〇）を嚆矢とする。図１‐１はその要約である。

要するに当時は、階層は「上・下」移動、地域は「農村・都市」移動のセットとして、社会移動論が構築されていた。そこでは階層が「収入・職業威信・学歴階層などの要因を含み」（同右：五一）、地域は「地域的諸社会関係のネットワークや職業威信・地域の権力構造・地域の人口量・生活様式等を含む」（同右：五一）社会的な概念であった。鈴木のこの指摘は、階層移動を中心とした日本のＳＳＭ調査ではほとんど考慮されなかったが、日本のコミュニティ研究ではかろうじて存続してきた(3)。

とりわけ地域活性化のリーダーシップを議論する際に、大都市Ｕターン者への期待を具体化できる材料が揃っていたので、この知見は今日の地方創生のリーダーシップを考える際にも有効である。

権力構造の研究

社会変動の第二のカテゴリーは権力構造になるので、まず権力（power）の定義を見ておこう。それは、「或る社会的関係の内部で抵抗を排してまで自己の意志を貫徹するすべての可能性を意味」（ウェーバー、一九二二＝一九七二：八六）することとして日本でも受容されてきた。すなわち、権力とは抵抗を排除できる優越した意志力を表わし、政治の世界では最終的には物理的暴力とりわけ警察権力と軍事力を背景にする。

権力を個人に還元すると、国王、教皇、皇帝、将軍、宗教指導者、支配者、大統領、首相、独裁者、パワーエリートなどの表現になる。いずれも寡頭制（oligarchy：government by a few powerful people）の鉄則が該当する。これは権力トップによる直接的、絶対的、集中的支配を特徴とする。

反対に、デモクラシーでは多頭政治 polyarchy（ポリアーキー）という問題が発生する（ダール、一九七一＝二〇一四）。政治学の二分法類型ではこれでよいが、現実政治になるとたとえば与党政権はポリアーキーを標榜するオリガーキーであるという場合が生まれる。建前としては民主政治なので政権交代を当然とする政治文化が背景にあるが、どの政党も本音としては半永久的な政権維持を志向するからである。

むしろ重要な原則は、寡頭制でも多頭政治でも、現実的には権力構造として必ず服従者や非支配者

（the ruled, follower）の存在を前提にするところにある。その意味で、権力状況の動態把握にとって、「社会的諸価値の制度化されいたい配分形態にだけ着目しないで、価値関心の方向と強度に基く潜勢力（potential power）を考察に入れる必要がある」（傍点原文。丸山、一九六四：四三四）。この表現からすると丸山は、地域とは無関係に潜勢力をもつパワーエリートを承認しているようだが、制度化による地位を基盤とする権力者を重視する研究者もいる。

権力構造を「誰がその決定に参与し加わっているか」（ホロビッツ編、一九六三＝一九七一：三四）という次元で解明したのはミルズであった。そこでは一九五〇年代までのアメリカの権力構造が、「軍部上層部、会社最高幹部、政治幹部会」（同右：三七）による「権力の三角形」になっていることが論証された。この三者がパワーエリート（よりぬきの権力者、選り抜きの権力者などの訳語がある）と称される。そこでは他の階層や集団に比べて、権力の均衡でもなく、平等もあり得ない。まさに当時のアメリカで、「世界史におけるどの権力者集団にもまさる権力を有するエリートが現われ出た」（同右：四五）構造が示された。(4)

この認識をリースマンは批判したが、自ら提起した「拒否権集団」（リースマン、一九六一＝一九六四：一九八）は権力の頂点には存在せず、むしろそれは「権力の中間レベル」に関連するというのがミルズの見解であった（ホロビッツ編、前掲書：四〇）。当時のアメリカでも今日の日本でも、「政治の領域というのはさまざまな集団によってすでに寸断されており、かつそれぞれの縄張りの背後にはある種の大衆的な期待値がきちんと出来上がっている」（リースマン、前掲書：一九八～一九九）のは当然だが、それを超えた次元に、包括的な権力行使グループとして見え隠れするパワーエリートを想定することは日本でもおそらく可能である。

権力の強制的側面と合意的側面

論争の一端を担ったパーソンズは権力のもつ「強制的側面と合意的側面」（パーソンズ、一九六九＝一九七四：六四）を強調して、権力の「正統性」を論じた。この観点からは、ミルズのパワーエリート論は権力の「強制的側面」を重視したとみなされるので、「合意的側面」についてはあまり触れていないことになる。また、権力構造は「正統性」を超える機能をもつために、地位が表面化した制度的リーダーだけの政策決定を分析しても権力構造のメカニズムに届かない。

その意味で、ダールがニューヘブンで実証したように、「政党立候補者指名」「都市再開発」「公教育」の三領域で、確かにリーダーシップは異なってはいた。しかし、この制度的リーダーを重視したダールの多頭政治（ポリアーキー）的な把握では、権力構造分析としては限界がある。なぜなら、「正統性」に富む「権力合意的側面」の三領域のリーダーシップを取り上げるだけでは、都市の権力構造研究にはならないからである。ニューヘブンの結果を基にしてダールは権力多元論を構築したが、ダールの分析では、権力構造の背景に想定されるパーソンズが挙げた「強制的側面」が抜け落ちてしまったことになる。

要するに多くの先進資本主義国では権力者は交代するが、権力構造は比較的安定しているというが私の理解である。

人口史観による社会変動研究

人口史観による社会変動研究は、世界的に定番となってきた近代化＝産業化モデルとは一線を画す内容から構成されている。学史的には一九四九年に発表され、一九七二年の新版でも踏襲された高田保馬による包括的命題群がある。それらは、(1)基礎社会衰耗、(2)基礎社会の利益社会化、(3)中間社会消失、(4)社会分散、(5)錯綜、(6)社会の理知化、(7)世界社会化、(8)社会的平準化、(9)自由の伸展と個性の形成、に整理される（高田、一九七一＝二〇〇三：二〇七～二五二）。社会変動の様相が社会構造レベルでみごとにまとめられている。もっとも高田の社会変動論は、全体社会の構造変動として「国家と階級の変動」（高田、一九三四）に限定されている。

しかし一九四九年時点で抽出された「基礎社会衰耗」の法則から「錯綜」の法則までの五つの命題の先駆性に、私は高田の時代感覚の鋭さを感じる。しかもそれらは社会学的なデータや社会指標によっても証明される命題であった。

まず、「基礎社会衰耗」には親族や村落の解体という現実が該当する。私なりの社会変動論でいえば、社会構造の下位カテゴリーである集団構造、階層構造、権力構造、地域社会構造のうち、それらは集団構造の変動として転用できる内容である。

高田保馬の人口史観を活用した社会変動論は、私が編集した『高田保馬リカバリー』（二〇〇三）以降にも、幸いなことにたとえば少子化をめぐって赤川学（二〇一七）などによって継承されている。

「少子化する高齢社会」は少子化、高齢化、小家族化、非正規雇用などが複合しているので、「複雑性」が高い。ルーマンがいった「複雑性の縮減」はシステムの内部に関連するが、内部であっても「少子化する高齢社会」はシステム外部の環境と同じく「複雑性」が高くなる。「システムの外部は、システムによって秩序化されていないから、複雑性が高い。これに対してシステムの内部は、その複雑性をシステムが境界内で「縮減」することによって、システムの秩序化の度合いを高めている」（富永、二〇〇八：五二三）は、「複雑性」の指標次第であろうが、人口動態という社会システム内部にある変動要因には当てはまらないのではないか。

社会システム創新とＡＧＩＬ　社会変動論のなかで社会システム創新を考えると、社会システム改革として、「現状理解―診断―治療―実践」の道筋が浮かんでくる。このうち学術的な現状理解が重要であり、パーソンズのＡＧＩＬ図式を応用すると、

Ａ（adaptation）（1）配分コストの問題　費用対効果（効率性）

Ｇ（goal attainment）（2）優先順位の問題（最適性）

Ｉ（integration）（3）連帯の問題（社会統合性）

Ｌ（latent pattern maintenance and tension management）（4）文化や伝統の継承、緊張処理、犯罪への対処（安定性）

が課題として引き出される。

Ａでは、適応に有益な限られた資源の「配分コスト」問題が浮上する。これは「費用対効果」に関する効率性の問題である。たとえば防衛予算の五兆円と少子化対策の四兆円では、どちらが日本社会システムの遂行の観点から評価されるか。それが判明すれば、Ｇに直結する「優先順位」の決定問題になる。いわば資源配分の「最適性」が決まるのである。日本政治で構造的に遅れているのが「優先順位」問題の取り扱いである。

ただし、「優先順位」は国益についての政治家による判断だけから決められるのではない。むしろ数

年ごとの選挙が政治家に潜在的圧力を掛け続けてきた。その意味では「優先順位」はⅠレベルの「社会統合性」問題でもある。国民の大多数が納得しない政策は、次回の選挙でそれを推進した候補者に批判が向けられるので、落選する人が出てくる。それらを勘案すると、「優先順位」は「費用対効果」で「効果あり」という判断基準に依拠していることになる。

環境分野で頻用される「サステナビリティ」(持続可能性)はともすれば現状維持を前提としがちであるが、次世代にそのまま送れないのは無数の「犯罪」や「社会問題」や「環境問題」である。社会の「安全性」を高める努力なしに、「サステナビリティ」を安易に主張することはできない。テロリズムはいうまでもなく、児童虐待問題、高齢者虐待、孤立死、親子心中、失業、企業倒産、公害、自殺などは極力減らした方がいい。これらの犯罪や社会問題への対処が先に来なければ、「サステナビリティ」神話などはありえない。

したがって社会変動の一般理論を彫琢する際にも、パーソンズのＡＧＩＬ図式に支えられた効率性、最適性、社会統合性、安全性への配慮を可能な限り行いたい。

通常でも社会変動の原因は多様であり、個人が独自に体系化した社会変動理論も、歴史的に見れば精神史観、唯物史観、人口史観、情報史観、環境史観などのどれかを重視して、いずれもが学説として共存してきた。富永に先立つこと四〇年前、全体社会の変動研究に際して、高田はいくつかの部分に分けて社会変動を考察した。一つは社会変動の原動力である。二つは社会の諸事象間の連絡として政治、経済、文化などの「下部構造」の問題である。三つは社会変動における対立抗争である。四つ目は社会変動が経過していく段階の問題である(高田、一九二二＝一九五〇＝一九七一＝二〇〇三：二五四)。

ただし、社会変動についての晩年の高田は「極度に巨視的であるとともに、極度に遠視的である」（高田、一九六〇＝二〇〇三：二九）としたうえで、「量と質との規定をもつ人口の変動こそは、社会変動の中心としての階級の変動をもたらす」（同右：三二）と述べた。二一世紀の社会変動論の有効性を求めるには、それぞれが高田人口史観を手掛かりに「少子化する高齢社会」論を展開することが一つの途である（金子、二〇一四ｂ）。

社会変動論への包括的問い

今後とも社会変動の理解にとって包括的な問いは以下の通りである。まず変動するのは何かを確定する。変動において観察される単位は何か。これについて、本章では、下位カテゴリーを階層構造、権力構造を軸としてみてきたが、集団構造と地域社会構造も同じく重要である。ただし、この両者についてはコミュニティ論（金子、二〇一一）、地方創生論（金子、二〇一六ａ）、社会変動論（金子、二〇一八ｂ）でまとめたし、本書の第11章と第12章でも触れたので、ここでは省略する。

このようなマクロ社会学の対極にミクロ社会学を想定するのは当然である。たとえばそれぞれで用いる主要言語として、表１－３のように対比すると、使用言語がかなり違うことに気が付く。一番大きな相違は、マクロ社会学の根底に「客観性重視」があ

表１－３　マクロ社会学とミクロ社会学

	マクロ社会学	ミクロ社会学
1	客観性重視	主観性重視
2	構造	流動
3	秩序	混沌
4	過程と変動	静態と遂行
5	一律性	偶然性
6	社会学主義	個人自由主義
7	社会形態	意味内容
8	集合性	個人性
9	方法論的集団主義	方法論的個人主義
10	社会問題志向	個人内面志向

（出典）金子，2013：42。

り、ミクロ社会学のそれには「主観性重視」があることである。

建前としてなら、ミクロ社会学の基礎的知識と方法はマクロ社会学の実践に役立ち、社会学研究の幅を広げて理論水準を向上させる。さらにその成果を受けた情報の加工による政策形成もまた、社会学理論に貢献する。そしてその逆もまた成立するはずである。

ただし、人間の能力には限界があるから、たとえばバレーボールではサーブ、レシーブ、アタック、ブロックの四通りをすべてマスターしないと一流になれないが、野球では投手か打者かにとりあえず特化することが可能である。社会学では若い頃には専門分野が細分されて当然だが、加齢に伴い包摂範囲を広げることが望ましい。なぜなら、社会学に不可欠な鳥瞰的な視野が得られるからである。

次章では、マクロ社会学を受けて、ミクロ社会学について触れてみよう。

注

（1）ゼーション現象自体がマクロ社会学の範疇にあるから、そこから派生する各種の社会問題の解明と解決方法についても、マクロ社会学の発想でまずは取り組むことになる。
（2）国家先導資本主義とは国家独占資本主義のあとを受け継いだ社会体制を総称する用語で、私は二〇一三年から使用している（金子、二〇一三：五五～六〇）。
（3）ＳＳＭ調査に対抗して、鈴木グループではＣＭＭ調査と略称していた。ＣＭＭとは鈴木が中心となって継続していた Community Morale and Mobility 研究の頭文字である。
（4）コミュニティレベルでのハンターによるＣＰＳ研究とミルズのパワーエリート論は親近性が強い（ハンター、一九五三＝一九九八）。

本章の論点

1、都市化や産業化や高齢化など「ゼーション現象」のうちどれかを選んで、高度成長期以降の日本社会での推移を見てみよう。

2、社会資源の手段的特徴と表出的特徴を理解して、自分の故郷ではどちらが豊富に得られるかを考えてみよう。

3、パーソンズのパターン変数の中から、使いやすい組み合わせを選び、大都市と過疎地域に応用して、問題点を拾い上げよう。

第2章　ミクロ社会学で時代が分かるか

1　ミクロ社会学の概念と使用基準

時代の動きに敏感であり、社会システムの側から社会を考えるマクロ社会学に対して、時代の動きへの視線が乏しく、ひたすら人間および人間関係の絆をめぐり、相互作用の周辺に論点を限定するのがミクロ社会学である。まずはバウマンとメイの代表作を読み込みながら、その基本的特徴を明らかにしてみよう。

社会的距離

ミクロ社会学では、たとえば学界で共有されているゴッフマンの「社会的距離」という概念がある。これは他者との相互作用における遠近感覚である。ある商品を購入するために販売店に出かけ、レジで商品と交換に代金を支払う関係は日常化しているが、レジを媒介とした交換関係の社会的距離は遠い。しかし医師の診断を受け、病気の処方箋について説明してもらう関係では、その社会的距離は近くなる。テレビでしか見たことがない歌手やタレントは遠い存在であるが、コンサートに出かけたり、偶然ながら直接に会話したり、電話やメールのやりとりがあれば、その社会的距離は短縮する。(1)

バウマンとメイは、「自分からの距離が遠ければ遠いほど、その連続体上の位置をしめる人々についての知識は類型化」（バウマンとメイ、二〇〇一＝二〇一六：七〇）するとした。それ以外の主要概念も表2－1で一緒に整理する。この表は、ミクロ社会学での主要概念とその使用基準である。もちろん社会的距離が近いから相互作用頻度が多くなるとは限らない。遠くにあってもメールや電話などの手段により、むしろ相互作用の頻度が高まることは今日では珍しくない。

排除と包摂

「排除」と「包摂」もよく使われる。ただしこれは、必ずしもミクロ社会学だけに限定された概念ではなく、ミルズのいう「歴史的社会構造」でも使用頻度は高い。ヤングが使うように、「排除」と「包摂」は、「後期近代社会」「犯罪学」「都市論」への汎用性を持っているからである。もちろん「多文化主義」のなかで、特定の集合体における関係性レベルでの「排除」と「包摂」という使い方もある（ヤング、一九九九＝二〇〇七：二五六～二五八）。

また、ヤングはジンメルやセネットに触れて、都市において「人々は、差異から身を守るために無関心な態度を身につけ、その無関心な態度によって差異を受容する」（同右：四二七～四二八）としたが、これはきわめてミクロ社会学的な表現である。

集団関係でいえば、外集団と内集団はミクロ社会学でもマクロ社会学でもよく使われる。境界線は融通無碍であり、近隣レベルから世界システムまでの範囲でそれは活用される。しかも、特定目標を掲げる下位集団でさえも、集団外部との細かな境界線を引くことが可能である。政党の派閥がこれに近い。音楽グループで

表2－1　ミクロ社会学の概念と使用基準

主要概念	使用基準
社会的距離	遠――――近
相互作用頻度	多――――寡
境界線	排除――――包摂
集団関係	外集団――内集団
居住者	部外者――定着者
地域移動	流動――――土着

（注）金子による分類。

も、演奏曲がロックかジャズかクラシックかで相互に排除と包摂が行われる。

コミュニティレベルになると、区分の仕方は「部外者」と「定着者」（エリアスとスコットソン、一九六五＝二〇〇九）に変貌する。「来住者」と「定住者」、さらには「流動」と「土着」という軸は日本でも用意されてきた（鈴木、一九七〇）。いずれもミクロ社会学だけではなく、マクロ社会学でも各方面で使われていて、それはエリアス自身にも認められる。「定着者」と「新来者」間の「緊張は特定の種類に属すものであった」（エリアスとスコットソン、前掲書：二二八）。

同時にさまざまなレベルの「相対配置」は、「人間の相対的な『良さ』もしくは『悪さ』とは無関係に人間の相互作用によって説明する」（同右：二五〇）際にはミクロ社会学的であるが、その「相対配置」がコミュニティ、近隣、移動、階層、人種などで多様化すれば、マクロ社会学の視線が有効になる。二人が「集中的なミクロ社会学の長所と限界に光を当てた」（同右：序文）とともに、この「相対配置」という概念が「マクロ社会学的探求にとっても指針として有用になりそう」（同右：序文）なことに「驚いた」のも当然であろう。

土着と流動

「流動」と「土着」を現状分析の大きな軸とした鈴木広は、一方では社会構造レベルでも「土着型社会」や「流動型社会」という表現をしつつも、他方では「定型的生活行動の定型反復・持続」（鈴木、一九八六：二二六）として、マクロでもミクロでも使った。しかし「土地や地域に対していわれることが多く……一般的には社会構造に対する土着であり、流動である」と定義されている（同右：二二五）。「階層・集団・地域・権力」が社会構造の四局面とされ、それらへの「継時的にみて生活者のかかわり（関与）が安定している状態が土着であり、変化する状態が流動である」（同右：二二五〜二二六）と鈴木は考えていた。

また「住民構成」にも「土着と流動」は用いられた。「住民」の「流動性」はさらに「一過性住民」と「定着志向性住民」に大別された（同右：五三四〜五三六）。前者は転勤などで繰り返し地域移動をする人々を指し、この人々は社会構造への定着性に乏しい。しかし後者では、地域移動をしていても移ってきた地域での定着志向があり、行政や市民活動などへの参加行動がみられる。常識的に「土着」は「代々の定着者」（同右：五二八）のイメージが濃厚であるが、数世代前からの居住歴の長さではなく、本人の「定着志向性」の有無で土着性が大きく左右されるという理解である。

このようにミクロレベルでの使用頻度が高い概念も、論者が取り上げたテーマに応じてマクロレベルの表現でも使われる。そして、社会構造が階層、集団、地域、権力の四側面を網羅するという鈴木の指摘こそが、都市社会学を超えた綜合社会学として論理構成の基盤となった。このような立場から、引き続きミクロ社会学を概観してみよう。

「わたし」と「あなた」では社会に届かない

一般的にいえば、ミクロ社会学の関心は時代の動きや全体社会システムの動態ではなく、「わたしとあなた」や「わたしたちとかれら」（バウマンとメイ、前掲書：六七）にある。これを日本の音楽シーンでいえば、時代や都会の都心や故郷の村そして世代を取り込まず、せいぜい四畳半の部屋で「あなた」に対してひたすら自分の心の動きを吐露するニューミュージック系の歌詞と符合する。

フォーク以前の歌謡曲では故郷が歌われ、都会が歌の題材になり、時代背景への視線が確固として存在していた（金子、二〇一〇）。時代が故郷を偲ぶ若者に望郷の歌を提供したと同時に、都会に出た地方の若者に都心でも楽しいことがあるというメッセージが届けられた。しかし、エレキとＧＳブームの後は、四畳半の世界に閉じこもるフォーク系の歌が量産されて、歌謡曲は時代の記号としての存在を失った。あなたの「爪の色」や「こたつのミカン」を歌っても、時代を記録できないのは当然である。

この細かさを「居住」レベルでいえば、居住地レベルだけに限定された「分離」（separation）や「差別」（segregation）の議論になる。それは「よそ者」（stranger）をめぐる論争に繋がりやすいが、ミクロな視点では当然ながら国際関係には届かない。福祉の対象と位置づけられやすいホームレス研究や低所得層の研究には威力を発揮するが、世界各地での戦闘状態で生み出された「難民」を包摂するには不十分である。なぜなら、「あなたと私」の関係を超えて、「難民」は国際関係の力学やミルズのいう歴史的社会構造（ミルズ、一九五九＝一九六五：二七）に規定されているからである。

また、日本政府と大企業経営者の都合で容認された労働者としての「日系移民」などは、居住地レベルでは「分離」され、せいぜいそこでの連帯や協力や親しい関係づくりがミクロな立場での結論になりがちである。しかしその背景には、「歴史的社会構造」が厳然として屹立しているので、マクロレベルの考察もまた避けられない。

地域研究における居住地限定の立場で活用される判断基準はジェンダー、世代（ジェネレーション）、階層、健康度、人種性、民族性などであり、それぞれに意味があるが、これらを単に羅列しても、問題解決の見通しは得られない。なぜなら、「歴史的社会構造」は「境界線」の引き方を時代とともに変えてきたので、「否定的」にも「肯定的」にも引けるからである。その結果、融合する相手も排除される個人も集団の種類も違ってくる。

2　ミクロ社会学の限界

都市研究での限界

ミクロ社会学の限界は都市研究でも鮮明である。ジンメルの「大都市の精神生活」（ジンメル、一九〇三＝一九七八）はこの方面の古典ではあるが、「個人のプライバシー」「儀礼的無関心」「不可視性」「自由」などの人間関係に収斂したミクロな概念だけでは、たとえば高齢者の「孤立死」「閉じこもり」「高齢者虐待」などの防止、「児童虐待」の通告経路の拡充などの見通しは得にくい。なぜなら、日常的地域移動を前提とする都市の社会構造や暮らしを支える社会的共通資本への配慮が、ミクロ社会学にはないからである。

都市の「自由」の代償として「プライバシーの保護」があり、隣人への社会的「無関心」がその根底にあることを分析する意義はもちろん大きいが、今日それだけでは研究としては不十分である。なぜなら、社会構造面でも、行政主導ないしは民間団体の活動で、高齢者の社会参加の機会が増えたからである。孤立せずに自由な生き方を実践する高齢者が各分野で登場しているし、自治体が交通機関に条件付きながら補助を出して、高齢者移動の便を図っていることも、ミクロ社会学での「あなたと私」だけの視点からは見えてこない。同じく社会福祉協議会だけではなく、世代を超えたボランティア活動者が高齢者支援に携わっていることもミクロ社会学では見落とされる。シルバー人材センターでの低いなりの報酬を前提とした業務もまた、都市社会構造面における高齢者シフトである。

周知のゴッフマンの「トータル・インスティテューション」に関しても、高齢社会では寄宿学校、兵舎、刑務所、精神科病院だけの例示では済まない。そして、「規則を定める者と規則に縛られる者を厳格に区分する」（バウマンとメイ、前掲書：一二六）実態を明らかにするだけでは、都市高齢者の研究にはなりえない。規則を超えて支援する人々がいるからである。

日本では高齢者向きの有料老人マンション、老健施設、特別養護老人ホームなどもまたその概念に包摂されるが、なによりもこれらの諸施設の新設と運営は、マクロレベルの高齢社会の動態に左右される。(2) 周知の福祉施設勤務者の報酬の低さについては、政府からの支援も含めて社会システム全体として取り組むことが高齢社会全体の課題となっている。「監視者と被収容者」目線だけの分析では、マクロな動態の分析ができないことはいうまでもない。

同時に児童虐待予防においては、虐待者としての父親と母親、被虐待者としての幼児との関係が第一義的ではある。しかし親子という当事者だけのレベルを超えて、幼児が通う保育所や幼稚園、遊ぶ近隣公園、診察を受ける小児科医院などのミクロを越えたメゾマクロな世界からの視線が予防にも有効になる。児童虐待問題に典型的なように、マクロレベルに結び付く社会の粉末化、小家族化、地域の生活協力と共同防衛の弱まりなどに社会学的想像力が発揮できないと、ミクロだけの社会分析は個人間関係しか見えない。したがって、全体としての児童虐待予防のための処方箋づくりは不十分となる。

社会性に欠けるミクロ社会学

行為理論から見ても、ミクロ社会学のそれは著しく社会性を欠いている。(3) たとえば、バウマンとメイは行為の分類をウェーバーに準じて、目的合理的行為と価値合理的行為に分けた。ウェーバーの分類自体にも疑問が残るが、別に詳しく触れたことがあるのでここでは繰り返さない（金子、二〇一六b：二一六～二一八）。取り上げるのは、両者に共通する「目的と手段の適合が決定の正否を判定する究極の基準である」という認識である。

ミクロ社会学が社会性に欠けるのはこのレベルである。なぜなら、たとえば「ゴミ処理問題」に象徴されるように、「価値合理的行為」としての家庭ゴミの処理は細かな分別作業ではなく、まったく分別しない行為がそれに該当するからである。市民になかば強制的に自治体から分別作業が要請されるのは、市民の大半が「価値合理的」に「楽な行為」として分別しなければ、地域社会ではゴミ収集機能がマヒして、景観が損なわれ、地域社会の衛生環境や安全性が劣化するからである。しかもそれは分別作業を行った市民をも直撃する。その結果がいわゆる社会的ジレンマを発生させる(4)。

いわばこの種の「価値合理的行為」が社会的ジレンマを引き起こすため、目的合理的行為として求める私たちの「住むに甲斐ある世」の構造と機能に支障が出る。このような発想で、社会システムの通常の遂行を点検して、それを学術的な議論にもつなげる。このような、単なる分類を超えた社会構造への目配りが、ミクロ社会学には不足している。

権力構造が見えなくなる

さらに、ミクロ社会学の限界は権力論の分野でも鮮明である。「権力とは、自由に目標を選択し、それを追究しうることである」や「権力とは目標を実現することである」（バウマンとメイ、前掲書：一三六）と個人レベルでのみ述べられるが、権力は関係論における相手の存在が大前提であり、相手よりも「優越した意志力」（ウェーバー）が定義のかなめに来る。その配慮がない非関係論的な権力の定義では実効性に欠ける。そのうえ、権力の実態は権力構造の姿で存在することが多いから、個人レベルの権力論に止まるのならばミクロ社会学での研究だけでは大きな限界がある。

念のために、ウェーバー権力論について二種類の翻訳を紹介しておこう。一つは一九五三年初版で六九年改版の阿閉吉男・内藤莞爾訳であり、そこでは「権力は、社会関係のなかで抵抗に逆らっても自己の意志を貫徹するおのおののチャンス……を意味する」（ウェーバー・阿閉・内藤訳：九〇、ただし金子が短縮したところがある）。もう一つは清水幾太郎による七二年の訳であり、第1章一九頁ですでに紹介している。(5)

ミクロ社会学では関係論の文脈における「強制論」でも、「強盗の被害者」や加害者と被害者の関係として「暗い人気のない街路での暴力」など、権力が持つヨコ繋がりの平板的関係しか論じられない。そこにはミルズのいうようなタテ系列化したパワーエリート的権力構造への配慮が皆無のままである。また制度による「強制」権力の存在にも触れることはない。

価値の変容が見えてこない

価値の選択にしても同じような指摘が可能である。バウマンとメイは、「私たちの『現実的』な目標も『夢』もともに、他者との関係や、自らの行為において使用することが期待しうる資源によって与えられている」（バウマンとメイ、前掲書：一三八）と述べる。そのうえで「その価値はさまざまな文脈における社会的な相互作用の過程で変質する」（同右：一四〇）とするが、これだけでは全体社会レベルでの価値観の変質や国民性の変容が見えてこない。

なぜなら価値の変容は、相互作用の相手次第というヨコだけのミクロ的文脈からのみでは発生しないからである。たとえば国民意識における離婚への評価逆転は、配偶者のものわかりの良さではなく、雇用者として仕事しながらの単身での生き方が、日本を含む現代先進資本主義国の一部では容易になったことに加えて、各種の手当てを含む単身者支援制度が国家により完備したからである。それらのマクロ的な制度要因などを考慮に入れなければ、離婚増加という社会的現象は理解できず、もちろんその価値判断もできない。

「身体論」の非社会性

さらに最近流行の「身体的な自己」を検討してみよう。たとえば「いかなる社会生活を送るかによって、自己の行動、自己や事物や他者に関する認識、それらの行動や認識の結果にいかなる違いが生じるか」(同右：二一四)だけに関心を持っても、その自己が生きる時代背景や職業それに「自己」として暮らす地域社会への目配りがなければ、「認識」そのものが不完全になる。その理由は、流行に象徴されるように、「自己の行動」としてのカラオケやスポーツ観戦から自己の衣服や嗜好品に至るまで、時代や全体社会の影響が強いからである。ダッコちゃんやフラフープ、インベーダーゲームなどは、個人の嗜好とともに時代の産物でもある。

その意味で、「私たちの身体は社会的な調整の対象である。したがって、社会学の入門書において身体を扱うことはまったく理に適っている」(同右：二一五)と高唱する際には、その身体を取り巻く相互作用過程分析だけではなく、医学の歴史や薬学の歴史それに現在の医療保険制度や介護保険制度まで合わせて言及しなければ、社会学の研究にはなりえないことを確認しておきたい。「後期高齢者一人当たりの医療費」や平均寿命や健康寿命の伸び一つをとっても、「自己のテクノロジー」(フーコー)には限界があるからであり、「社会と無縁の問題ではない」(同右：二一五)と簡単には片づけられない[6]。

さらに健康とフィットネスを区分するのは構わないが、社会学者が「フィットネスの理想」を語ったり、消費社会において重要なのは、欲望であって、満足ではない」(同右：二二四)と発言する意義はどこにあるのか。なぜなら、国民、市民、大衆、個人などのカテゴリーに属するすべての人間の「欲望」が満たされなければ、その個人が暮らす「消費社会」が維持できないからである。

ミクロレベルの欲望の創出

高齢社会では、テレビやネットを媒体にして、「健康」を売り物にした商品が繰り返し宣伝される。たとえば骨密度、膝関節の軟骨、血管、血液、血糖値、血圧、視力、聴力、心肺機能、胃腸機能、腎臓機能などの機能低下や衰えを強調して、それらを「改善する」と謳う食品やサプリメントや薬品などを提供する消費社会では、消費者の「欲望」の満足こそが企業活動の原動力になっている。消費社会を構成する企業はマスコミ利用により一方的な情報提供を行う。このような経済社会システムの遂行に言及しない限り、個人の「満足」だけを論じても社会学にはならない。いわゆる需要（demand）と供給（supply）という二つの論点は、依然としてミクロ社会学では取り込めていない。

一方では「身体感覚は主観的に経験される」から、「他者がそれを体感できるわけではない」（同右：二二六）と述べつつも、いくつかの引用を行い、「表現の方法が地域や文化ごとに定まっているから……感覚の表現さえもが社会的な行為である」（同右：二二六）とするが、それはいうまでもない。たとえば喜び、悲しみ、痛み、苦しみなど主観的感覚ではあっても、それらは万国共通の表現形式をもっていないか。たしかに喜びを表す踊り方は違うであろうが、踊る行為自体は普遍性をもつ。音楽でいえば、短調は悲しい調べであり、長調は楽しく快活的に聞こえる。これもまた、万国共通である。

悲しみの極致である家族成員の逝去と葬儀の表現形式は宗教により異なるが、主観的経験としては病死の場合と事故死、自殺、殺人の被害者の感覚については、他者でもほぼ「同一の感覚が経験」できるのではないか。

「身体は、欲望が発現する場所であり、欲望が使用する道具である」（同右：二二八）という言明は、ミクロ社会学特有の「他者との関係」を議論する際には有効であろうが、歴史的社会構造の動きとしての社会変動を論じる場合や、「少子化する高齢社会」への適応、児童虐待の予防と対策、環境としての地球温暖化問題への処方箋などでどこまで応用可能であるか。同時に、現代の国民、市民、大衆、個人は社会学にどこまでの「身体」論を求めているのか。

社会問題の背景も論じたい

かりにいわゆる社会問題の考え方や処方箋を国民、市民、大衆、個人が期待しているのならば、従来からのミクロ社会学からの回答は満足には程遠い内容といえる。なぜなら、社会問題の全体的な背景が論じられず、社会システム論的な発想にも乏しく、ＡＧＩＬ図式などに関連する制度の問題が包摂されないからである。「身体」の欲望論を基調としたミクロ社会学では、全体社会システムや諸制度などは注意深く排除されている。

そのために、「自己表現」としての「身体」が発するメッセージが変わっても、それが社会システムレベルに届かず、国民が喫緊の課題とする児童虐待の解決や予防法はミクロ社会学からは見えてこない。同時に地球温暖化問題などの解決策や処方箋も、「身体」からはまったく出てこないであろう。

バウマンとメイが引用した「エリザベス」問題では、彼女が発する身体メッセージが激変して、「女王」として認知されても、そのことだけでは時代が抱える問題解決には直結しない。具体的に言えば、「女王」はスペインの無敵艦隊に対しては勝利したが、そのために国家財政が苦しくなり、あわせて穀物の不作が続き、戦争遂行による租税負担の重さと徴兵が国民の反抗心を強め、イギリス各地で暴動が発生した。この場合、国民、市民、大衆、個人の関心は、女王の「身体メッセージ」ではなく、戦争、租税、徴兵、反乱、暴動などのマクロな社会現象に集中していた。

あくまでも「身体」にこだわると、「身体はいつでも操作可能である」という誤った信念の持ち主になる。しかし当然ながら、身体の一部である身長、視力、心肺能力、運動能力、絵を描く、歌う、指先が器用などは、「操作可能ではない」。「改善能力」はあくまでも限定的であり、家系的な遺伝が左右する領域もあり、後天的な生育環境や養育環境に影響される身体機能も多い。

誤りというかすり替えというか、それはジェンダー論でも行われている。男性が女性よりも権力関係で優位な象徴として、バウマンとメイは「男性社長が会議に向かう際に女性秘書が一歩下がって従う光景」（同右：二三六）を例示したが、これは地位関係の差異を巧妙に男女関係にすり替えたものである。なぜなら、男性秘書でも社長とは肩を並べて歩かないことは多いし、善悪はともかく、大学病院の診療科主任教授回診や院長回診でも男女を問わず、地位の序列が歩行の順番を決める。

これ以外の細かなミクロ社会学の問題点は省略して、その原点にあたる思考法の限界をマクロ社会学との対比でまとめておこう。象徴される立場の限界の一つは、「社会学は社会生活全般にとって本質的なものを提供しうる。それは理解や説明を通じて経験を解釈すること」（同右：三六一）にある。私はこのレベルに止まる「理解」「説明」「解釈」だけの社会学を不十分とみてきた。なぜなら、それはたとえば「児童虐待」に直面した際に、研究者だけではなく通常の国民、市民、大衆、個人もまた、このような悲惨な事件をどうしたら食い止め、予防でき、あるいは事後のケアについての方法に思索をめぐらすからである。(7)

3　ミクロ社会学の課題

しかし、このミクロ社会学の思考方法では、社会生活の一面である「児童虐待」を「理解」し、「経験を解釈する」だけで停止する。そしてその解答では、おそらく社会全体からの期待を裏切ることになる。「理解」や「説明」や「解釈」からだけでは、社会問題を「診断」して「価値判断」や「政策」への飛翔は不可能だからである。このレベルでは、「社会学は、わたしたちの経験について説明的な注釈を加えながら、わたしたちがどう生活を送るかに影響を及ぼす」（同右：三六二）といわれても、それはきわめてささやかなものになる。社会学など知らなくても、国民、市民、大衆、個人は立派な生活が送れるからである。

「理解」と「解釈」を超えて

現代医学が民間療法と違って高い信頼性を全世界で勝ち得ているのは、患者の病気の程度を「理解」し、「説明」し、「解釈」したからではなく、それに基づいて学術的な研究に裏付けられた「診断」を下して、適切な「治療」を提供してきたからである。社会生活はたしかに「仕事をする、家にいる、ショッピングをする、友人とパーティをする」などの文脈に分けられるが、その「考現学」的な諸相を描くだけでは学問としては不十分であるというのがマクロ社会学からの見解である。

具体的に仕事を取り上げれば、「仕事」をする環境は会社とともに全体社会の中で決められ、そこで働く個人やその家族への影響が強い。長時間労働は働く人の健康を害し、過労死が指摘されて久しいが、職場だけの人間関係や相互作用だけに視点を固定しては、その緩和するための具体的方策には届かない。社会全体による長時間労働の弊害を「理解」し、その「解釈」を共有して、国家レベルで労働法も含む社会制度としての緩和策（医学での治療に当たる機能）を工夫するしかない。二〇一六年からの「電通過労死問題」はこの典型であろう。

また、非正規雇用と正規雇用をめぐるさまざまな格差、宅配業界における現場の長時間労働と従業員の疲弊などもまた「社会生活の様相」などであり、その実態を「理解」し、「説明」し、「解釈」するだけには止まれない。実現可能かは別として科学的判断に基づく「診断」と「政策提言」こそが、学問としての「個人と社会」を見通す社会学に寄せられる国民、市民、大衆、個人からの希望であろう。

「仕事」をしなくて「家にいる」ことの分析でも、要介護3の高齢者の支援には家族はもとより介護保険という制度が大きな役割を果たす。ミクロ社会学ではその制度についての本格的な議論が可能なのか。社会制度という視点を持たなければ、介護の「社会生活」の様相は分からない。

その他、「ショッピングをする」にしても「友人とパーティ」をするにしても、日本では消費税がかかるが、この比率もまた全体社会レベルでの力学が作用する。食料品や衣料品そして電気ガスなどの公共料金の値上げは国政選挙後に行われやすい。「社会生活」の様相として人間間の相互作用だけの視点からは国政動向への目配りが難しいので、値上げの動きや消費税率の引き上げなどは見えにくくなる。[8]

ミクロ社会学が期待する「科学主義」はおおむね肯定可能であるとはいえ、時として二酸化炭素地球温暖化論のような誤った知識を世界中に拡散させたという影響を持つこともある（金子、二〇一二）。状況を打開する際には「他者の制御」への誘惑が必然化するが、これもまた「制御」の方法が多数派による「正論の黙殺」に変貌しがちであり、うまくいくとは限らない。

社会学への期待に応えられるか

最後にバウマンとメイは社会学への期待として三点をまとめた。一つはデュルケムに源流をもつ「社会的事実」としての集合表象の探究であり、「物のように」（quelque chose）分析することが指摘された（同右：三七三）。しかしそのためには、ミクロ社会学のように「本人しか知り得ない内的なもの――個人の精神・意思・私的な意味づけなど」を好んで追究する姿勢からは、距離をおかざるを得ないであろう。かりに、ブランドのバッグや万年筆を「物のように」取り上げるには、個人の「私的意味づけ」から自由になるしかない。

第二には、「社会全体で生じる変化に敏感でなければならない」（同右：三七四）が挙げられたが、これまで強調してきたように、社会変動への対処はミクロ社会学ではきわめて不十分であり、効果を上げるにはマクロ社会学の知見を活用するしかない。なぜなら、行為の意味が変わり、その解釈も変わるとしても、それは第一の限界である「本人にしか知り得ない内的なもの」なので、社会構造の変動指標としては共有できないからである。

「合理的行為」の二面性を理解する

同時にウェーバーを通して「合理的な行為」の意味理解がいわれるが、「児童虐待」を行った加害者の「合理的行為」の理解だけではいかなる「効果による証明」も不可能である。さらに加害者の道理を「理解」するだけの社会学は、国民、市民、大衆、個人からは決して共鳴されないであろう。「社会学は、その探究の過程において、意味のある世界を奪還する」（同右：三七七）としても、現実に学問的にも社会的にも期待されるレベルには程遠い。

そして「社会的診断」がかなり唐突に第三の戦略として登場する。ただし犯罪、病理現象、不公平、不正、不平等などの「診断」を通して、それが「社会秩序」の構築や維持に貢献するという健全な議論と並行して、それを「忌まわしいものと見な」（同右：三八〇）すようなアンビバレントな議論の方法をわざわざ挙げている。あるいは、「診断」を黙殺して、それとは無関係な「議論や行為」のみを展開して、あくまでも行為の「理解」や「解釈」や「説明」に終始することがミクロ社会学では好まれる。

しかし、「知識をもてばもつだけ、事物のことがよく分かり、世界のなかの、より多くの事物が識別できる」（同右：三八三）というような正論もある。もっともバウマンとメイには社会的ジレンマの発想がないから、その事物の理解でも表面的なところで終わっている。その理由は、「社会学的理解は……わたしたちの生活が他者の生活とどういう関係にあるかをめぐるものである」（同右：三八五）という自己限定にある。この限定からでは、経済行為のなかでの周知の個人貯蓄の増額と社会全体消費の低迷の間に生まれる社会的ジレンマには到底気が付かない。社会的ジレンマ論が豊かな鉱脈をもち、少子化分析や環境問題にもさまざまに応用可能であっても、ミクロ社会学ではそれを活用できない。

繰り返してきたように、このような個人生活の行為レベルだけの相互作用分析を続けても、そこには歴史的社会構造が見えないから、社会性を持ちえないのである。それは以下のような認識法に顕著に表れている。「わたしたちは社会生活における共著者や共演者であって、新しい生活様式に参入するとき、わたしたちは、別の生活様式を持ち込むことで、新しい生活様式を利用するとともに、それを変化させる」（同右：三八七）。勤務先の企業が倒産して失業した人は「新しい生活様式」を余儀なくされるが、それを「変化した」と述べるだけでいいのだろうか。新しい家族としての赤ちゃんが誕生した新しい生活様式で、子育てに苦労する母親の「生活様式が変化した」とまとめるだけでいいのだろうか。

これらは社会学として「理解」したり、「解釈」すれば済むのだろうか。結論でも繰り返される「社会学的思考は、理解の範囲を広げる。一つの解釈で事足りるとはけっして考えないからである。それはまた一義的な解釈で押し切ろうとすることがいかに高くつくかを強調する」（同右：三九二）に象徴される。この限りでは正しいが、マクロ社会学のセンスでいえば、ここで立ち止まっては社会学の祖やシカゴ学派や批判的社会学者や社会システム論者からのような有効で適切なコメントは得られない。

「理解」と「解釈」に立ち止まらない

かりに「『どのように問題を見るか』は『何を適切な解決策と見るか』に影響を及ぼす」ことが正しいとしても、自らの著作で「解決策」を提示できないのでは国民、市民、大衆、個人からの期待に沿えないであろう。「社会学は、自分のことをよりよく理解しようとする試みの中心をしめている」（同右：三九二）はバウマンとメイの最終的な結論であったが、この第二版が刊行されたのが二〇〇一年であったことに驚くとともに、マクロ社会学の立場からいえば、この数十年で非社会性が強まる方向に後退したとしかいいようのない感慨をもたざるをえない。

とくにミルズの『社会学的想像力』の刊行が一九五九年であってみれば、五〇年間の社会学のあゆみはいったい何であったかということになる。国民、市民、大衆、個人そして国や企業や自治体に期待されて一九五〇年代に登場した社会学が、日本だけではなく世界的にも徐々に失速した五〇年の歴史がその結論に潜んでいるのではないか。私たちはこのレベルの社会学だけを次世代に残すわけにいかない。

注

(1)『吉田正』(二〇一〇)を上梓するまではその門下生であった橋幸夫、三田明、吉永小百合という大スターは、私にとって文字通り雲上人であった。しかし、吉田喜代子夫人から吉田正の一三回忌に招かれて、『吉田正』が引き出物の一部とされたことで、この三人とも直接に話す機会ができ、記念のツーショットが得られた。「吉田正」特集のラジオやテレビでも数回お会いした。それ以降の社会的距離が短くなったことはいうまでもない。

(2) 政府の支援があり、金融面での条件が緩和されると、高齢者施設の新設は盛んになるが、逆の場合も存在する。介護施設職員の報酬にもマクロな動向が強く影響する。

(3) 本章ではミクロ社会学の研究としてバウマンとメイの著作を取り上げて、マクロ社会学の観点からおよび社会調査を進める立場からのコメントを加えていく。

(4) 社会的ジレンマへの着眼は古く、バンドビルまで遡及できる。

(5) ミルズもまた権力を、「他人の抵抗を排して意図を実現すること」(ミルズ、前掲書：二七三)と定義した。なお、権力を「著しく不一致のある概念」とみたパーソンズは、「強制的側面と合意的側面」(パーソンズ、一九六九＝一九七四：六四)に分けたあと、「権力は集合的組織体系の諸単位による拘束的義務の遂行を確保する一般的能力」(同右：七五)とした。ウェーバー、ミルズ、パーソンズのような権力論への支持も強いことを、ミクロ社会学の学習の際でも銘記しておきたい。

(6) 後期高齢者一人当たりの医療費は、高齢者個人が病気になりやすいから高額になるというわけではなく、家族による外来通院という支えがなくなり、長期的な入院を余儀なくさせられるという社会的な事情による。私はこれを繰り返し明らかにしてきた(金子、二〇〇〇：二〇〇九：二〇一四b：二〇一六a)。

(7) マスコミとは異なり研究する側からは、たとえば「早母」の危険性が指摘される。「早母」とは二〇歳未満の母親を指すが、児童虐待の加害者で逮捕された母親の実に一六・六％が「早母」であった。通常の出産では一九五五年から二〇一五年までの国勢調査を通して、ほぼ一・五％前後で推移してきている(金子、二〇一六b：一三九）。なお、本書第８章を参照のこと。

表　母となった年齢が20歳未満の出生率

（%）

年	%
1985	1.25
1995	1.36
2000	1.66
2005	1.56
2010	1.26
2014	1.30
2015	1.19
2016	1.14

（8）いわば年収が低い階層に次世代を担う子どもの教育費負担が多い現実は、太陽光発電パネルを有償で設置した世帯の売電に、結局はパネル設置をしないかできない世帯にも強制的にかかる「再エネ促進賦課金」が回されるという現実と同類である。四kWの太陽光発電パネル設置には約一〇〇万円かかるので、その費用が出せる世帯の売電は可能になるが、その購入費用は電力会社の負担ではない。パネル設置に費用が出せない世帯も含む全世帯から強制的に徴収された「再エネ促進賦課金」が、政府を経由して電力会社に回され使われている。教育費でも電気料金でも、低階層が高階層を支える構図が見えている。このような視点はミクロ社会学では決して得られない。

本章の論点

1、「排除」と「包摂」を家族に適用して、家族問題を論じてみよう。
2、「価値合理的行為」が社会的ジレンマを引き起こす事例を挙げてみよう。
3、社会現象の「理解」や「説明」や「解釈」から、社会問題を「診断」する方法を具体的に考えてみよう。

第3章　絶対役に立つ中範囲理論

1　「個人と社会」を調べる

碩学に励まされる

各分野の碩学には、『社会学四〇年』（福武直、一九七六）、『国文学五〇年』（高木市之助、一九六七）、『宗教人類学五十年』（古野清人、一九八〇）、『故郷七〇年』（柳田國男、一九九七）、『社会学わが生涯』（富永健一、二〇一一）、『ある社会学者の自己形成』（森岡清美、二〇一二）など公刊された自分史があり、折に触れてそれらを精読して私もこれらに励まされてきた。同時にそのような表題はないにしても、高田保馬のように一〇〇冊を超える学術書とエッセイを使い分けて、エッセイや和歌で自分史を語った碩学もおられる。

通常は、学祖コントに始まる学説史を学習して、いくつかの研究方法論を身に着けるだけでも数年はかかる。とりわけ最新の社会学史からは、壮大な「世界システム」論などのマクロ社会理論と「身体」や「いのち」にまで到達した極小のミクロなテーマまで、多様に分枝してきた内容が学べる。一通りそれらに触れると、マクロとミクロへの関心と好みおよびそれらに深く関連する社会調査方法論は、学習者の体質や価値観の違いで決まることが理解できる。その後には、かつては連辞符社会学といわれた家族社会学や地域社会学や社会階層研究などの領域社会学の研鑽が待っている。

論文の長さやデータの種類に関係なく、自らが選択したテーマは家族分野に属すのか、地域社会分野に該当するのかを判断して、まずはその先行研究に取り組む。ただし関心と好みで選択したテーマが、標準的な文献が示す領域社会学からはみ出すことも珍しくない。私が研究してきた高齢化や少子化も家族社会学だけではなく、福祉社会学と地域社会学と社会変動研究に位置づけないと、その全貌解明にはほど遠い。その際には、複数領域の先行研究から自らのファイルを作るしかない。テーマの重要性に差異はなく、政策志向であればともかく通常ではそれが研究するに価するかどうかの軽重もない(1)。

実証的な社会学の方法

いつの時代でも、実証的なテーマを扱った社会学研究は文献研究が先行して、計量的調査と質的調査分析を主な方法にしてきた。だから実証的な論文を書くのであれば、両者の方法論を一通り学んだあとで、自分にふさわしい方法を社会調査論の文献精読と実際のデータを使ったパソコン実習によってさらに深めるしかない。ここではテーマ解明にふさわしい方法へのこだわりが重要である。なぜなら、先行研究をよりよく理解するためにも、両者の方法論をある程度まで知っておけば、それが自らのテーマを追究する際にも有効となるからである(2)。

たとえば、自らの家族研究で質的調査方法を選ぶのはいいとしても、先行研究を学ぶ際には量的な手法によるデータ解析中心の家族研究論文の学習も避けて通れない。家族分野でも、オリジナルな調査データにより仮説検証を行う家族研究者が多いからである。かりにそこで使われたχ^2検定、因子分析、相関係数、重回帰分析の手法を知らなければ、結局はその論文内容が理解できない。そうすると、せっかくの先行研究が独自に設定したテーマの追究に活用できなくなる。

したがって、方法論の食わず嫌いでは、先達が残した膨大な研究成果が取り込めないため、入門時点ではどちらかの方法だけを選択することはやめたい。量的調査と質的調査の方法論の学習はともに不可欠であり、両者を学んだ後に自らにふさわしい方法を決定すると、実際の研究でも一通りの成果が得られる。さらに並行して、翻訳でもいいからパーソンズなどの本格的な理論社会学書を熟読して、理論化の途に関心を持ち続けたい。

システムとして日本社会を考える

情報化や国際化に象徴される社会変動が強まる二一世紀の日本社会は、それまでの宗教史観や唯物史観さらには人口史観による社会変動とも連動して、個人の意識と行動様式がますます多様化する。それらは国民全体のライフスタイルを変質させ、二〇世紀とは異なる様相を各分野で現出させる。その解明には、定番となっているジェンダー（男女）差だけではなく、同時にジェネレーション（世代）差、階層差、居住コミュニティの差、個人の健康度の差などの作用までも組み合わせたい（金子、二〇〇九）。

そのうえで複合化した社会規範や価値観を具体的に理解すると、「共同生活の科学」としての社会学の方法と実践に結び付けやすくなる。いわば社会変動は階層、地域、集団、権力の各構造の集合として発生するという図式を具体化することにより、日本国民のライフスタイルと共同生活の構造と機能が解明されるようになる（本書第1章）。

たとえば、凶悪犯罪や交通事故死は減少したが、社会システム全体の先行き不安感はむしろ強まっている。少子化なのに、せっかく生まれた子どもを親が虐待して、毎年一〇〇人前後の児童を死に至らしめることが続いている。これらの調査研究は難しい側面があるが、手持ちの知識と方法と概念を総動員してアプローチする義務が社会学者にはあると私は考えてきた（金子、二〇一六b）。

「いったいどの時代に、これほど多くの人間が、これだけ急速に、これほどのすざましい変化に、これほど全体的に曝されたことがあったろうか」（ミルズ、一九五九＝一九六五：四）。

このミルズの述懐は、その本の刊行から六〇年後の日本社会でも適切にあてはまる。むしろ、変化の速さと広がりは、二一世紀の今のほうが激しさを増している。

大きな社会変動の時代では、社会学の究極の課題である「個人と社会」をめぐる言説にもゆれが生じる。研究者の価値判断によって、自らが重要と考えるテーマが選択され、研究成果を競い合うことで、異質な内容が交錯し、融合して、新しい論点も誕生する。限りない「自分の身体」に収束する「個人化」はかなり以前から学界では顕在化しているが、それとは無縁に世界システムに向けて飛翔する「国際化」研究もありえる。

このような二項対立は、ともに学問のあり方としての方向性を示唆する。そして「個人化」と「国際化」が限りなく分離する過程、ないしは工夫次第でそれらの融合も可能であるという試みもありえる。社会規範だけを取り上げても、現代社会では競争と共存、格差と平等、均衡と闘争、移動と定住、持続的成長と持続的安定、公共性と私性、全体化と私化、ジェンダーとジェネレーション、コンフリクトと共生、管理と自発性など、社会学の究極の課題である「個人と社会」をめぐる言説のゆれがある。

研究面と行政に関わる実践面では研究者として異なる判断原理があるので、「個人と社会」をめぐるテーマを決めて調査することにより、研究成果を提示する。もっとも学界全体で見れば、研究者それぞれの視点と結論が衝突したイノベーションとして、新しい論点が誕生することもある。

表3-1　研究方針と社会学の方法

	歴史志向（文献中心で理解）		現在志向（調査中心で実証）	
	学説紹介輸入	概念理解中心	計量的方法	質的方法
単一研究	A	B	C	D
比較研究	E	F	G	H

（出典）金子（2013：102）。

研究方針と方法の類型化

社会学ではインタビュー法や日記なども含めた公刊資料などを駆使した質的調査法、質問紙を作成してランダムサンプリングした対象者に面接して尋ね、その結果を計量的に処理する量的調査法が双璧だが、もちろん両者とも他方を排除するわけではない。最近ではデジタル映像をチェックしたり、路上観察したり、民俗学的な口碑を採集して、これを丹念に蓄積する方法も兼用される。そしていずれもその過程で、いわゆるセレンディピティ（serendipity）という思いがけない偶然による価値ある発見や興味深い創造が得られることがある（本書第4章）。

そこで「実証主義方法としての量的・質的分析」を常時意識することになるが、私は長い間表3－1のような分類をしてきた。[3] ここではミルズのいう「新しい分類は、有効な展開の出発点として役立つ」（同右：二七九）という指摘を受け入れておこう。

この表の特徴は、テーマ設定の方針を歴史志向と未来をも見据えた現在志向に分けるところにある。現在の社会現象も社会的事実にも必ず歴史的な繋がりがあるという前提で、まずは研究者の個性により歴史的素材をそのまま研究するという選択肢が生まれる。

学説研究から開始する

一番シンプルな研究方針は、学史に残った有名人の学説研究である。世界の社会学の歴史は一六〇年を超えるし、日本でも一〇〇年以上の歴史をもつので、学史に名を遺した研究者を一人選び、その伝記を挟み込みつつ、代表作を要約したり、詳述したり、問題点を指摘する。外国人ではウェーバー、デュルケム、ジンメル、マッキーバー、パーソンズ、ミルズ、マンハイム、ルーマン、ブルデューなどが取り上げられやすい。日本人では、理論面では高田保馬、新明正道、清水幾太郎であり、実証面では有賀喜左衛門、鈴木栄太郎、奥井復太郎、磯村英一などが選択されやすい。

ただし、その大物研究者は亡くなっているのだから、代表作品の要約や詳述を行い、学説に含まれる問題点を指摘すれば済むというわけではなく、実際には自分でその問題解決に取り組む必要が生じる。

第二の方針には比較研究があるが、ここでは複数の研究者が扱われる。たとえば、社会認識論の観点からのウェーバーとマルクス、ウェーバーとジンメル、権力構造を主題としたパーソンズとミルズ、パーソンズとリースマン、高田社会学が鈴木栄太郎に与えた影響、農村社会をめぐる有賀と鈴木の研究成果などの組み合わせがみられる。また磯村の「第三の空間」を鈴木の「生活拡充集団」で読み解いたり、宇沢弘文の「社会的共通資本」の応用で考えたりすることもあるが、なかなかうまくいかない。富永のように二人の大物である「高田保馬とパーソンズ」が本格的に書ける学者は数少ない（富永、二〇〇三：二二三～二六〇）。

文献研究では、概念をめぐり比較が行われる場合も多い。社会システムについてパーソンズとルーマンの間の相違を分析したり、都市の把握や都心の位置づけについて鈴木と奥井と磯村との理解の違いに触れる論文もある。

ここで論じたのはいずれも表３‐１ではＡＢＥＦに該当する研究法であった。次に、ＣＤＧＨを概観しておこう。

2　現在志向の社会調査の方法

社会分析の積み重ねと総合化

あらゆる社会科学の究極的目標は、その素材に適した概念を用いて取り上げた社会現象を調べて、体系的に秩序づけることにある。社会学でも同じであり、その研究成果は、その時点における研究水準、先行研究から導かれた自らの仮説、調査により観察された事実の収集と検証、そこで得られた知識の創生、伝達、利用の相乗効果として「社会分析」され、全体的に合成される。

表３-１の「現在志向（調査中心で実証）」は、実証的研究方法である社会調査にある二つの論理を示していて、量的調査の「データ分析で再現された論理」と質的調査の「データ共有から発見された現実」に分けられる。

量的データの調査と分析

「データ分析で再現された論理」は主として量的研究で追究されてきた。そこでは社会学の主要概念が順序尺度や間隔尺度などで構成された変数として計量的に操作化されるので、客観的で正確な測定を発展させ、統計的な水準で仮説の証明が可能になる。そのためにこの論理による調査は、研究者により切り取られた社会的事実の断面の把握に有効になるといわれてきた。

量的な調査は他者による追体験が可能な方法を明示して、データ処理には統計学的な論理を駆使して、パソコンによる計算結果に依拠して論文が書かれている。だからこの方法は、社会調査論や統計学を学習すれば、巧拙はともかく実際に使えるようになる。多くの場合、量的な調査論文はまた、前段階で技法的な調査の手続きを説明しているから、研究者間でも方法と成果が共有されやすく、再現の可能性にも富んでいる。

この「データ分析で再現された論理」は、大規模な調査をどう行うかという論理で高度に組織化され、一つの理想化された、形式を踏まえた、体系的な形で再現されることを意味する。それは論理的に一貫した規則と用語に裏付けされていて、いわば「きれいなモデル」を提供する。そこでの研究成果は開放的原理をもち、率直な一連のプロセスから構成され、規則的な手順に従う。

よく使われる計量的方法には、たとえば「高齢者の生きがい」というテーマで、富良野市など単一自治体の住民基本台帳のサンプリングで得た五〇〇人に訪問面接する調査が挙げられる。現代都市での回収率は七〇％あれば満足すべきであるが、その調査結果が統計的に分析される。同じ枠組みで小樽市や伊達市などの調査地点を増やせば、得られた結果を統計学的に比較することが可能になる（金子、一九九三：二〇〇六ｂ：二〇〇七）。

計量的方法では、調査票記載の内容の制約により収集情報が限定される。そのため、そこからの飛躍は望むべくもない。それで、調査票とは別に関連テーマについて数名のインフォーマントを選び、細かなインタビュー調査を数時間行うことがある。その聞き取りによりまとめられた「生きがい」要因と計量的な「生きがい」要因とが比較されることも珍しくない（金子、二〇一四ｂ）。

これらの方針と方法は長所も短所もあるので、独自の論文にはどちらを使うかを判断して、調査をする自分の性格や執筆する際の強調点なども勘案して、最終的に適切な方法を選び、自らが実践するしかない。

社会学での調査の設問は研究者の問題意識に応じて作成される。調査の目標には、データ分析による仮説の証明やさらに一般化できる法則性の発見も志向される。

質的研究の方法と特徴

それとは対照的な質的研究では、対象とした事例のもつ主観的意味、定義、象徴、描写などに焦点をおく。そこでは量的な分析ができないから、当初の問題意識に応じて特定化された社会的世界に潜在する新しい問題の発見（heuristic）に力点がおかれる。量的研究が証明（proof）を心掛けるのに対して、質的研究は問題の発掘に力を入れる。

そのため、「データ共有から発見された現実」は質的研究が得意とする。そこでの対面的なインタビューによる調査活動は、専門家と研究対象者との相互行為になる。質問と回答の繰り返しを通じて、専門家による誤った信念や事実誤認を取り除くことが期待される（鳥越、二〇一七：一〇〜一一）。

しかし「データ共有から発見された現実」は混沌として煩雑であり、方法論的な整備が困難である。この特定の事例は時代に左右され、地域的特性に制約されるので、そこから一般的な法則性を確認することは難しい。空間限定でしかも時代限定なので、調査そのものがいわば一期一会の出会いなのであり、したがって他者による追試験を許さないことが多い。たとえば、「からゆきさん」研究の山崎朋子（一九七七＝二〇〇八）にその典型を見る。

その意味で、質的調査は方法論としての厳密性の点で量的調査法よりも劣るが、これは歴史的比較調査でも同じである。なぜなら、それらはともに、研究者により個性的に設計された特殊なテーマ用に仕立てられた方法をもっているからである。調査に入る手続きも使用される専門語も、そのほとんどが標準化されない。とりわけ日本の村落研究では、アメリカで世界標準化された社会学テキストでは索引化されない使用言語が多い。

これには文化の差異も大きいが、日本の村落研究では質的な研究者がたくさんの報告書をよみ、歴史学の成果も踏まえて試行錯誤し、経験豊富な先達を見習いながらオリジナルな研究を継続してきた伝統があるからである。そのため、日本の村落研究では社会学で使用される標準化された専門用語を超えた世界が生じた。

インタビュー調査の特徴　次に、質的調査として代表的なインタビュー調査法の特徴をまとめておこう。対象者一人に調査者一人が多いが、一人に複数でも、複数に一人でもインタビューは可能である。

(1)計量的手法で利用される調査票の分析とは異なり、「対象者の言葉による語り」が得られる。
(2)調査対象者の考え方や日常生活行動が、繰り返されるインタビューで細かく把握できる。
(3)インタビュー相手の日常生活の現実に基づき、調査者による質疑と回答者からの応答が繰り返され、そこで精錬された「生活の実態」とそこでの「ニーズ」が発見できる。
(4)インタビュー調査結果を整理し、総合して、加工すると、有益な情報（仕分けされたデータ集合）になり、それを分析してレポートにまとめるという一連の過程から成り立つ。

(1)〜(4)が標準的な質的調査法の特徴である。ただし量的調査でも質的調査でも、研究を開始する際には、⑴目的の散漫、⑵末梢の偏執、⑶無駄な重複への十分な配慮が必要である（柳田、一九二八＝一九九〇：四〇〜四二）。これは八〇年前に民俗学で柳田が強調した方法論上の注意点であり、今日の実証性を重んじる社会学でも有効な原則と考えられる。

とりわけ、インタビュー調査法と整理法については以下の四点に留意したい。

⑴データの把握（インターネットも活用してテーマの背景を押さえる）
- 生の声の記録
- 生の声の整理

⑵データの整理（録音された会話のテープ起こしする）
- 問題意識の確定
- 仮説の設定

⑶データから情報へ（テープ起こし原稿を書き直し、論文に使えるように修正する）
- 明らかにするのは何か
- 記録データの並べ替え

⑷情報の記述と蓄積
- 明らかになったのは何か
- 調査項目ごとの結論

調査法のどちらを選択しても、「経験が独創的な知的作業の源泉としてきわめて重要な意味をもっている」（ミルズ、前掲書：二五八）は真実だから、調査としての経験を積み重ねることが「現場から創る社会学理論」の最短距離になる（鳥越皓之・金子勇編、二〇一七）。

3　「機能分析」に精通する

中範囲理論宣言

既存の二つの調査方法をめぐって方法面で試行錯誤をしている時には、マートンの社会調査の箴言が勇気を与えてくれる。「経験的調査は社会学の諸理論や諸概念を創始し（initiate）し、再方式化（reformulate）し、再焦点化（refocus）し、明確化（clarify）する」（マートン、一九五七＝一九六一：九）という有名な言葉を忘れないようにしたい。この文章に凝縮し、古典となった「中範囲の理論」の反復確認が、六〇年後の今でも社会学における事実命題確証のための最良の方法である。

正・逆機能と顕在・潜在機能の組み合わせ

そのうえで、正・逆機能と顕在・潜在機能の組み合わせを使いこなす機能分析法に習熟したい。ここでいう機能分析は表３－２のようなまとめになる。まず正機能とは、一定の体系の適応ないし調整を促す観察結果であり、逆機能とは、この体系の適応ないし調整を減ずる観察結果である（同右：四六）。さらに追加をすれば、社会的機能とは、観察しうる客観的諸結果を指すものであって、主観的意向（ねらい、動機、目的）を指すものではな

表３－２　機能の組み合わせ

	正機能	逆機能
顕在機能	顕在・正	顕在・逆
潜在機能	潜在・正	潜在・逆

（出典）マートン（1957＝1961：46）。

い（同右：二〇）。顕在機能とは、一定の体系の適応ないし調整に貢献する客観的結果であって、しかもこの体系の参与者によって意図され認知されたもの（同右：四六）とされるが、この適応ないし調整部分は正機能として意味が強い。

これに対して、潜在機能は意図されず、認知されないもの（同右：四六）であり、逆機能の概念は、構造的平面におけるひずみ、圧迫、緊張の概念を含む（同右：四八）とされた。たとえば、あるコミュニティの老若男女構成員すべてに十分な食料が供給されたとしても、それによって生じる一部の構成員の肥満や血糖値の上昇に伴う体調不良に悩む構成員が想定されるからである。また、ある大学で希望者全員を合格させれば、希望者全員の効用は充たされるが、実際には競争が皆無なのだから、落ちこぼれや入学後の成績が芳しくない学生が続出する。その結果、パレート最適は得られなくなる。このような機能分析は、少子化する高齢社会や環境問題の検討でもさまざまに活用できる。

誇示的消費の機能分析

ヴェブレンの「誇示的消費」（conspicuous consumption）もまた機能分析の良例として取り上げられてきた。これは通常「見えぜいたく」といわれ、自らの労働を続けるための消費行動が主力であるが、一部の富裕層では「快楽のための消費」ないしは「財力を証拠立てるための消費」（ヴェブレン、一八九九＝二〇一六：一一〇）も日常化している。軽四輪でも大型外車でも、三〇〇〇円の時計でも三〇〇〇万の時計でも、日常性の中ではその機能はほとんど等しい。しかし、大型外車も三〇〇〇万の時計も売れ続けている。その理由は「財力を証拠立てるための消費」としての「誇示的消費」理論により説明できる。(4)

たとえばそのような高額商品消費の正機能には、需要（demand）に対する供給（supply）による直接的な消費満足のほかにいくつか挙げられる。一つ目には高額商品が買える地位にまで向上したという自己確認である。ヴェブレンは「高価な贅沢品に耽溺する」（同右：一一二）と表現する。いわば自らの地位のシンボルとしての高額消費の機能がそこから読み取れる。

二つ目には、その高額消費を他者に認知してもらえる地位のアイデンティティ機能である。本人の自己満足だけを超えて、他者によりその経済的地位の高さを認めてもらえる。「選り抜きのよい品を消費することは富の証拠であり、尊敬に値する」（同右：一一五）。これは自動的に本人が金銭的な力を誇示する姿勢に繋がる（マートン、前掲書：五三）。社会的にもそれらが増えることは「豊かさ」の兆候として読める。

以上の事例は顕在的・正機能中心であったが、マートン以前にヴェブレンもその逆機能を例示している。「浪費する当人の評判を効果的に高めるには、不要な贅沢品に金を使わなければならない」（ヴェブレン、前掲書：一三四）。

社会的事実が四通り見える

その他、潜在性を付加してしかも正逆の機能を追加することも可能である。ここでは表3－3のようなタブレット端末を活用した教育分類を挙げておこう。要は一つの社会的事実が四種類に分割され、それぞれで研究される価値をもつようなテーマとして登場する。論文執筆に際しては、四種類のうち一番気がかりな機能に焦点を置いて、取り上げた対象が果たす機能をまとめることになる。

大量の情報がその場で入手できることがタブレット端末導入のきっかけにはなるが、同時に残りの三機能も見えてくる。顕在的・逆機能としては、決して安くはないタブレット購入で親または本人の教育

表3-3　タブレット端末を活用した教育の機能分析

顕在的・正機能……教材がかさばらず，大量の情報がその場で入手できる
顕在的・逆機能……タブレット購入で親または本人の教育費負担が増大する
潜在的・正機能……ペーパーレスになり，ノートや用紙の使用が少なくなる
潜在的・逆機能……文字を書かないので，識字率が低下する

（出典）筆者作成。

表3-4　スマホ依存現状の機能分析

顕在的・正機能……情報入手が容易で，通信速度が速くて簡単になる
顕在的・逆機能……ゲーム依存症が増え，利用代金が増大する
潜在的・正機能……グローバル化が促進され，イノベーション志向が刺激される
潜在的・逆機能……対面的関係を嫌い，直接的接触が希薄になる

（出典）筆者作成。

費負担が増大することが挙げられる。同時に、潜在的・正機能としてはペーパーレスになり、ノートや用紙の使用が少なくなるので、紙ゴミが少なくなるという期待がある。その一方で、既知の文字を書かないので、潜在的・逆機能として漢字や英語のスペリングを忘れやすいという結果が生じる。

同様に日常的なスマホ依存がもたらす影響も表3-4のように整理できる。ここでも論文執筆の際の問題意識に応じて、たとえば「顕在的・逆機能」から開始したり、「潜在的・逆機能」を取り上げて、「スマホ依存による人間関係の変質」などをテーマに設定すれば、優れた論文題目になる。その意味で、定評ある古典の選択とその精読は自らの社会学の力量を飛躍的に高める。マートンの代表作などの先行研究の学習が必然となる理由もここに求められる。

その他、高齢社会の在宅死、ゴミ処理問題、自動車の増加なども また、良質の機能分析にかけると、論旨に深みが得られる。日常生活にいくつもの事例があるから、取り出して機能分析を練習することで、論文のテーマが発見できる。

注

（1）もちろん社会科学の宿命として、どこまで研究が可能か、調査対象をどのように選択できるか、成果が得られたとして、それを自治体や政府の政策に反映させられるのか、などの難問がすぐ後に控えている。

（2）調査するという表現が含む内容は広く、文献研究、公表されたデータや資料の入手と分析、ランダムサンプリングによる訪問面接調査の集計と計算、インタビューによる聞き取り調査の分析などを包括する。

（3）ただし、分類学に堕することは戒めておきたい。

（4）この種の事例は多く、身近なところではネクタイ、メガネ、ボールペン、革靴、オーダースーツ、ハンドバッグ、年代物のワイン、着物、高級リゾートホテル宿泊なども事例に挙げられる。

本章の論点

1、学説史、社会学方法論、家族や都市や階層などの領域社会学の学習には、それぞれ定評のある一冊を精読することから始めてみよう。

2、マクロ社会学の古典として、コントの『社会再組織に必要な科学的作業のプラン』、パーソンズの『社会システム論』、マンハイムの『イデオロギーとユートピア』、ミルズの『社会学的想像力』は卒業までにきちんと読み、学問の歴史の一端に触れたい。

3、マートンの「中範囲の理論」と「機能分析」に習熟し、特定の社会問題を選び、機能分析をくり返し練習しよう。

第4章　セレンディピティとイノベーションの威力

1　セレンディピティの威力を知る

セレンディピティとは何か

六〇年も前にマートンがセレンディピティ（serendipity、掘出し型）と命名した「予期されなかった、変則的な、また戦略的なデータを発見すること」（マートン、一九五七＝一九六一：九七）の重要性を若い頃に学んだ。それからは折に触れてそれにこだわり続け、可能な限り自らの研究でもそれを応用したいと考え、実践してきた。多くの場合、「掘出し型」の発見は旧来の概念には収まらないので、自らが造語を行うことになる。

これは neologism（neology）と表現されるが、マートンにもパーソンズにもたくさんあり、日本人では高田保馬による造語が豊富であり、他に類をみない。セレンディピティは研究過程で思いがけず幸運な発見をすることであり、日本でも特定現象を「〇〇と呼ぼう」という単なる言い換えと分類を多用した人がいるが、それとはまったく異なる。

私の恩師である鈴木広にもまた、セレンディピティに基づく適切な造語がある。都市コミュニティ調査研究の過程で得られた「コミュニティノルム」と「コミュニティモラール」、地域福祉の分野での福岡県民調査データから発見された「ボランティア活動のK（C）パターン」、ミルズの生活史と歴史的社会構造を彷彿させる「私化する私性、全体化する全体性」などがそれに該当し、今日ではすでに学界共有財産となっている。

理論社会学と古典を学ぶ

社会学を学び、自らの調査結果やそれに基づく社会診断を組み込みつつ現代社会の全体像を記述するには、個別的な事例を扱いながら、大きな変化の中で変わりにくいもの、反復するもの、恒常的なもの、本質的なもの、永遠なものなどに目を向けて、事例のもつ普遍性を追求するしかない。私の経験では、そのような分析の際には、パーソンズのパターン変数における「普遍性」と「個別性」の認識軸が有効であった（パーソンズ、一九五一＝一九七四）。

それには、理論社会学の知見を活用しながら、自分が正対している専門領域におけるテーマに関する優れた先行研究を学び、隣接して関連の深い分野の業績への目配りが不可避となる。家族や地域社会などで領域社会学の細かなデータの分析を行い、特定のテーマを追究していても、理論社会学は研究の方向性や水準の指針を適切に示してくれるから、学史とともに一通りは学習しておきたい。

都市社会学や地域社会学でいえば、たとえば生誕一〇〇年を迎えてその全業績が見直されているジェイコブズには依然として学ぶところが多い。特集号『ジェイン・ジェイコブズの世界』（藤原書店、二〇一六）は二〇人を超える論者がそれぞれのジェイコブズ論を展開していて有益である。

しかし、ジェイコブズ（一九六一＝二〇一〇）は世界的には「人口爆発」時代の一九六〇年代初頭に書かれており、特集号ではその自覚が不足している。逆に、今日の少子化が進む「人口減少社会」でも通じるかのような時代錯誤的な評論が多かった。

また、訳者の山形浩生が的確に指摘した「ジェイコブズをまつりあげ、錦の御旗として使っておしまい」（山形訳、二〇一〇：三三八）が散見される特集でもある。なぜなら、とりわけ日本では、四条件のうち「人口の十分な密度」は、「少子化する高齢社会」の進行の結果、ほとんどの都市で満たされなくなっているからである。

都市の調査結果を人口動態の中でみる

たとえば政令指定都市で総人口数第六位の一五三万人をもつ神戸市では、その代表的な都心地区の元町商店街でさえも過疎の象徴としてシャッターを下ろしたままの店が若干ながら増えてきた。具体的にいえば、元町商店街一丁目から四丁目まではそれほど目立たないが、五丁目から六丁目にかけてはシャッターを下ろした店がやや増加してきたのである。元町商店街四丁目までと比べると、五丁目からは通過する人数が明らかに減少する。

加えて、私の聞き取り調査では、そこでも商店主の高齢化と跡継ぎの不在が顕在化してきた。そのため、高齢の店主がやる気を失い、店舗を閉める。高齢者としてすでに年金生活を実践する店主もいて、それで何とか生活できるというのである。

神戸市元町商店街のような大都市都心のなかでも、徒歩五分の違いが集積する人口密度を変えてしまう。これが「人口減少社会」の現実なのであり、このような観察された実態を考慮すると、人口増加時代にジェイコブズによりニューヨークでの観察から経験的に得られた多様性四条件のうち、とりわけ「人口の十分な密度」は再考の余地がある。

都市を考えるうえではジェイコブズが挙げた第一条件である「多機能」もまた重要ではあるが、都市の範囲次第ではむしろ混乱の源にもなる。たとえば、三万人以上の都市であれば、商店街、住宅街、工場地区、文教地区、郊外地区、交通の要となる駅界隈などに、都市機能全体が類別化されている。そのため、「地区」の面積にもよるが、文教地区に商店街は入り込めず、工場地区と住宅街も重ならない。郊外地区は大規模ショッピングモールになるか、大規模住宅団地になるか、大学などの文教地区になるか、あるいは工場団地が形成されることもある。ただし、交通の要となる駅界隈に飲食店街や商店街はもちろん不可欠である。

二一世紀の日本では人口増加から人口減少の時代へとその社会的背景が激変しているので、五〇年前のジェイコブズの名著でも、そのまま引用したのでは今日の日本都市で観察された事実の分析に有効ではないことを改めて指摘しておきたい。

都市の学際的研究

歴史性への配慮を怠らないようにして、もう一つの方法論的な留意点を挙げておこう。それは都市の学際的研究の性格についてである。磯村英一が『都市学』（一九七六）を上梓してからすでに四〇年が経過したが、それを超える都市学は刊行されていない。その名称を使っていても、実質的には自らの専門分野からの都市研究面での発言になるという歴史が続いている。人間は万能ではないのだから、諸学をすべて極めるのは不可能であることは当然である。

ただそれを承知のうえでいえば、自分の専門分野に隣接する重要な領域の知見にはやはり少しは関心を持ち、そのエッセンスだけでも学んでおきたい。それを怠ると、別の専門領域からの厳しい批判が飛んでくる。

通常は専門分野だけでも膨大な文献に苦労するなかで、隣接した領域で時折気がかりな書物が刊行されることがある。それは頻繁ではないが、絶無でもない。多くの場合、自分のテーマを深めたい、もっと飛躍させたいと思っている時に出会うのは、深層意識で気になる文献を探しているからであろう。

2　社会学に不可欠なイノベーション理論

イノベーション研究の新展開　この数年間、いろいろな地方創生の事例紹介に満足せずに、やや理論的な地方創生論を準備する過程でコミュニティのイノベーション論を希求してきた。地方創生・地域創生論はイノベーション論の活用によりもっと強固な基盤ができると考えていたから、経営学的な文脈でのイノベーション論を読んではいたが、コミュニティ論への応用可能な理論はなかった。

たまたま拙著（二〇一六a）を出してから四カ月後に、野城智也（二〇一六）が刊行された。これもまた組織論の応用に位置づけられる内容を中心としてはいるが、そのイノベーション論には啓発されるところが多かった。

野城については、以前に読んだロジャース（一九九七＝二〇〇二）の筆頭訳者であり、その「訳者あとがき」で「対象とする事象には複数の評価軸あり、それだけに『環境にやさしい』という表現は、危険な曖昧さを孕んでいる」や「政策立案についても、学問研究と同様の閉塞状況にある」という指摘に同感した記憶があった。

一般にイノベーションとは既存のものを組み合わせて、それまでにはなかった新しい価値を具体的に創造することの総称であるから、それはいわば非連続の成果として登場する。シュンペーター研究者のいう「初期の与件と帰結との間には、単なる推論によっては架橋しがたい断絶」（大野、一九七一：三九二）がこの非連続の事例になる。したがって、イノベーションの代表的誤訳である「技術革新」だけを含むのではなく、資源発掘、生産加工、流通方式、販売、広告、消費などの全分野で非連続な新しいものとしてイノベーションの可能性があり、もちろんそこにセレンディピティもありうる。

「豊益潤福」の限界

さまざまな先行例を組み合わせながらイノベーションについて、野城は「何らかの新たな取り組み・率先（initiative）により、何らかの豊益潤福を創造・増進し、現状を刷新するような社会的変革を生み出すこと」（野城、前掲書：九）や「異なる種類の価値創成源（情報・知識・能力）を吸い込み、それらを紡ぎ合わせながら、前例のない新しいモノ・コトを創造して、豊益潤福を生み出していくプロセスである」（同右：二六七）と定義した。

私は野城の造語である「豊益潤福」がなければこの定義にそのまま同意するが、このままでは疑問が残る。なぜなら、野城によって提唱された創造される価値としての「豊益潤福」はむしろ建設的な定義にとっては不十分であり、当初から限界を引きずっているからである。これらについての野城自らの定義は以下の通りである（同右：九）。

「豊」：精神的・身体的・経済的な豊かさ（richness and fullness）
「益」：人や社会に役立つこと（benefit）
「潤」：精神的・身体的・経済的な潤い（amenity）
「福」：しあわせ（welfare）

たとえ野城が注意深く「社会学・文化人類学をはじめとする人文社会学を踏まえた考察を展開しなければならないが、これは、筆者の能力を超える」（同右：はじめに）と書いてはいても、「どこでも誰でもイノベーション」を重視する一人としては、この概念のコモンセンスを求める立場からも、いくつかの論点を指摘せざるを得ない。せっかくの個性的な定義が社会学のたとえば社会指標やQOL研究で合意できた地点に届かないために、野城固有のイノベーション理論が崩壊する危険を感じる。これは学際的な研究が陥りやすい罠の典型である。

「豊益潤福」は横並びしない

なぜなら、野城の独創である「豊益潤福」という価値がそれぞれに独立の軸をなしていることが証明されていないために、実際には使いにくいからである。「豊益潤福」は単なる横並びで整合する概念ではなく、複数の評価軸から構成されている。この問題は社会学分野のQOL研究で常に論じられてきた。そこでは一〇領域程度（所得、住宅、医療、教育、福祉、安全、健康、犯罪、失業、階層的移動など）が独立しており、それぞれの達成点の評価軸も利便性、快適性、充足性、満足性などが使われ、関連性は高いもののそれぞれの領域は独立的であるとされる（金子、一九九三：二〇〇八）。

具体的にいえば、野城の四価値の構成要素間が、単なる横並びないしは並列化では理論的にも不自然さが残りやすいのである。たとえば「豊」を構成する「精神的豊かさ」「身体的豊かさ」「経済的な豊かさ」の三者間に正の相関があるとは限らない。二〇年前の流行語であった「清貧」とは、「経済的な豊かさ」を放棄した結果としての「精神的豊かさ」を象徴するものであった。そこでは「精神的豊かさ」と「経済的豊かさ」とはむしろ対立する範疇に位置づけられていた（中野、一九九六）。

また「福」（しあわせ）は素晴らしい音楽に堪能する時や世界的な名画を鑑賞する際に得られることからも分かるように、個人の内面に止まり、個人本位であることも多く、「益」（人や社会に役立つ）に直結するわけでもない。さらに、「豊」であっても、それが人や社会に役立つとは限らない。

社会的ジレンマが発生する

しかも社会的ジレンマ論によれば、「人」に役立つことでさえ「社会」には役立たない場合もあり、逆もまた同じである。たとえば新幹線の延長はその地方には有益であろうが、立ち退きを強制される当事者に有益かどうかは別問題である。

同様に、介護末期に登場する在宅死の問題では、「人」の立ち位置によって役立つことへの判断が逆転する。要介護度が高く医療的にも末期症状になった患者は在宅死を望むことがあるが、家族としては金銭的負担や肉体的負担を考えて、その患者の入所入院の継続を希望することが多い。なぜなら、それは家族としての医療費、介護費、日常的経費負担が大きいからである。

その負担には、末期患者の介護、看護、在宅治療に加えて、食事や清拭などの身体介助があり、しかもそれは二四時間行わなければならないから、家族が同居していなければ家政婦を泊りで雇うことになる。その一日の費用は平均で一万五〇〇〇円くらいであり、家族による月額の負担は四五万円になる。これは社会的費用としてまったく発生しない。そのすべてを本人か家族が支払うことになり、長期化すれば家族によるこの負担が困難になる。

このように在宅死では、患者末期の介護費や医療費が入所入院の総費用よりも抑えられるために、高齢者医療費の社会的抑制に繫がり、これは確かに社会に役立つかもしれない。その状態では社会的に合算した高齢者医療費は増えないので、厚生労働省は医療費総額の削減に喜ぶであろう。反面、在宅死を迎える患者の家族による費用負担はその限界を超えがちになる。ここにも「社会と個人」の葛藤が顔を見せる。

環境分野のゴミ処理問題に典型的なように、分別収集をしない、ゴミ捨て日時や場所を守らないことは「煩わしさの解消」（野城、前掲書：一二）に繋がり、個人のライフスタイルには都合がいい。しかしそれではゴミ収集車の円滑な作業に支障をきたすし、ゴミが未収集の状態になりやすく、結果的に地域社会全体の景観を損ない、「社会」の「居心地」（同右：一二）の向上とも無縁になる。これもまた「社会と個人」がもつジレンマ問題になる。

私の専門分野である少子化問題でも同じ事情にある。一般に、子ども一人を大学卒業させるまでの親の負担は三〇〇〇万円であるが、子育てしない人生を選択すれば、収入を自分だけもしくは二人だけで使う自由を満喫できる。それは野城のいう「自己実現のための機会創出」（同右：一二）にも役に立つ。しかし、いずれ次世代や次次世代が減少して、社会全体の生産力も消費力も縮減して、自分の収入源となる職場や会社の営業成績が落ちて、自らが失業する危険性が強まる。もちろん個人のＱＯＬも低下する。ここにも「社会と個人」は相対立の方向にある。

二〇一六年の出生総数は、一八九九年以来の整備された統計のなかで初めて一〇〇万人を割り込み、九七万人台になり、一七年の推計では九四万人に落ちたことを肝に銘じておきたい。

3　歴史に見るイノベーション

「産業革命史」にヒントがある

産業革命期の歴史学を専門とするアシュトンは「多くの発見には、以前はお互いに関係のなかった二つのあるいはそれ以上の着想や操作が含まれる」（アシュトン、一九四八＝一九七三：二三）と述べた。そこに学際という表現はないが、歴史学でもイノベーションの存在に言及した事例である。

産業革命の時代でも高度成長期でも、そこで新しく生み出された商品は材料や原料に工夫がなされたのか。新しいのは商品の配送方法なのか。あるいは価格ないしは販売機会、または苦情の処理方法が新鮮なのか。誰がそれらを担うかなどが分かれば、イノベーション論への応用が可能になる。さらに問いかけを複合的に組み合わせると、それを担う専門家はどの層から得られるのかが調べられる。

そして、それによって社会全体として、有能な個人の階層的上昇移動が開始されるのか。また、イノベーションにより地域生活水準が向上するのか。さらに個人よりも集団的な「生活の質」の上昇が引き起こされて、それらが総体として「地域社会の質」をどのように上げるのかなども、イノベーション効果研究に含まれる。

また、初発のイノベーションの引き金は何か。それは宗教的教養か、堅実な初等教育の拡散か、高度な高等教育か、地域における集合的経験か、あるいは伝統的な徒弟制的熟練なのか。そして、いったん起きたイノベーションを持続可能にするには何をどうすればいいのか。地域社会での「持続可能性」は、

表4-1　イノベーション・プロセスの駆動に価値創成網として参画する主体の役割

発明者（inventor/creator）：新たな機能創造や，概念・解決策創造に貢献する
洞察的解釈者（interpreter）：新たな意味創造に貢献する
ユーザー（user）：新たな意味創造に貢献する
デザイナー（designer）：価値創成源を紡いで人工物（製品・仕組・サービス）を構成する
構成則戦略者（architect）：戦略的見地から人工物の構成則を設計する
変革促進者（Promotor）：価値創成網を紡ぐ

（注）Promotor は大文字のＰから始まっているが，これは野城のこだわりであろう。
（出典）野城（2016：272）。

リーダーシップを発揮する特定の個人だけの力量でも有効なのか。さらに、集団的ないしは地域的で集合的な支援を加えたほうが、よりイノベーションが続くのか。これらの問いをどのように統一するかは今日でも未解決である。

人口構造の変化に合わせ、産業の国際的分業システムに配慮することは、イノベーションの与件にはなるであろうが、実際に商品生産方法だけではなく、その販路の開拓や流通の方法、原材料となる資源や供給源の変更、製造・流通・販売する組織の改編などをどうすればいいのか。

イノベーション・プロセスの応用

これらの問いかけに対して、野城がまとめたイノベーション・プロセスを駆動させる主体像は参考になるところがある（表4-1）。たとえば地理システムのうち水の分布についても、上流域に良質の森林資源があり、いかだや船便で下流に木材を運び、港に隣接した製材所に直接届けて成功した二〇〇年の歴史をもつ福岡県大川市の木工業の歴史がある（本書第11章）。それはまさしくイノベーション地理学にふさわしい。なぜなら、「一つとして同一の場はなく、すべての場は特異である。独特の都市化、地域化、多様化の様相を呈する」（野城、前掲書：二七四）事例になるからである。

具体的にいえば、大分県日田市の豊富な森林資源からの木材を筑後川経由で有明海に臨む大川市に運び、そこで製材加工して、家具工業や建具工業を繁栄させた事例として、大川の木工業を挙げることができる。明治～昭和前期の時代では、いかだは格安の河川木材輸送の方法であったが、高度成長期からは安い外材が大量に大型船で輸入されるようになると、港からのトラック輸送が便利になり、国産の木材のいかだ輸送は消えてしまった。(1) これは時代とともに交通環境が変化したイノベーションの例である。

さらにたとえば、同じ高度成長期に有田焼、伊万里焼、瀬戸焼など陶磁器の製造面で発生したイノベーションとして、新しく混入された原材料、焼く温度の工夫、うわぐすりの改良などが指摘できる。それらによって販売の対象者が拡大し、時代の推移に並行した所得水準の向上は陶磁器を安価な実用目的から観賞用にまで広げたので、高額な商品展開も可能になった。

モノづくりのイノベーションがヴェブレンの誇示的消費（conspicuous consumption）やボードリヤールの記号消費（consommation du signe）へのルートをもっていることは、これらを引用するまでもない。(2)

さらにまた少子化研究や人口減少社会の観点からすると、若い世代の上昇移動の機会増加と明るい将来展望が重要である。なぜなら、合計特殊出生率が日本でも二・〇〇以上であった一九六〇年代から七二年までの高度成長時代では、この両者もまた国民がよく理解していたからである。そこでは「明日は明日の風が吹く」という諦観よりも「明日のために今日も頑張る」という未来への信頼があり、その結果として国民各層における上昇移動の機会もまた多方面に開かれ、実際に明るい未来が描かれていた。

イノベーション過程の機能不全

野城オリジナルの「豊益潤福」という価値を除けば、現代日本では停滞しがちなイノベーションを四種類の機能不全として理解するという視点には同感できる（同

右：三二〇）。ここにいう機能不全とは、

(1) 始まらない：変革創始不全
(2) 繋がらない：価値創成網形成不全
(3) 動かない：変革駆動不全
(4) 拡がらない：イノベーション展開不全

である。これらのうち、(1)から(4)は順不同であり、どれからでも開始することで、新時代の地方創生・地域創生の動きが芽生えるはずである。その意味で、地方創生に関連しては、四機能不全のうちまずはどこから逆転させるかを問いかけたい。

要するに、始まっても繋がらない。あるいは、始まっても動かない。そして、繋がっても拡がらない。このような状態にあれば、地方創生や地域創生というイノベーションは起きないと考えるのである。では、地域でイノベーションを始めるために住民、市民、常民、国民などのカテゴリーのうち、どの層が動けばいいか。動いたら、何が拡げるきっかけをつくるか。またそれはどこに繋がればいいのか。地方創生・地域創生論を少しでも手がければ、これらの解明が活動主体論やリーダーシップ論への言及を不可避とすることは自明であろう。

このように、ジェイコブズの名著も野城の野心作にも学際的なるがゆえの限界はある。それは新しい価値や方法を受容する学問的な柔軟性の問題でもある。「どんな社会も、新しいアイディアに対して道をひらいている水路と変化に対する余裕とを残しておくと同時に、継続性と適度の安定性とを、いかにしてもっとよく維持するかを、決定しなければならない」（ジュウクスほか、一九六二＝一九六八：九）。

この主張は社会科学全般を超えて、自然科学にも内在するいわば学問上の指針であるが、そこからセレンディピティの可能性も生まれる。野城がまとめた「四種類の機能不全」をすべて逆転させて、

(1)始める：変革創始
(2)繋ぐ：価値創成網形成
(3)動く：変革駆動
(4)拡がる：イノベーション展開

としてみると、いくつかのヒントが得られる。

私もまた地方創生研究に当たってはこのような方式を踏襲してみたい。[3]

注

（１）大川市の事例分析は、本書第11章で行った。
（２）これらの事例は機能分析として第３章で紹介している。
（３）金子（二〇一六ａ）ではこのような発想はなかったが、本書第12章ではコミュニティのＤＬＲ理論にリーダーシップのＰＭ理論を加えて、始める、繋ぐ、動く、拡がるを意識した理論構成を試みた。

本章の論点

1、一冊の社会学古典の精読を通してそのエッセンスをまとめ、現在のテーマに応用する視点を養おう。

2、先行研究からセレンディピティを学び、その応用で地方創生を考えよう。

3、日本の高度成長期に発売された商品で、イノベーション溢れるものを探してみよう。

第5章　職業に伴う「情熱、見識、責任感」

1　ウェーバー「職業としての政治」を精読する

ウェーバーに何を学ぶか　学問や政治に関心をもち、それを職業として志す人に対しては、ウェーバーの『職業としての政治』が適切であり、その精読から政治に取り組む根源的立場が学べる。これは一〇〇年前の柳田國男の発言と同時代の講演記録である。ウェーバーから、「政治とは、情熱と見識とによって固い板に穴をあけてゆく力強い緩慢な仕事」（ウェーバー、一九二一a＝一九六二：二二六）であることをしっかり受け止めれば、政治だけではなく学問やそれ以外のあらゆる職業（vocation）にも「固い板」が存在し、その打破が大きな課題となっていることに気づく。とくに政治は国民の命をも左右するので、「政治家にとっては、情熱―責任感―見識という三つの性質が特に大切である」（同右：二一二）。

もちろんこれは政治家だけではなく、まさしく職業従事者全般に通じる箴言ではある。学問を生業にする学者もまた同じである。とりわけ「見識」はドイツ語 'Augenmaß' の翻訳であり、この日本語訳には「目測」（西島訳：七五）、「判断力」（脇訳：七七）、「見識」（清水訳：二一一）、「平衡感覚」（森嶋、一九九一：一六八）などが併存しているが、私は清水の訳語である「見識」が適訳だと考えるので、以下でも「見識」を用いる。残りの「情熱」と「責任感」は、訳者は違っても等しく使われているようである[1]。

いつの時代でも、政治家だけではなく、学者そしてすべての職業従事者は、絶えず自らに「情熱」「責任感」「見識」が備わっているかどうかの自省がほしい。どのような仕事をするにしても、ウェーバーが述べた「政治家」三原則である「情熱」「責任感」「見識」と無縁な職種はないからである。

森嶋は、「見識」を「平衡感覚」と訳したうえで、「政治家が彼ら自身の地位を損うことなく維持するには、……勉強する以外に方法はない」（同右：一六八）と述べている。あるいは「勉強しないから政治家は非力である。総合的で整合的な政策体系を考えだす能力はない」（同右：一七八）とみた。同感であるが、ここにも政治家だけに当てはまるというよりも、研究者を含めた職業人一般に森嶋の指摘は該当すると考えられる[2]。

森嶋の主張には、五〇年前の宮本常一や一〇〇年前の柳田國男と同じ気分が感じられる。それは、民俗学者の宮本が、「一般の大臣で古典になるような書物の書けた人がどれほどあっただろうか。つまり大臣はどんな人物でも勤まる国なのである」（宮本、一九六七：四一）と述べていた事実と同類である。さらに柳田もまた、「もともと政治の学問などをしたことのない者に、間違ったことをしたと言って攻めるのは無理」（柳田、一九二八＝一九九〇：二五〇）と言っていた。二人の碩学にとって、その時代の政治や政治家はどのような意味をもっていたのであろうか。

そうであれば、「平衡感覚」よりもやはり「見識」という訳語が望ましいであろう。なぜなら、「見識」は判断力であるとともに、その基礎として事実に基づく確かな知識を根底に持つからである。

的はずれの少子化対策　私は三〇年以上「少子化する高齢社会」をライフワークとしてきたが、「見識」の観点から日本の少子化対策に関して一つの強い印象をもってきた。たとえば平成の世になってから、国の少子化対策の根幹となってきたのは「待機児童ゼロ（作戦）」であり、国政の担当者や知事会や地方の首長それに議員の大半が、少子化対策とは「待機児童」を減らすことであり、したがって、保育所を増やすことこそが少子化対策の根幹であるという誤った信念で動いてきたように見える（金子、二〇〇三；二〇一六b）。

たとえば国会議員でも地方議会議員でも、都道府県や市町村の子ども未来局関連の担当者もまた、厚生労働省や内閣府が主導してきた「待機児童」をゼロにすることが少子化対策と見なしてきた。はたしてそうか。むしろこれは完全な誤解ではないのか。なぜなら、二〇一七年四月現在で年少人口数は実に三六年間連続して減少しているからである。くわえて、年少人口率では実に四三年間も連続して減少中であり、合計特殊出生率は一・三〇から一・四五の間を推移してきたからである。待機児童がゼロになっても、これらの少子化三指標はまったく改善されてこなかった。

このような政治と行政のミスを新聞テレビなどのマスコミが点検できず、むしろ社説や論説を通してその誤りを過大に助長したと私は判断してきた。

この原因は、二五年にわたる歴代の首相や厚生労働大臣そして野党の党首などが、ひとえに「少子化対策とは何をどうすることか」をきちんと述べてこなかったところにある。その結果、「少子化対策事業」のみが独り歩きして、成果が期待できる政策とは無縁な少子化関連の単年度事業を含みながら、それらの事業消化に中央官庁も都道府県も市町村も今日まで明け暮れてきた。

たとえば歴年の『少子化社会対策白書』を見ると、「地域の公共交通ネットワークの再構築」と称した少子化対策事業がある。あるいは市内の河川敷の整備事業さえも少子化対策事業に含められる。子どもが河川敷で遊べる空間整備が少子化対策になるという土木関連部局の判断によるが、国土交通省がそういう認識だから自治体が模倣するのは当然である。

さらに官庁施設や鉄道駅におけるバリアフリー化の推進やたばこ対策促進事業なども含まれるが、これらは「風が吹けば桶屋が儲かる」程度の想定しかできていない。消費税一〇％が想定される今日、全体的には借金による予算の制約があるのに、一〇人程度の高校生親善大使を外国に派遣するように事業化している自治体もある。要は何でも少子化対策に関連づければ予算が付けられやすく、継続を予定した単年度事業が国でも自治体でも行われてきたのである。

無定見の少子化対応

この無定見の対応には保育充実や育児手当増額など子育て支援に直結する政策も含まれてはいるが、すべて社会システムのアウトプット面に偏っている。それは選挙の際には一定の意味があろうし、平等の観点からも重要であるが、日本における少子化の原因の多くはインプット面の不平等性にあることが忘れられている。産むか産まないかの自由はあるが、産んだが最後、産まなかった人との経済的、時間的、心理的負担が重くなり、そのまま社会システムへのインプット面の不平等性に結び付く。

これは同じく社会システムのインプット面に関連して、自動的に高齢者の年金や医療保険や介護保険を支払う次世代の育成に直結する。この点でまさしく少子化も高齢化も社会変動である。

他方、年金や医療保険や介護保険を支払う次世代の直接的育成すなわちインプット面でフリーライドする人々でも、体調を壊したり、年金受給年齢になれば、アウトプットとしての年金や保険によるサービスは、子育てした世代と同等に受け取れる。つまり、アウトプット面では平等に扱われてきているが、インプット面での不平等性がますます大きくなってきた(3)。

この問題を扱うにはインプットとアウトプットの観点が重要であり、社会システム論的な思考の必然性が出てくるので、その先に社会システム創新を考えたい。

ウェーバーの「見識」と同じく、私が専門職としての政治家や行政職員や研究者そしてマスコミに「少子化」についての「見識」を求めるのは、数年後数十年後の大局を見通せず、しかも正確な知識をもたないままに、国政でいえば総額四兆円もの少子化関連予算が動かされている実態があるからである。ちなみに、二〇一五年度の決算額が四兆五一三〇億円になっており、二〇一七年度の当初予算でも四兆三二九〇億円になっている（『平成二九年版　少子化社会対策白書』：一九六）。防衛予算の総額が五兆円程度であることを勘案すると、少子化がらみの予算額の多さが実感として迫ってくる。しかし、人口減少社会の反転の兆しは皆無であり、早急に政策的転換への「見識」が望まれる。

2　職業に伴う「見識」の重要性

「待機児童」だけが問題か

たしかに「待機児童」の問題も含めて、緊急で重要な国家政策は数多い。厚生労働省が発表した二〇一七年四月一日時点での待機児童数は、待機児童数は前年比二五二八人増の二万六〇八一人となった。待機児童のいる市区町村は、前年から三四増加して四二〇市区町村であった。二〇一六年一〇月現在の市区町村は一七一八なので、二四・四%の自治体が待機児童を抱えていることになる。九年連続で二万人を超えており、国の待機児童対策が追いついていない状況は歴然としている。自治体数では四分の一とはいえ、大都市のデータをみれば「待機児童」問題への関心の高さはやむを得ないのかもしれない。

しかしたとえば北海道の代表的な都市だけのまとめである表5-1を見た後で、やはり待機児童対策が二五年以上も全国的な少子化対策の筆頭に位置づけられるほどの重要な問題であるかを、行政関係者や研究者は自問自答してほしい。なぜなら多くの場合、二万人を超える「待機児童」に悩む都市は、東京都二三区、政令指定都市、県庁所在都市、地方中核都市に止まっているからである。

表5-1　北海道市町村の待機児童と潜在待機児童

（人）

市町村名	待機児童数	潜在待機児童数
札幌市	8	761
小樽市	0	23
江別市	0	105
岩見沢市	0	13
千歳市	0	54
石狩市	0	9
苫小牧市	0	112
旭川市	40	134
函館市	0	0
北見市	0	0
帯広市	0	0
釧路市	0	9
伊達市	2	19
室蘭市	1	3
稚内市	13	13
富良野市	0	2
合計	64	1,257

（注）ただし，2016年4月1日現在のデータを集計している。
（出典）北海道保健福祉部子ども未来推進局子育て支援課ホームページ。

それら以外の中都市から小都市そして町村の大半はすでに子どもが少なく、保育所とともにとくに幼稚園の定員割れが進んでいるという現実が地方日本の姿なのである。こちらの少子化対策の筆頭が「待機児童ゼロ」ではないことは自明であろう。

すなわち、政令指定都市札幌市では二〇一六年四月一日の「待機児童」は確かに八名いて、「潜在待機児童」数は七六一人にも上る。北海道では「潜在待機児童」を、⑴認可化移行運営費支援事業利用児童、⑵幼稚園における長時間預かり保育運営費支援事業利用児童、⑶企業主導型保育事業利用児童、⑷自治体が認めるいわゆる保育室に類するものの利用児童、⑸自治体が認める家庭的保育事業に類するものの利用児童、⑹求職活動中のうち、求職活動を休止している保護者の児童、⑺保護者の私的な理由により待機している児童、⑻育児休業中の保護者の児童、のいずれかと定義している。

そこでこれを借用すると、札幌市での「潜在待機児童」数の合計が七六一人になる。それらの総計では、道内で代表的な都市の「潜在待機児童」は一二五七人に達するが、表面に出た実際の「待機児童」は六四人に過ぎない。かりに道議会議員にこの方面の「見識」がなければ、六四人だけでは大きな問題ではないと道議会としては判断するのではないか。また、札幌市と旭川市を除く道内の主要な都市での議会でも、国が重視してきた「待機児童」については重要なイッシューとは見なされないはずである。

しかし、「潜在待機児童」という知識があれば、札幌市から苫小牧市までの議会ではその対応を論じようという「見識」が市長にも議員にも生まれるはずである。「潜在待機児童」に関する知識の有無が、少子化対策の一部となってきた「顕在待機児童」への政策を大きく左右する。

さらにいえば、二五年間一貫して最優先されてきた国策としての「顕在待機児童」がゼロ人であり、新しい概念である「潜在待機児童」もゼロ人となった函館市、北見市、帯広市では、代わりの少子化対策として何を優先して予算化するのか分からなくなる。

少子化危機突破は可能か

総論としては、日本社会システム全体が「少子化する高齢社会」なので、どの都市でも若い世代が少なくなり、しかも未婚率が上昇して、合計特殊出生率が低下し、その結果年少人口が減少して、総人口もまた漸減することに政治も行政も企業も危機感を持っている(4)。政治家である首長と議員こそ先頭に立ってこの「少子化危機突破」を行う義務があるのに、政治家に正確な知識に基づく見識がなかったことにより、研究者の数多くの成果は活かされず、誤った少子化対策の歴史が続いてきた。

過去二五年間、厚生労働省や内閣府そしてマスコミは、このような年少人口減少の社会減と自然減が進む地方の現実を軽視してきた。この三者は東京都や政令指定都市などの大都市だけに典型的な「待機児童」問題をあたかも全国共通の大問題として、目先の「待機児童」をゼロにすれば、少子化が緩和されると強弁してきた。そして与野党問わず大半の政治家がこれに同調した。

しかし、地元選挙区の地方中都市や小都市や町村の事実を少しでも知っていれば、全国一律にそれを行う根拠もなくなる。地方選出の政治家や地元政治家そして知事や市長や地方行政職員の見識は、本来このような個別事例にこそ発揮できるはずである。

同じ文脈で国土交通省は、保護者が希望しても保育所に入れない待機児童対策として、それまでは国家戦略特区のみで認めている都市公園内の保育所設置を全国どこでも可能とした。二〇一七年二月一〇日の閣議決定を経て、四月二八日に国会で可決・成立し、五月一二日公布、六月一五日から施行された。

この理由の一つに、待機児童は特区に指定された都市部だけの問題ではないという判断がある。この制度変更により、昼間に保護者が家庭にいない小学生らを受け入れる学童クラブや、高齢者向けのデイサービスセンターを設け、レストランの建設営業も容認できることになった。

大都市であればこの方針は歓迎されるであろうが、中都市や小都市それに町村ではこの判断にはそぐわない現実がある。そのような地域格差を無視して全国一律に都市公園の一部を潰し、小学生以上の公園利用に不便を来たすような国策に対して、地方政治家はどのような見識をもっているか。

非正規雇用が若者の将来を暗くする

国政に関わる政治家も行政職員も研究者も、男女ともに全国的に強まった未婚率の増加を受け止め、それを克服する最適の手段が非正規雇用を無くして、正規雇用を拡充することが、若い世代の現状と将来像を明るくするという科学的認識を政策に活用してこなかった。これらは日本の高度成長期が教える歴史的事実である。歴史に学ぶとはこのような事実が示す因果関係を理解することである。

非正規雇用を温存したうえで正規雇用との待遇格差を是正していくという安直な対応では、少子化も雇用条件の格差問題も一向に解決しない。二一世紀初頭から急速に進んだ非正規雇用の制度そのものを徐々に廃止し、五年後一〇年後の若い世代の将来像を明るくする努力が、政治、行政、企業、学校、諸団体などでなされなければ、「少子化する高齢社会」に対応した本格的な社会システム対策にはなりえないし、社会システム創新の可能性も高まらない。

驚くことに、厚生労働省が一方では非正規雇用を増加させる政策を推進して、結果的に未婚率の上昇を促進して少子化を強める政策を行いつつ、他方では少子化対策としてひたすら全国規模で「待機児童」ゼロ政策を浸透させてきた。中央官庁でも地方官庁でも実施が困難なワークライフバランスを、なぜか国内企業と国民に強要してきたという事実がある[(5)]。

昭和の終わりから平成の三〇年間、子どもの産み控えがなぜ強くなってきたか、年少人口が減ってきた理由はどこにあるのかの検証をした研究成果は持続的に刊行されてきた。しかしながら、「全国一律の保育所不足」という思い込みが、政治や行政やマスコミで久しく続いている。

同じく「地方創生」の裏側では、とりわけ過疎地域では合計特殊出生率が落ち込み、年少人口が減りつつある過疎自治体が全国にはたくさん存在するという現実に、政治家、行政職員、研究者、マスコミの目が向いてこなかった。

保育料減免制度にも格差がある

もう一つの少子化関連の知識に基づく見識の重要性についても指摘しておこう。表5－2は政令指定都市における保育料減免の比率である。保育料には厚生労働省による国独自の共通基準がある。たとえば生活保護世帯では無料であり、後は非課税世帯、所得割課税額の多寡によって、月額の基準値が変わってくる。満三歳未満の保育標準時間の利用者負担が最も高額で、最高は所得割課税月額が三九万七〇〇〇円以上の世帯で、保育料の月額が一〇万四〇〇〇円というのが国の基準である。

いいかえれば、月収がいくら多くても、これ以上の保育料は発生しない。この知識も重要だが、別の情報として保育料減免を知っていると、違った判断も得られる。

すなわち、政令指定都市に代表される人口規模が大きな都市では四〇％から二〇％程度までの軽減率、すなわち割引制度がある。名古屋市はこれに熱心であり、一〇年前も今日でも四〇％の軽減率になって

表５－２　保育料の政令指定都市別軽減率比較（平成18年度・平成28年度予算）

	平成18年度予算		平成28年度予算	
順位	都　市	軽減率	都　市	軽減率
1	名古屋市	40.1	千葉市	40.0
2	広島市	37.3	名古屋市	38.8
3	札幌市	37.0	仙台市	38.7
4	静岡市	36.6	京都市	35.8
5	横浜市	34.9	静岡市	35.34
6	川崎市	33.6	大阪市	35.30
7	さいたま市	33.5	熊本市	33.9
8	大阪市	32.7	堺市	32.7
9	堺市	31.0	さいたま市	32.5
10	福岡市	30.8	札幌市	32.0
11	仙台市	30.3	新潟市	31.9
12	京都市	29.5	相模原市	30.8
13	千葉市	28.1	浜松市	30.2
14	神戸市	22.1	福岡市	30.1
15	北九州市	19.7	神戸市	29.3
16			横浜市	27.9
17			川崎市	25.0
18			北九州市	19.8
19			岡山市	19.2
20			広島市	未算出

（出典）平成18年度予算：札幌市社会福祉審議会『札幌市における子育て家庭に対する新たな支援や保育所等の利用者負担の在り方について』2007年５月。平成28年度予算：札幌市子ども未来局子育て支援部施設運営課，2016年９月。

いる。札幌市もかつては高かったが、現在では政令指定都市の中位になった。北九州市は高齢化率が高いので、保育料の軽減に回せる予算的な裏付けに欠けるようなので、二〇％程度にとどまっている。いずれも市長の優先順位と市財政の方針によって、保育料の軽減率が決定される。この制度は保育業界では常識である。

政令指定都市ではこのような保育料の軽減率が使われているが、その他の自治体で行われているとは限らない。その意味で特定の職業専門家の域には達しなくても、多方面の分野の基本的な現状については、一定の知識に基づく見識はあった方がいい。

政治家や研究者はこのような正確な知識を前提にして正しい現状判断を行うことが社会的責任であり、それこそが国民生活の向上に資する行為になり、「住むに甲斐《かい》ある世」にも貢献できる。またそれを強く期待する政治文化の涵養が国民生活の成熟に結び付くと私は考える。(6)

3　「政治文化」に習熟する

政治とは何か

さて、「政治とは何か」を問いかけ、それに答えた人は無数にいる。ここには研究者だけでなく、政治家も企業家ももちろん有権者としての国民や大衆も含まれる。古代ギリシャ時代のプラトンには『国家』、アリストテレスには『政治学』という著書もあるように、政治への問いの歴史は非常に古い。ギリシャ時代だけではなく、一方で古代中国の孔子、孟子、墨子をはじめ何人もの思想家も、その時代における政（まつりごと）への識見を書き残している。

日本でも聖徳太子の「憲法十七条」（六〇四年）が早い時期に制定され、和の精神、君臣の道徳が説かれた。それは官吏や貴族の守るべき訓戒が記されている最初の成文法だとされる。

高田保馬の「群居の欲望」で示されたように、人間は群れて生きるものである（高田、一九一九）。群れて生きる中で「政治とは何か」という問いは古くてありふれてはいるが、この決定版的な正答は古今東西どこにもない。時代によって、地域によって、文化によって異なり、しかも実践の際には数多くの変更が加えられてきた。

たとえばアメリカ史に残るゲティスバーグでのリンカーンの演説（一八六三年）は有名であるが、その一部とされる「人民の、人民による、人民のための政治」（government of the people, by the people, for the people）は、確かに政治の本質を突いた名言である。しかし一五五年後の日本ではその「人民」が多様化して、その中でさまざまな「格差」が発生して、しかも大きくなっている現状を踏まえると、その先を考えてみたくもなる。憲法前文の「諸国民の公正と信義」が大幅に揺らぐ東アジア情勢や世界情勢という現実もある。

社会学の概念用語でいえば、「人民」（the people）のうち男女差、世代差、階層差、居住するコミュニティ格差、その人が健康か病気かでも、政治に向けての多種類の違いが生まれてきた。

「人民のための政治」は総論としては正しくても、実質的にはいかなる優先順位でどの層に対して政策を行うのかについて、選挙で当選した政党政治家がどのように決定するのか。政治家にそれを判断できる知識や見識があるのかどうか。政治史的には長い歴史を持ちながら、次善の策（セカンドベスト）にすぎないデモクラシーでさえも、その機能不全を日本だけではなく世界的にも示してきた。

私にとって、政治の対象者は国民（the nation）でも大衆（the masses）でも人民（the people）でも市民（the citizen）などいずれの表現でも構わない。重要なことは、国民がそして国民のどの部分（たとえば若年女性か、高齢男性か、下層老人か、限界集落住民か、高血圧治療中の患者かなど）がとくに直面する問題に政治がどのような関わりを持つかにある。

国民と国家や政府それに行政との関係、そして政治家が公共性に関連する問題をいかに取り扱うか。そのために必要な見識が与野党政治家に備わっているか。兆単位の予算審議と国会での決定を議員に託すことは有権者としての国民と国会議員との約束事であり、議会制民主主義の時代では有権者としての国民の意向が優先される建前にはなっている。

交差圧力の中での政治

しかし実際のところ、それらの審議や決定に際して、常に有権者の意向が議員に届いているとは限らない。なぜなら、もともと有権者の意向そのものも一色ではないし、いくつもの交差圧力や矛盾がそこに存在する場合もあるからである。

たとえばゴミ焼却場は誰でもがその必要性を認めるが、自分の家の隣に建設されるならば、迷惑施設として猛反対する。あるいは、せっかく政治参加の機会を得て、国や都道府県や市役所内の少子化や高齢化や地方創生関連の委員会ないしは審議会の委員に選ばれても、大局的な発言ができない委員がいる。その代わりに、自分の所属する機関（私立保育園連盟、私立幼稚園連盟、商工会議所、労働組合、医師会、社会福祉団体、各種の業界団体、老人クラブ連合会など）の利益代表的な発言に終始する委員も少なくない。さらに審議会の場で、自らの出身母体である機関の利害に関しての陳情すら行われることがある。(7)

かつての住民運動論で迷惑施設の「作為阻止型運動」と呼ばれた運動は、当時は社会的評価が高く、学術的にも好意的に処遇されていた。それは、そこから新しい「草の根民主主義」が芽生えると期待されたからであるが、数十年経過してみると、時代によりその評価に変遷がみられ、功罪半ばするように思われる。

今日では、当時からの高速道路、新幹線建設、空港建設、原子力発電所稼働、米軍基地などに向けての反対運動だけではなく、保育所や幼稚園などの幼児施設、葬祭場、感染症や精神疾患に特化した病院建設などにも全国的にも反対運動が生まれている。さらにお寺の除夜の鐘にすら苦情が寄せられるという。

地域社会で一定のニーズがあるから作られる幼児関連施設や患者関連の施設の建設が地域住民の一部により「阻止」されるのは、「草の根民主主義」の成果だろうか。除夜の鐘に苦情をいう地域住民の行為や、幼児施設反対や病院建設反対などの「作為阻止型運動」は、今日ではどこまで「草の根民主主義」としての評価の対象になるのだろう。

学術的な社会運動論でもこの辺りの議論が不十分なように思われるが、社会学者と同じく政治家もこのような社会問題について自らが情報を収集して、その善悪や功罪を判断できる見識が期待される。

しかし、それはいわれるほど簡単ではない。なぜなら、「民主主義」を唱えるだけでは何も解決しない厄介さがあり、「民主主義」とはいえ、全員一致という結果はむしろ少数例外に属することが多いからである。そこではかならず多数派（majority）と少数派（minority）に分離するし、多数決だけの原則では多数派の「横暴」という批判が少数派や多数派の一部から寄せられやすい。

政治家と政治屋

政治を主な仕事にする人を政治家と呼ぶが、周知のようにこれには二種類ある。軽蔑して使う場合が政治屋（politician）であり、「しばしば軽蔑の意味を含む」という説明があわせて付加されることもある。その対極が政治家（statesman）と記される。

政治を志し、これを天職（vocation）とすることは崇高なことであり、生き方としても立派であるが、それは文字通り“statesperson”として生き抜くことを意味する。日本でも国政や地方政治を問わず連続する不祥事が後を絶たない現在、そのような自覚が現在の国会議員や地方議員にどこまであるのか。そして日本でこれから政治家を希望する若い世代には、天職という考え方がどう受け止められているか。

ウェーバーの『職業としての政治』では、「政治の『ために』生きるか、政治に『よって』生きるか」という鋭い問いかけがなされている（清水訳、前掲書：一八〇）。「政治のために」（for）と「政治によって」（by）は完全に分離できる生き方ではないが、主として「よって」生きる人は政治を継続的な収入源にしようとする人である。仮にそうしないならば、政治の「ために」生きる人である（同右：一八一）。両者の分類を踏まえてウェーバーの議論はますます細かくなるが、最終的には政治関係者（指導者とその部下）が非金権政治的に構成されるためには、政治という仕事によって定期的で確実な収入が与えられる、という平凡な前提が必要であると結論された。

ウェーバーのこの議論はほぼ一〇〇年前だが、現代日本の政界では政治家への報酬はもちろん政務調査費ないしは政務活動費をはじめとする多額の税金が使われている。そのうえ、政党にも巨額の政党活動費が議員数に応じて支給されている。

総務省の「政治資金収支報告書」によれば、一九九五年から始まった政党助成金の総額が二〇〇四年までの一〇年間でさえも三一二五億九六〇〇万円に達する。その後も同じく年間三一〇億円程度の趨勢にあるが、二〇一六年の交付金総額は三一八億八二一一万円であり、議席数や国政選挙の得票数に応じて各党に配分される。総額では一億二六〇〇人で国民一人当たりの負担が二五〇円程度になる。

個人への実際の支給額としては、たとえば国会議員は衆参ともに同じ報酬で、月収七〇〜八〇万円の他に、文書通信費、交通滞在費が毎月一〇〇万円支給されている。くわえて、期末手当が年額六三五万円、JR特殊乗車券、国内航空券の無料チケットに、三人分の公設秘書の給与にプラスされる。それ以外に政党交付金として年に数百〜一〇〇〇万円が個人に渡されている。しかも議員会館の使用料はタダである。

これほど優遇されておきながら、日本では依然として期待される政治家は少ない。この傾向により、国民の政治不信、政治無関心、政治離れがますます促進される。(8)「個々人は、実際に出来事に対する無力感をおぼえている。それゆえかれには、かれ自身の関与は無意味に映っている。だが、なぜかれは状況をそのように知覚しているのか。実際がそうだからである」（シャッフ、一九七七＝一九八四：二六五）。この指摘は歴史的な文脈で使用されたものだが、二一世紀日本の政治と社会にも当てはまるところがある。

現代日本で一八歳まで選挙権を下げた背景には、若者による政治への関心を取り戻し、投票行動に出かけてほしいという政治家ならびに国民全体の願いがある。その成否は、与野党を問わず期待できる政治家の増加によって決まるであろう。「職業としての政治」に不可欠の「見識」「情熱」「責任感」という三原則を兼ね備えた人物が国政でも地方政治の世界でも増えなければ、与野党ともに政治家一般が国民の信頼を勝ち得ることはない。

見識が疑われる北海道の地方創生

このような現状において、日本国内の地震、津波、火山爆発、台風などの大きな災害被害者に対して、政治は冷たいと思われる時がある。また北方領土返還は当然としても、一〇路線に近い赤字路線の廃止を余儀なくさせられた五四〇万人が暮らす北海道への配慮が国政レベルで本格的になされないままに、同じく北海道でも「地方創生・地域創生」を叫ぶ愚かさがある。社会的共通資本の一角を占める鉄道交通を切り捨てるという政治的決定にも疑問が残る。なぜなら、地方創生も地域創生も「動き」を伴うからである。自動車、鉄道、航空機は物流と人流をそれぞれの交通機関の特性を発揮しながら担ってきたし、これからもそれが期待される。赤字であれば、切り捨てるというだけの決定では、新しい地方への創生の動きは停滞するのではないか。

注

（1）情熱的な性格は何かを学んだから作り上げられるものではなく、生得的な様相が強い。同時に責任感が強い人でも弱い人でも、学習の成果の結果その強さ弱さが身についたのではなく、同じく生得的な側面が濃厚にある。しかし、見識はその前提となる知識と意欲と常識により構成されるから、この三つの前提がなければ、見識は獲得できなくなる。

（2）文科系の学問は役に立たないと放言したり、学芸員は地方創生の「ガン」だと論じたり、東日本大震災は東北でよかったと明言するような日本の政治家の「不見識」は顕著である。もっとも二重国籍問題やガソリン代を説明しないままの政治家もいる。ミサイルが飛んできても、話し合いでと主張をするのは特定政党の政治家だけではなく、一部マスコミやプロ市民にも多い。また、二酸化炭素が地球温暖化の元凶だと高唱していた研究者の大半は、二〇一一年三月の東日本大震災以降では、その復興工事で二酸化炭素が膨大に出ることに気がつき、それ以降は沈黙している。いずれの場合も「見識」が問われる事例であろう。

（3）二〇一七年二月に自民党若手政治家数名が少子化対策として「こども保険」を具体化したいと語るようになった。インプット面では数百円の負担を国民に求め、それを原資とした就学前の子育て世帯に一定額を還元する制度が構想されている。これは二〇年前から私が提唱してきた「子育て基金」と同じ発想である。

（4）これらの事実が顕在化したために、「地方消滅」が高唱され、その根源にある社会解体が身近に迫ることになった。二〇一四年から隆盛した「地方創生」論もまたこの文脈で理解される。

（5）実際は「ワーク・ケア・ライフ・コミュニティバランス」にならないと、国民からは受け入れてもらえないであろう。厚生労働省「就業構造基本調査」（二〇一七年七月二七日）によれば、親や配偶者の介護を行いながらの雇用者が二四〇万人いて、介護を理由に退職した人も毎年一〇万人（男性で三割、女性で七割）を超えるからである。

（6）このような事実に疎いままでは、居住する自治体の保育料の適正価格について議論すらできない。

（7）いずれも私がかつて、国土交通省、北海道開発庁、経済企画庁、北海道庁、久留米市、札幌市、兵庫県庁などの各種委員会や審議会で経験したことである。

（8）この無感動や無関心は学術的にはアパシー（apathy）の一環であると理解される。英単語としては否定（without）を意味するaと哲学で使われる情念を表わすpathosが組み合わされた結果の‘apathy’なので、訳語としては物事に感動しないという意味をもつ。たとえば政治への関心が持てない、政治現象に感動しない、そこへの参加に熱意がないことを総称して、従来から政治的アパシーと表現されてきた。

本章の論点

1、社会システムのインプット、アウトプットという考え方に馴染もう。
2、「見識」を構成する知識領域を挙げて、その領域を代表する指標を考えてみよう。
3、専門職に伴う「情熱」と「責任感」とは何かを、歌手や教員や自動車製造関係者などで具体的に論じてみよう。

第6章　勘違いが多い「権力」と「大衆」

1　社会を動かす「権力」を知る

必須概念としての権力

権力は現代日本の社会、経済、政治、文化のいずれを考える際にも使う概念であり、社会学でもその活用は不可避である。なぜなら、社会システム遂行のすべてにおいて、その最終的基盤には権力が控えているからである。通常は社会的に公認されている地位が権力を保証する。日本の最高権力者である首相やアメリカ大統領という地位には、法的に軍事力や警察力が背後に位置づけられている。現職の日本首相もアメリカ大統領も、それぞれの国における軍の最高司令官ないしは指揮官または最高指揮監督権を持ち、軍事力の頂点に位置することが公認されている。もちろん、その地位を退けば、権力行使はあり得ず、せいぜいある種の影響力を感じさせるにとどまる。首相、大統領、社長、総長、学長、理事長、知事、市長なども、現職でなければ権力基盤はないに等しい。

現実の社会システムでも学術的にも権力という発想は重要なので、その研究史は長いうえに膨大な蓄積がある。それらの多くは第1章で述べたように権力を「優越した意志力」を表わすとして、政治では物理的暴力とりわけ軍事力を背景に置く。だから政体に応じて、国王、法王、皇帝、宗教家、権力者、支配者、大統領、首相、独裁者などがこれを独占できる。そこでは多数決ではなく、いずれも「寡頭制」（oligarchy）が該当する。これらは選挙による場合も世襲による場合もあるが、軍事クーデタの結果としての権力奪取も歴史上だけではなく今日でも珍しくない。

寡頭制におけるむき出しの権力は直接的、絶対的、集中的支配を特徴とする。歴史的にはその監視や制御の便法としても民主主義が用いられてきたが、軍のクーデタに見るように最終的には軍事力が民主主義を破壊するのはよく知られている。民主主義は「多頭政治」（polyarchy）の典型であるが、そこにも次第に選挙を通して「寡頭制」がしのびよる（ダール、一九七一＝二〇一四）。

その代表的な事例がドイツ近現代史にある。周知のようにナチスは革命ではなく民主主義による選挙を通して政権を手に入れて、ヒトラーによる寡頭制が誕生した。したがって、歴史的にも多頭政治を標榜しながら、実のところは寡頭制を目指すことがあったのである。

しかしどちらにしても、支配する権力には必ず服従者や非支配者（follower, the ruled）の存在が前提にされている。かつての一九五〇年代から六〇年代にかけて

C・P・Sの研究

世界的に流行したCPS（コミュニティ権力構造、community power structure）論争では、都市政策のすべての部門に影響力を行使するパワーエリートの存在と（ハンター、一九五三＝一九九八）と、都市計画だけや文教政策だけという特定領域のみの多元的な権力配置（ダール、一九六一＝一九八八）の解明とに二分された。この論争では権力の定義に沿った方法論が用いられたため、結局のところどちらも成立するような結果に終わった。ちなみに権力についてのハンターの定義は、「さまざまな個人や集団のあいだの、統制された関係、および統制しあう関係」（ハンター、前掲書：五）であり、「特定の権力単位（組織）

の内部では、権力を実行する人々よりも少数の人々が、政策を決めたり、拡張したりしている」（同右：六）と見なされていた。

ハンターでもダールでも、服従者や被支配者の存在が前提にある。それは全体的な服従者か特定領域だけの服従者かの違いだけであった。だから、高田のように社会関係を結合と分離と対立の混在だと理解すると、権力、勢力、影響力などは支える側としての国民、大衆、市民などの前提がなければ成立しがたくなる。民主主義の体制では、何よりも権力基盤を補佐する官僚制の機能が大きく、これによって国民や大衆を構成員とする社会システムが合理的に動かされることになる。

官僚制

官僚制は、文書により職務執行内容と権限が明示され、地位の上下関係がはっきりしている。それは近代社会を体現する合理的組織形態であり、軍隊組織や行政組織がその典型となっている。そこでは専門的な訓練を受け、規則などに精通した知識を備えた官僚がこの制度を担う。これらはすべて、ウェーバーが的確に官僚制の特徴として指摘したものである（ウェーバー、一九二一〜二二＝一九五八）。

理論面でも実証面でも社会学では、権力の動態も官僚制の構造と機能も研究されてきた。それは日本の一九五〇年代からの大衆社会論に象徴される伝統があり、その後一部は市民社会論へと変貌したが、他方ではコミュニティレベルの権力構造や影響力構造それにリーダーシップの問題へと深化していった。

その一方で、政治的アパシーが強くなった受け手としての大衆や国民では、権力を支える機能を果たすというよりもマスコミ経由で情報操作の対象になりやすい場合がある。時には政治家や官僚それに研究者がマスコミにリークして、意図的に特定情報を流すこともある。二〇一七年一月に高齢者の定義を六五歳から七〇歳に変えようという提言をした日本老年学会や日本老年医学会もまた、そのような解釈を許す行為を行ったといえる。

なお、権力者によく似た権威者（authority）にも触れておくと、これは品格や学識を基盤とする特定文化分野に関わる芸術、技術、学問などで使用される概念であり、政治の世界ではほとんど利用されない用語である。ただし、権力も権威も大衆が支持しなければ、長続きしないことはいうまでもない。権力者も権威者も簡単に失墜するのは、それらが「ひと」の関係性のなかでしか機能しないからである。

ミクロ社会学の権力論

その限界はミクロ社会学における権力論に認められる。そこでは「権力とは、自由に目標を選択し、それを追究しうることである」や「権力とは目標を実現することである」（バウマンとメイ、二〇〇一＝二〇一六：一三六）と個人主体のレベルを強く出して定義される。けれども、権力は関係する相手の存在が大前提にあり、相手よりも「優越した意志力」（ウェーバー）が定義のかなめに来る。その配慮がない非関係論的な定義では、現実的な有効性をもちえない。

ここでもウェーバーの情熱、見識、責任感をしっかりと会得することから出発したい。もちろん他の職業でも同じである。とりわけ金儲けだけの情熱、国民生活の現状への見識に乏しく、何かを追求された際に「忘れた、記憶にない」という無責任な政治を担うのであれば、その本人は政治屋でしかない。もちろんそのような存在を大衆や国民は求めていないし、最終的判断は選挙時に行われる。

くわえて、瞬時にネットでの書き込みを通しての膨大な批判も賛同も得られる時代なのだから、億単位や兆単位の予算に責任をもつ職業である政治家には、国民ないしは大衆から限りない「見識」と「責任感」が期待されている。ではその大衆とは何であろうか。

2 「大衆」の変遷

英語からみる大衆像

英語辞典の‘the masses’は、‘the common people’（一般大衆）、‘the lower classes of society’（社会の下層階級）、‘the working people’（労働者）という三通りを意味しており、この反対語は‘the classes’（上流階級）になる。大衆とは貴族的伝統規範ないしは宗教的伝統規範から離脱した存在であり、世界的に見て社会全体の「世俗化」（secularization）とともに急増してきた。これに対抗するのは「神聖なるもの」（sacredness）であり、宗教あるいはそれを体現した教会が背景にある。教会や神の代わりに科学や産業組織が大きな存在となった近現代社会では、全体として教義を問わず宗教が国家や国民への支配力を失った。

ただしこの一般化は通説に過ぎない。むしろ世界的には例外が無数にあり、産業化と並行しても無関係でも宗教が大衆を捉える力は、自爆テロに象徴的なように非常に大きいところもある。宗教戦争や民族独立戦争では、聖戦が政戦の様相を帯びるので、世俗化（secular）された政治の世界に聖を標榜する（sacred）行為が普遍化しやすい。その一つが自爆行為である。

世俗化された大衆社会

産業化された社会では、神や教会から離れ企業に所属した大衆が文字通り多数派であり、一人ひとりでは弱いが、組織化して労働組合を作れば、社会的にも強い力を発揮できる。組合に所属しなくても、市民として集合行動もできるし、時折は自然発生的な大衆運動も生まれる。これらはすべて世俗化の特徴である。ただし、そのような集合的存在は依然として少数派に止まっていて、国民ないし大衆の多くが集団関係から漏れて粉末化しつつある（金子、二〇一一：二〇一六b）。

権力者側の取り組み次第で、粉末化なりに安定していた社会秩序が大衆運動で破壊されることがある。とりわけ政治的争点をもつ大衆運動では、大衆の一部は簡単に暴徒（rioter）になり、それは暴動（riot）と呼ばれる。さらに乱衆（mob）に変化して、それを群衆（crowd）が遠くから眺めるという構図に変貌する。こうなるとその一帯は完全に無秩序となり、コントがフランス革命のあと二〇年後に実見したパリの無秩序に結び付いてしまう。コント社会学の「秩序と進歩」命題の根源はその体験にある（清水、一九七八）。

ルフェーブルの群衆、オルテガの大衆

なお、歴史学ではルフェーブルのように群衆（英語 crowd：フランス語 foule）を結集体（英語 gathering：フランス語 rassemblement）とみる視点がある。なんらかの情動的理由で状況に「不安」と「希望」を感じた人々が「心的相互作用」（action réciproque）の結果、強力な集合心性（mentalité collective）を形成するのである（ルフェーブル、一九三四＝二〇一七）。集合心性を共有した結集体が都市騒擾や農民一揆の打ちこわしの主役であるという結論は、歴史学だけではなく社会学的にも重要な論点になる。

同じ一九三〇年代に、大衆と貴族との区分を行い、「大衆が完全な社会的権力の座に登った」事実を歴史社会学の視点からオルテガもまとめている（オルテガ、一九三〇＝一九六七）。その特徴は「政治のその日暮らし」（同右：五〇）に尽きる。大衆があまりにも強力になったために、政治は「明快な未来像を示さず、未来を明確に予告せず、その後の発展を想像しうるようなものの始まりとしての姿をとっていない」（同右：五〇）といわれた。これは当時のスペインだけではなく、二一世紀現代日本の政治状況でもある。オルテガのこの作品が一九三〇年に刊行されたことを考慮すると、その遠視力に驚くとともに、大衆のまとまった力は古今東西時代を超えて無視できないといわざるをえない。

そのような歴史が直近にあるのに、二一世紀の現代日本が「政治のその日暮らし」では困ったことではないか。なぜなら「その日暮らし」には長期的計画も短期的計画もないからである。

「少子化対策」でいえば、「短期的計画」の積み重ねとして数十年続いてきた待機児童ゼロ政策だけの功罪の検討がある。さらに二〇〇〇年からの一七年間の実績により、国民にしっかり定着した介護保険制度と同質の「長期的計画」に分類される「子育て基金」制度がなければ、国民間の不公平性が解消できないことに気がつきたい。

社会的水準化と格差

大衆はその特徴として数的に膨大なために、大衆化に伴って「社会的水準化」が発生するが、水準化には同時に必ず「格差」が伴う。そうすると、国民意識的には不公平感が強まる。これを少子化対策に関連させれば、産んだ親のみが子育て負担をして、産まなかった選択をした同世代の人々が子育て負担が皆無であり、豊かな暮らしができることは、現代社会が標榜する社会的水準化に逆行した結果を引き起こす。この子育てに伴う格差は、差別一般に敏感さを公言し、その解消を提唱している研究者にはなぜか放置されてきた。

一方で「出る釘は打たれる」という個性の抑圧が始まるのは、多数派を占める大衆が人間能力の正規分布曲線のうち左右の極端な存在を拒否するからである。しかし、イノベーションはそのような中道志向からは誕生しない。むしろ平均からの逸脱や全体の中での相違など、平準化とは異なる文脈からイノベーションが始まることが多い。私が二〇年前に提唱した「子育て基金」もまた少子化対策のイノベーションであり、高齢化対応の介護保険制度と軌を一にする。

しかし、社会システム構成員は何も国民や大衆としてだけの表現にとどまらない。むしろ、正規雇用労働者も非正規雇用の労働者もまた社会システム構成員として表現できる。

職場を離れた労働者は退職者になるが、退職者としても社会システム構成員であることは変わらない。その一般的表現は国民、市民、住民、人民などとして使い分けられ、民俗学では「常民」とされる。この概念の鋳造者である柳田國男は伝統を体現した農民の日常生活を見ていた。常民とは、柳田自身の表現では「村を構成している住民」であり、「ごく普通の百姓」であり、「住民の大部分を占めていた」（柳田、一九三五＝一九九〇：一五〇）。このままでは都市での使用には耐えられないので、「都市常民」とならざるをえない。「都市常民」もまた社会システム構成員になる。

市民・人民・常民

他にも階級的視点では「人民」があり、テーマによって階層的には「上流市民」から「中流市民」、「下流（下層）市民」なども用いられてきた。個人化した me-ism がらみでは「私民」あるいは「分衆」や「小衆」といわれたこともあるが、これらは学界にもマスコミ界にも定着しなかった。

大衆が家族とも地域社会とも職場にも関わりをもたず、いわば原子化された存在を表現する用語としては、「私化する私性」（鈴木広）や「自由からの逃走」（フロム）があり、私が提唱してきた「粉末化」もまたここに該当する。この原子化された存在という認識枠組みでは、大衆は価値、規範、象徴を共有していないとされる。問題に応じて集合することもあるが、大衆として日常的には分離しており、共存も共生も自覚しない存在として扱われてきた(1)。

歴史的にみると、大衆そのものは集合的存在の典型であったが、その全体像は結合よりも分離が基本になっていた。なぜなら大衆を構成する個人それぞれが孤立しているからである。しかも現代ではこの孤立は家族内でも発生しやすい。都市に普通に見られる単身赴任も形態的には分離の一例だが、実際に家族関係の絆が乏しいと、単身赴任が孤立ないしは孤独を招くことになる。

代わりとなるはずの地域社会関係や地域集団それに職場や労働組合など多くの中間集団では、その代替は難しい(2)。もちろん階級的連帯や階層的同化などでも単身者の孤立は救えない。そして、多数の中の孤立が単身者の孤独感を強めるのである。

3 「中間集団」の活用と新しい人間像

社会の中の個人集合体に期待　この状態をどのように変えていくのかは社会学にも問われているが、とりあえずの歴史的な解答は以下のような論理に基づく。すなわち、新しい社会を作るのは単なる個人というよりも、社会の中の個人から派生した国民、大衆、人民、市民、住民などにカテゴリー化された個人集合体だけである。歴史的に見ても、近代社会もまた封建社会に生きた少数の個人とその集合体からしか建設されなかった。この観点からは、原動力に集合心性を強調するフランス革命も明治維新も同じ文脈にある。

「個人と社会」は常に社会学の課題になりうる。先達は補助線として「個人―共同社会―利益社会―

表6-1　社会に含まれる中間集団と結合原理

中間集団	インフォーマル	血縁（親戚） 地縁（近隣），住縁（選択結果） 職縁（同僚） 知縁（友人）
	フォーマル	地縁（町内会，住民運動） 職縁（労働組合，同業者関連組合） 学縁（クラス，同窓会） 知縁（趣味・娯楽サークル，社会運動，NPO）

（出典）金子（2013：71）。

国家─人口」という軸を用いて、この問題を解いてきた（高田、一九三四）。職業も含め多様化した現代社会では、家族にのみ個人を抱え込む力を求めることはできないが、その延長線上にある共同社会や利益社会としての「中間集団」に、デュルケム以来の「職業集団」とともに依然として期待がかかる。中間集団は表6－1のように分類できるからである。

現代社会で個人が孤立を避けるには、さまざまな縁を活用して、共同社会や利益社会のどこかに加わり、交流することに尽きる(3)。

血縁と地縁　まず血縁は本人とは無縁なところで出生時に決定しているので、自らの選択は出来ない。しかし、付き合う親しさの程度ならばみずからが決定できる。これはパターン変数の「帰属性」の代表である。同じく、幼児期から高校卒業期までの地縁もその傾向を帯びるが、それでも全方位の関係ではなく、選択的に親疎の関係が作れる。必ずしも「帰属性」だけではなく、自らの選択でもっと条件のよい地区に新しく「住縁」を求めて移住できるから、「業績性」の指標にもなる。ただどちらにしても、一戸建て地区でも向こう三軒両隣全てと親しく付き合えないから、マンションやアパートならば、なおさら自己判断で選択し、「住縁」を得るしかない。

インフォーマル関係

地縁や住縁の関係は、社会学の分類に即していえば入会や退会も含めて諸規則が一切ないインフォーマルな（非公式）関係の代表である。これに幼児期から成人期や老年期まで出会いの機会があり、しかも持続する知縁としての友人が加わる。

友人となるキッカケはたくさんある。幼児期に隣に住んでいた地縁でも、趣味が一緒だったという関心縁でも、学校のクラスメイトであったという学縁でも、それぞれに友人は得られる。隣近所に付き合いがゼロという場合でも、今日の情報ツールを使えば一〇〇〇キロ離れていても、実質的には隣近所と変わらない関係を持てる。電話やメールその他で瞬時に繋がるからである。

職場の同僚もまたインフォーマル関係の一翼を担う。偶然の理由で勤めた職場には社長を筆頭に多くの上司がいるし、同期の人間もいて、やがて後輩も参入する。同僚は同じ運命共同体のなかいわゆる「同じ釜の飯」を食う関係であるが、行っている職種は分業が貫徹しているから、会計、広告、宣伝、営業、資材、総務など多岐に渡る。そのなかで同期であるとか、同じ故郷であったとか、大学の同窓であるとか、労働組合の仲間であるとか、職場サークルが一緒だとか、隣に机があるとかなどの理由で、同僚としての親しさが生まれる。

もっとも同僚関係ではどちらかが退職すると疎遠になる反面、そのまま交流が続くこともあるから、高齢期での孤立の予防には不可欠である。なお、配偶者もその連れ合いの友人家族や同僚家族との関わりを持ちやすい。

ただし、女性は男性よりも血縁を重視する傾向が強い。親戚づきあいが女性の社会関係で大きな比重を占める。それは叔父叔母だけではなく、甥と姪や従兄弟、それ以上の血縁までも繋がることがある。

表6－2　東京都区部の町内会・自治会加入率

区　名	（A年）加入率（%）	（B年）加入率（%）	調査年（A年）→（B年）	
千代田	73	58	2003	2011
新　宿	51	51	2005	2010
文　京	75	70	2003	2009
墨　田	75	70	2005	2009
江　東	67	64	2006	2011
大　田	79	75	2003	2010
世田谷	61	57	2003	2008
杉　並	57	52	2004	2009
豊　島	53	54	2005	2009
練　馬	43	42	2007	2011
北	77	75	2004	2009
荒　川	61	60	2007	2010
足　立	64	58	2003	2010
13区平均	64	61		

（出典）東京都生活文化局『共助社会づくりを進めるための東京都指針』2016年2月。

インフォーマル関係のうち血縁と地縁と住縁については、鮮明な男女差がある。

フォーマル関係

インフォーマル関係ではなくフォーマルな（公式）関係も、大都市での孤立を避ける手段になる。まず地縁でいえば、居住地区の町内会・自治会がその代表的事例であり、そこでの班長などの参加活動がある。ただし、町内会加入率は全国的に下がってきており、今日の大都市では六〇％台にまで下がってきた。表6－2は最新の東京一三区における町内会加入率である。五年前後の推移とともに見ると、大都市東京での加入率の低下が鮮明になる。そし

表6－3　札幌の町内会加入率の推移

（%）

1990年	81.70
1995年	77.46
2000年	75.81
2005年	74.92
2010年	72.79
2015年	70.06

（出典）札幌市ホームページ「町内会・自治会の現状」(2016年)。

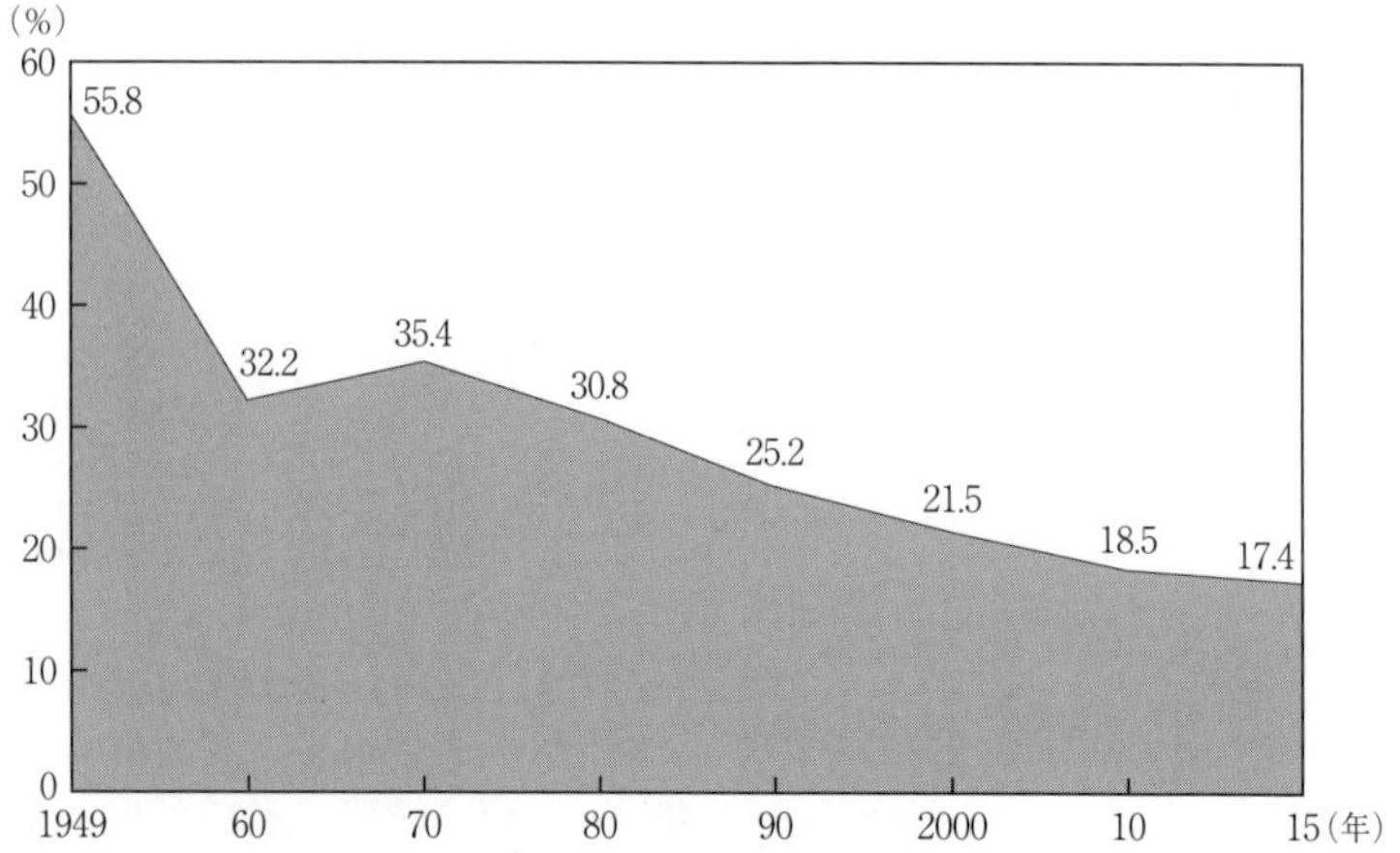

図6－1　労働組合推定組織率

（出典）厚生労働省ホームページ。

て東京一三区だけではなく、たとえば政令指定都市で人口が一九四万人の札幌市でも、町内会の加入率の低下がはっきり認められる（表6－3）。

町内会加入率低下という動向は、現代都市における孤立死の背景にもなっていると考えられる。なぜなら一戸建て地区では、行政からの伝達事項や回覧板は今日でも町内会ルートを通しているし、一〇戸から二〇戸程度の輪番制による班長制度も健在だからである。

一方で町内会に加入しなければ、行政情報ルートから漏れるので、地区での暮らしでは不都合が生じやすい。個人化が進む大都市ではそれを不都合と見なさない青年や中年や高齢者も多いが、七〇歳を超えると病気その他で孤立死の危険性が高まるから、中高齢期以降は地縁における最小限のフォーマル関係は維持しておきたい。一戸建てならいくつかの世帯との近隣関係、マンション・アパートならば管理人との声かけ程度でも実行しておきたい。

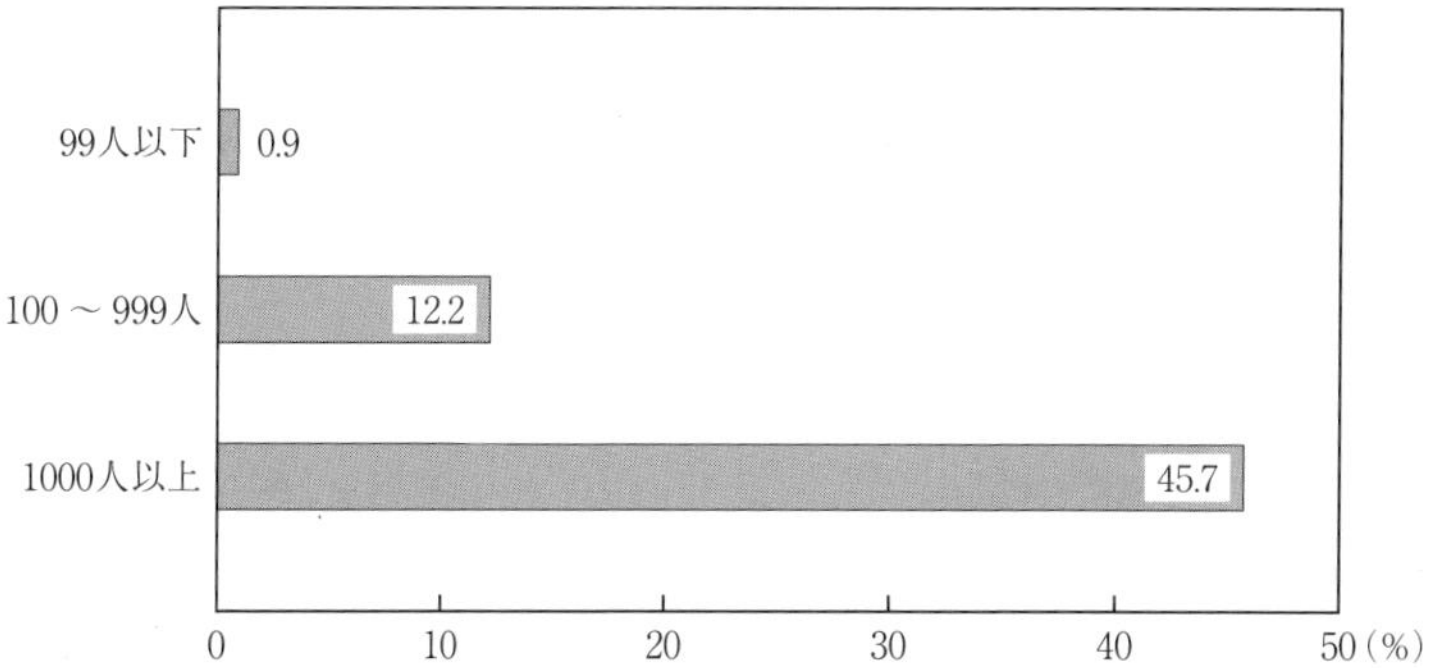

図６－２　企業規模別労働組合推定組織率

（出典）厚生労働省ホームページ。

労働組合組織率の低下

職縁について、雇用者に関しては労働組合がフォーマルな関係の筆頭ではあるが、この数十年間は漸減傾向にある。図６－１は総務省が行ってきた「労働力調査」から厚生労働省がまとめたものである。歴史的には一九四九年の組織率五五・八％が最高であり、次第に漸減して三二％台までに下がったが、高度成長期の一九六四年には三五％を記録して、一九七〇年には三五・四％までもどした。しかしそれからの四七年間は一方的に下がり、二〇一五年の調査では一七・四％という最低の組織率となった。

しかしこれは全体の概略に過ぎない。日本経済の特徴は大手企業と零細企業との二重構造にあるので、同じデータから従業員数での組織率を図６－２でみると、その相違が一目瞭然となる。大手の企業では半数近くが組合に加入しているが、従業員が九九九人以下一〇〇人までになると、一二％にまで低下して、それ以下はほとんど組織されていない。いわゆるブラック企業では組合がない場合も多いし、あってもパートやバイトならば未加入の場合が大半である。このように職業に関するフォーマル関係の筆頭である労働組合加入率の低下が進んでいるので、働く年齢層でも孤立して、周囲からの支援が得られずに、過労自殺などが発生することもある。

職場でも地域でも孤立により人は分離不安（separation anxiety）を強める可能性があるので、旧宗教、新宗教、新新宗教などによる取り込みや権力による誘導の対象になりやすい。精神的に依拠するところがないと特定方向に誘導されるのは、フロムによる「自由からの逃走」でも明らかである。その意味では、大衆の存在はデモクラシーの基盤ではあるが、大衆の支持を勝ち取った政治における多数派による擬似的平等主義の強調により、デモクラシーでは衆愚的専制政治の温床になる危険性があることにも留意しておきたい(4)。

とりわけ政治家の劣化が進めば、いくら選挙をしても政治の質は向上しないから、衆愚政治に直進する。本来は情報を正しく伝えて、権力の動向を監視する機能が期待されるマスコミが、むしろそれとは真逆の加担をすることもあった。それは近代史における各国のファシズムの歴史が教える通りであり、二一世紀日本のマスコミでも垣間見られる。

新しい人間像

さて本章の終わりでは、大衆社会研究から出された学史に残る新しい人間像に触れておきたい。「社会と個人」を描いてきた社会学史を繙くと、いくつかの造形された人間像に出会うことがある。最も有名なものはウェーバー（一九〇四～〇五＝一九八九）の最後に出てくる「精神のない専門人、心情のない享楽人」であろう。かつて私はそれを踏まえて逆転させ、新しい時代にふさわしい人間像として「精神のある享楽人、心情のある専門人」を二回提唱したことがある（金子、一九八四：一二六～一二七：二〇〇〇：一四）。この提唱は不発に終わったが、社会学を研究しながら、期待できる人間像を構想する作業はその研究者の価値が投影されることもあり、今でも意味があると考えている。

それ以外の人間像にはどのようなものがあるか。時代を特徴づける役割類型化された人間像は、たとえばマルクスの「資本家と労働者」、ウェーバーの「官僚」、マンハイムの「知識人」、リンドの「労務階層と業務階層」、ワースの「都会人」、バーナードの「経営者」、ミルズの「パワーエリート」、同じくミルズの「ホワイトカラー」、群衆に関するリースマンの「伝統指向型、内部指向型、他人指向型」の三類型、ベラーの「白人中産階級」などがすぐに浮かんでくる。そして、陰鬱な時代（gloomy age）の主役（the leading role）としての大衆ならば、貴族と比較したオルテガの大衆像の分析がある。(5)

もう少し特定領域を広げると、芸術分野では独自の属性を付与した人物描写が指摘できる。セルバンテスの「ドン・キホーテ」、『罪と罰』の「ラスコリニコフ」、ミレーの「農民」、『赤と黒』の「ジュリアン・ソレル」なども捨てがたい人物像である。

事例として、マルクスの「資本家」ならば、そこには冷酷な私利私欲、実利的計算、利潤の最優先、ウソを平気でつく、利潤を最高原理とするから、倫理、審美、宗教、正義、公平、科学などの配慮を後回しにするという属性もまた普遍化されやすい。

またウェーバーの「資本主義の体現者」であれば、プロテスタンティズムを実生活に活かす敬虔な宗教家というイメージが強く、天職（ドイツ語は beruf で、英語とフランス語はともに vocation）を体現する人になる。元来、プロテスタンティズムの影響下では、資本家は神のために身を捧げて仕事をする人であり、精神性に富む厳粛な存在とみなされた。職業がなぜ vocation かといえば、そこには神の声（voice）が聞こえると判断されたからである。

階級社会の貧困格差

一方で、資本主義の本源的蓄積過程以降に「労働者」が発見され、そこに新しい「貧困」も見つけられた。そこからは封建時代の絶対的「貧困」だけではなく、資本主義特有の「貧困」の相対性が発見された。近代化の初期過程では、暗く巨大な工場は陰鬱、不吉で、荒涼としていた。まるでそれは地獄の入口であり、醜く、卑しく、野蛮で、暴虐的な性質をもつとみなされ、一八一〇年代にイギリスの中・北部の織物工業地帯で職人、手工業者、労働者による機械打ちこわし運動といういわゆるラッダイト運動が起きたのもこの時代である。これは当時の運動リーダーと想定されたネッド・ラッドにちなむ命名である。

それが収束し、階級が本格的に分解して資本家と労働者と中間階級として農業や商業を生業とする人々に分かれ始めた。この階級には、当初から産業化路線の労働者の範疇として女性と子どもと高齢者は含まれておらず、別枠の付属物であった。もちろん女性も子どもも働いていたのであるが、権利主体としての認識は資本家側にも社会全体にもなかったのである。当時の工場を観察したエンゲルスの『イギリスにおける労働者階級の状態』（一八四五＝一八八七＝一九七一）がその実態を教えてくれる。

その多くを踏まえて、一八世紀以降の近代化を推し進めてきた産業革命に伴う社会変動が顕在化すると、その中での「貧困」として、衛生、栄養、健康、寿命、住居、環境、職場、福祉などの諸分野において、水準上昇に伴う残余範疇としての相対的な「貧困」概念が誕生した。これもまた時代が新しい現象を生み出し、学術的にそれを表現する新概念が得られたことを意味する。現代を直接解明しようとする社会学でも、階級論や階層論を通して歴史的素材の重要性が理解できる。

注

（1）この延長線上にアノミー（anomie）概念が登場する。アパシーと同じく、この単語もa（without）とギリシャ語nomos（法秩序）の組み合わせだが、社会学の概念としてanomosを持ち込んだのはデュルケムであり、秩序の崩壊による混沌とした無規制状態を意味するフランス語anomieとした（デュルケム『自殺論』）。英語ではanomyという綴りもあり、いずれにしてもlawlessの状態を意味する。

（2）高田保馬によれば、これらが「基礎社会衰耗」の実態になる。

（3）今日ではソーシャル・キャピタルと命名された社会関係であるが、ソーシャル・キャピタルを使わずにストリングスと名付けて、その効果をストレングスの強弱で測定していた時期がある（金子、二〇〇六b：二〇〇七）。

（4）『広辞苑』で衆愚政治（ochlocracy）は、多数の愚民による政治の意味であり、民主政治の蔑称である。『日本大百科全書』では、衆愚政治は'mobocracy'とされ、烏合の衆としての無定見な政策決定を行った政治ともいわれる。

（5）日本の高度成長期では、植木等が演じた「平・均」（たいら・ひとし）が人物造形では有名であろう。

本章の論点

1、権力のイメージを封建時代と近代でそれぞれに明らかにしてみよう。
2、大衆デモクラシーの功罪を挙げてみよう。
3、社会学や小説を問わず、気に入った人物像を挙げて、その理由を考えよう。

第Ⅱ部　分析から処方箋へ

フランス・ソルボンヌのコント像
（著者撮影）

第7章　高齢化が避けられない社会システム問題

1　高齢化と家族

歴史的社会構造としての「高齢社会」

ミルズの「社会学的想像力」では、「生活史」が個人環境に関する私的問題(personal troubles)と見なされていて、「歴史的社会構造」が社会構造に関する公的問題(public issues)として位置づけられている(ミルズ、一九五九＝一九六五)。実証的社会学でこの分類から逸脱する研究テーマは少ないが、「高齢者、高齢化、高齢社会」は典型的なその逸脱例であり、高齢者個人が抱える私的問題と社会システムが直面する歴史的社会構造問題が直結していて、同時に研究テーマとなりえる。しかもこの人口動態は日本社会の行く末に深く関連する社会現象であり、社会分析を通して学問的な根拠のある政策を創ることが早急に求められる重要課題群を構成する。

高齢者本人に面接調査をして、家族的な背景を調べ、高齢者の社会参加、生きがい活動、健康づくりなどを研究するという課題はすべて細かな私的生活史により分析される(金子、二〇一四b)。同時に対象とした自治体から五〇〇名程度のランダムサンプリングにより確定された対象者に、調査票による訪問面接を行い、類似の自治体調査との結果を比較分析することも、高齢者の「私的問題」の解明と理解を促進する（金子、二〇〇六ｂ：二〇〇七）。

他方で、健康づくりにしても、高齢者の活動する公園やスポーツ施設の供給、整備、管理運営そして交通費の補助などは、自治体や企業が前面に出るという意味で「公的問題」を形成する。これらは「私的問題」と「公的問題」に相互に結び付いているから、ミクロ社会学だけでは正確には捉えられない。

そのうえ、「生活史」からみた「私的問題」も「公的問題」も「歴史的社会構造」への位置づけも、ともに社会システム全体や国民生活全体に多大の影響を与えるので、ミクロ社会学からもマクロ社会学からも等しく日本社会が直面する重要課題と認識できる。とりわけそれらが問題となる背景、現状、そして対策に精通することにより、日本社会での実効のある対応策が出てくる。たとえば、「私的問題」としては健康長寿の条件探求や生きがい要因の解明があり、「公的問題」としては「後期高齢者の一人当たり医療費」高騰の原因の追究や「買い物難民」になった一人暮らし高齢者への支援がある。「歴史的社会構造」としては、人口構成の三割を占めるようになる高齢者の年金や介護保険や医療費支援など、社会システム全体で取り組む課題が山積する[(1)]。

社会学者の本気度が試される時代

これらのテーマを追究するのは政治家だけではなく、現代社会学者もまたそれに取り組みたいが、この過程の中で「情熱」と「見識」と「責任感」が試される。

細かな専門的テーマとは別に、教室でもマスコミからもその原因と解決法や予防法について尋ねられる少子化、高齢化、児童虐待などについては、社会学者ならば誰もが一定の見解を持っておきたい。そこには社会学史の専門家だから答えられないとか、「会話分析」や「わたし探し」の探究をしているから分からないという逃げ道はありえない。

なぜなら、近未来日本社会について国民各層が抱く不安に対応できなければ、社会学者としての役割放棄になるからである。その意味で、外交とは別に、内政としても「少子化する高齢社会」「暮らしの生活の質」「地方創生・地域創生」「児童虐待」などについて、社会学者の本気度が試されると私は考えてきた。外国人学説の紹介やミクロレベルの「自分」や「いのち」や「からだ」だけを見つめる時代ではないというのが、本書冒頭に紹介した漱石の『草枕』から導き出した私の教訓である。

とりわけ二一世紀日本の最大の内圧を高めるのは高齢化であるという認識で、私は一九八〇年代から一貫して「少子化する高齢社会」の研究を行ってきた[2]。まず高齢化には、長寿化の側面がある。長寿化は必然的に複数の課題を日本社会に投げかける。一つには平均寿命が延びて、健康寿命の重要性が高まるので、このための取り組みが重要になる（金子、二〇一四b：二〇一七a）。個人の「私的生活」面では高齢期に向けて生活習慣病の予防があり、その条件整備に社会システム全体が直面して、厚生労働省の「健康日本21」などのように遅れながらの実行が始まる。

「オプジーボ」にみる「患者と社会」

くわえて、最新の肺がん治療薬の「オプジーボ」の扱いにも「知識」と「見識」が求められる時代になった。薬の効果は個人に関連するが、その価格や医療保険を考慮せざるをえない現実が生まれ始めているからである。ここでも「あなたとわたし」だけのミクロ社会学では手に負えない。

何しろ販売当初は一〇〇ミリグラム約七三万円で、患者一人につき月額の薬剤費が約二九〇〇万円、年間なら約三五〇〇万円にもなる。しかも三割程度の患者しか完治できないという。あまりにも高額なので、二〇一七年二月から〝半額〟に引き下げられた。二〇一六年一一月に開かれた厚生労働省の中央社会保険医療協議会（中医協）で、二〇一七年度の五〇％引き下げが了承されたのである（里見、二〇一六）。ただし高い薬価と高額療養費制度との関係を社会システム全体でどう位置づけるかの問題は残っているので、ここでは値下げ前に里見清一が提起した問題を取り上げておこう。

値下げ前の「オプジーボ」は一人当たり年に三五〇〇万円もかかる薬であった。三割の肺がん患者は完治するというが、全員に使ってみなければ、誰が完治するか分からない。そのために、医師も患者もその使用を望む。

なぜならわが国には、国民全員が加入する公的保険（国民皆保険）があり、同時に医療費の自己負担分が一定額を超えると軽減される「高額療養費制度」も存在するからである。周知のように、現在の医療保険制度では、それを使っても、実際の患者負担は月八万円程度で済む。実際にかかる薬剤費と患者負担の差額は、国民全体で負担した医療保険料と税金で賄われる。だから、「夢の新薬」はお金持ちだけの新薬でなく、大半の人が使える新薬であり、これはまったく素晴らしい制度である。ただしこの高額の「夢の新薬」が多くの個人的恩恵をもたらすのはよいのだが、反面でその社会的な代償も大きい[3]。

現在、使っている患者は少数だが、日本に肺がん患者は二〇一五年で推定一三万人いて、もし患者（少なく見積もって）五万人を対象に、「オプジーボ」を一年間使うとすると、三五〇〇万円×五万人＝一兆七五〇〇億円の薬代が今後必要となる。

二〇一四年度日本の医療費は約三八兆円で、そのうち薬剤に使われているのが約九兆円である。この一兆七五〇〇億円という金額は、今すでに国民全体で使っている薬剤費の二〇％近くに相当する額である。このような高額な薬剤が無制限に使われれば、医療保険も税金による負担もいずれ天井を打つに違いない。その際にどのような判断をすれば よいか。なぜなら、病気や疾患に分類される症状は合計で三〇〇〇種類にも上るからである。このような「個人と社会」の問題に、ミクロ社会学者はもとよりマクロ社会学者も関われない現実がある。

一つの高額薬剤が患者を救う確率が高くなるのはいいが、それが三〇〇〇種類の病気に対応する全薬剤費の二〇％を占めれば、社会保障制度はもちろん解体する。一つの高額薬剤と国の医療保険制度の関係をどのように再構築するか。個人の命が社会システム全体の医療保険制度に直結する。この時代にふさわしい「個人と社会」を論じるためにも、社会学でもマクロな視点とミクロな視点の双方を学んでおきたい。

個人の尊い命が絡んでいるだけに速やかな国民的合意形成は著しく困難だが、この事実への対応は政治家だけではなく、社会学者にも求められるはずである。

なぜなら、「オプジーボ」問題はまさしく「個人と社会」ないしは「個別と普遍」という社会学が抱えるテーマの一翼を担っているので、「いのち」にこだわるミクロ社会学でも社会システムの行方に関心をもつマクロ社会学でも、一定の「見識」をもつことが研究者に望まれるからである。肺がん患者の「生活史」のなかで「オプジーボ」が占める比重はますます大きくなるが、そのために「歴史的社会構造」として医療保険に組み込まれてきた「高額療養制度」が揺らいでいる。この事実は国民性全般にもいずれ強く影響して、「少子化する高齢社会」の様相を一変させるであろう。

高齢化を考慮したＱＯＬ研究

同時に、現在の高齢者および向老期にある中高年の食生活、健康生活、治療と予防のための運動、居住環境の衛生水準、安全性に優れた住宅の質の向上など、広義の健康寿命に関連する政策項目は数多く、それぞれが専門的な知識を必要とする。

さらに高齢化率が高まることで、要介護率も関連して伸びていく。要介護率の上昇は七〇歳までに高齢者の定義を変えることとは無関係である。二〇〇〇年四月からの一〇年間は要介護率が高齢者全体の一五％程度で推移してきたが、二〇一四年くらいからその比率がはっきりと伸び始め、一八％くらいにまで到達してきたから、まもなく「八〇・二〇」になるであろう。

元来の「八〇・二〇」は、日本歯科医師会と厚生労働省による「八〇歳で自分の歯を二〇本」という目標のキャッチコピーであった。しかし、高齢者のうち介護状態にならない比率が八五％から八〇％に低下する一方で、要支援一と二、要介護一から五までに分類される介護を必要とする高齢者比率が二〇％になる時代が到来する。制度開始から現在まで、介護費用を四〇歳以上の国民に負担を求めたのが介護保険であり、六五歳以上の該当年齢になれば、収入に応じて最高の負担料は月額一万二五〇〇円にまで上がる。

高齢者になれば、病気やけがその他の理由で介護保険適用者が増加することは仕方がない。誰もが行く道なので、介護保険制度を支えるための負担はどの年齢層からどれくらいかについても、ミクロマクロを問わず社会学者ならばきちんとした「見識」を持ちたい。なぜなら、学生からの質問としてこのような内容が寄せられるからである。

すなわち、「オプジーボ」絡みでは医療保険のあり方、要介護率の上昇に関連しては介護保険のあり方についても、どの分野の社会学者にも一定の「見識」が必ず求められる時代が到来したといっていい。

もう一方の八〇％に属する自立高齢者は、二〇世紀を通して長い間政策課題の対象者として重視され

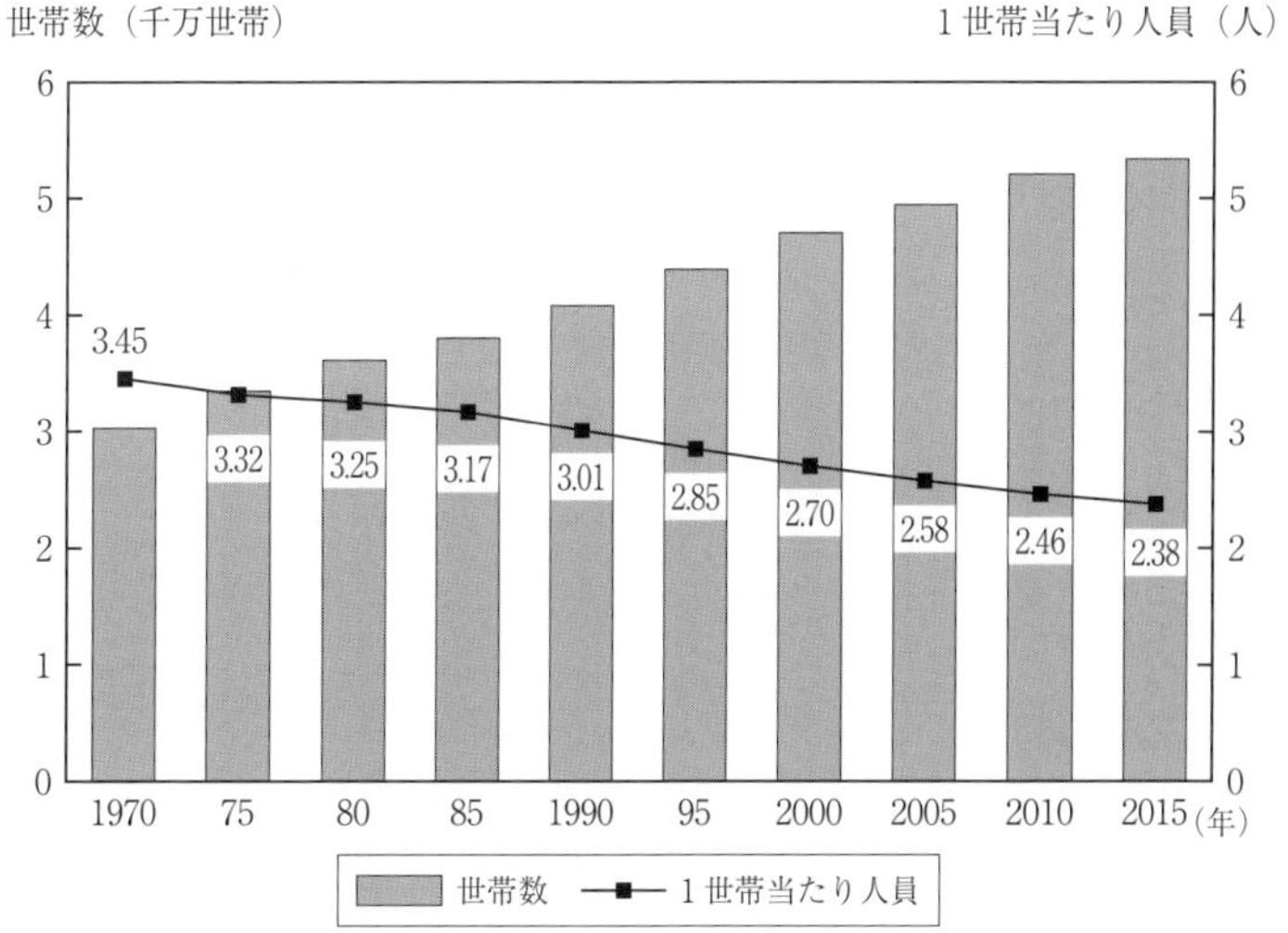

図7－1　世帯数及び1世帯当たり人員の推移（1970〜2015年）

（出典）各年度の国勢調査結果。

てはこなかった。しかし二一世紀になると、さすがに人口構造で多数派になったこともあり、選挙対策の側面もあるが、年金、健康、生きがい、病気予防、生涯学習、介護予防などは、一定の予算に裏付けられた自立高齢者支援策として取り組まれている。

2　日本家族の動向を知る

小家族化

二〇一五年国勢調査集計による世帯数は五三四〇万三〇〇〇世帯となり、二〇一〇年からは一四五万三〇〇〇世帯の増加であり、比率的には二・八％増となった。一世帯当たり人員は二〇一〇年の二・四六人から一五年は二・三八人となり、小家族化が続いている（図7－1）。

世帯構造をみると、「夫婦と未婚の子のみの世帯」が約三〇％で最も多く、次いで「単独世

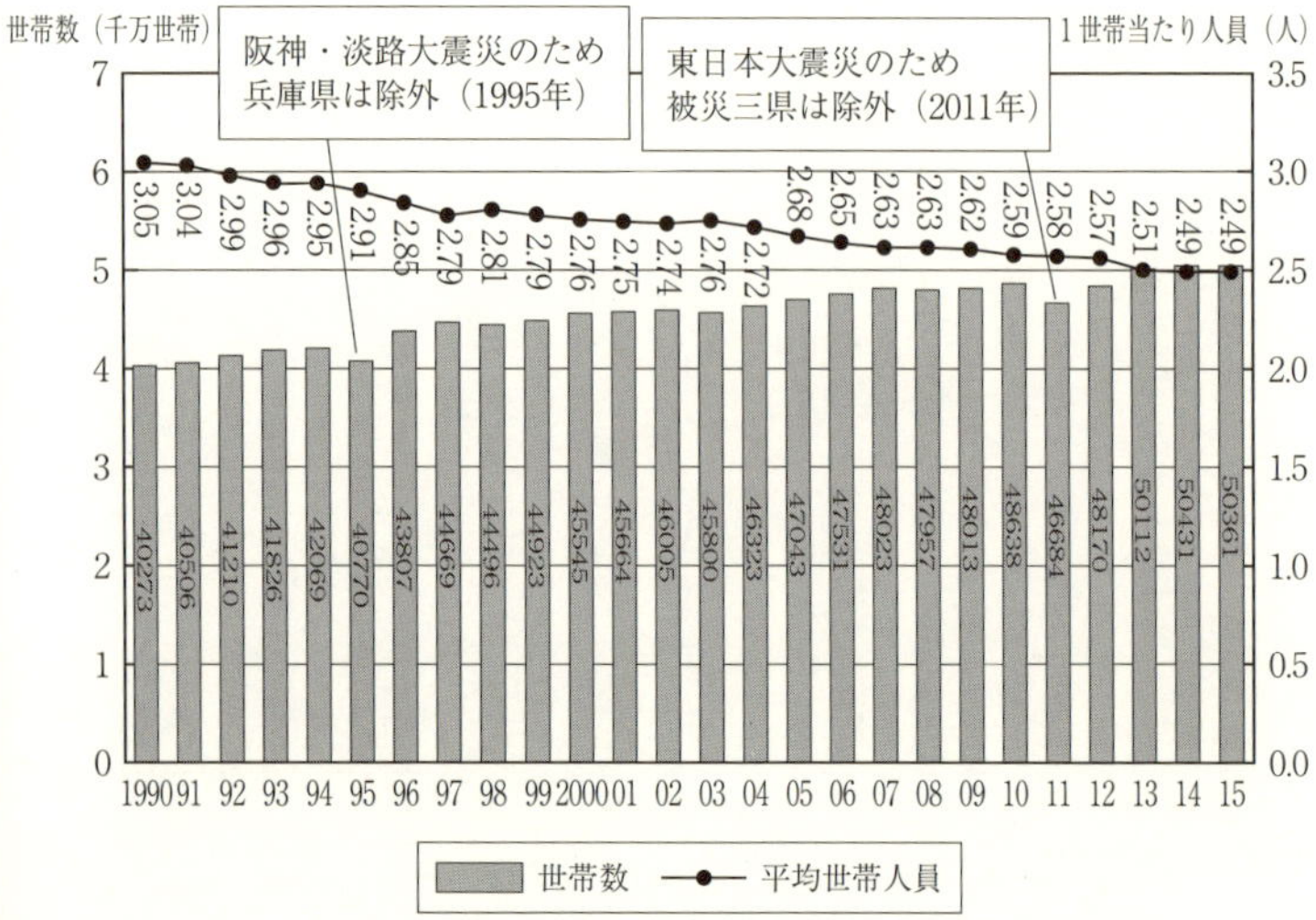

図7-2　国民生活基礎調査に見る平均世帯人員と世帯数の推移

（出典）厚生労働省ホームページ。

帯」が約二七%になり、「夫婦のみの世帯」が約二四%となり、この三種類の合計が八〇%を超える。

世帯類型では、「高齢者世帯」が全世帯の二五%を超えて、増加傾向が鮮明である。反対に、平均世帯人員は漸減中であり、二・三人まで低下した。

日本では国勢調査、厚生労働省の国民生活基礎調査、そして総務省の住民基本台帳の三つの情報ベースにより、平均世帯人員の値が出されてきた。国勢調査は正確であるが、五年おきにしかデータが得られない。「国民生活基礎調査」は全国で五万人程度のサンプル調査である。住民基本台帳によるまとめは日本人のみが対象であるが、二〇〇六年からデータの集計方法が変わった。

図7-2は国民生活基礎調査に見る平均世帯人員と世帯数の推移であるが、二〇一一年から

表７−１　平均世帯人員の年次推移

（人）

	住民基本台帳	国民生活基礎調査	国勢調査
1955	4.90		
1965	4.03		
1975	3.33		
1985	3.12		
1995	2.82		
2005	2.52		
2010	2.38	2.59	2.46
2015	2.28	2.49	2.38
2016	2.26		

（出典）国立社会保障・人口問題研究所編『2017年版　人口統計資料集』。

の人口減少社会にもかかわらず、国勢調査と同じく世帯数はむしろ漸増してきた。この結果は全国サンプル調査によるものであり、二〇一五年は、六月に「世帯票」で約五万九〇〇〇世帯、七月に「所得票」が約九〇〇〇世帯を対象としたものであり、回収集は「世帯票」では約四万七〇〇〇世帯（約八〇％）になり、「所得票」は約七〇〇〇世帯（約七八％）が回収され、集計された。その結果、平均世帯人員が低下するという傾向にある。二〇一五年六月現在で五五三六万世帯である。世帯の漸増と平均世帯員の減少の並行関係は、今後一〇年近く続くことが予測されている。

表７−１は総務省が公表した住民基本台帳による平均世帯人員の年次推移である。参考までに二〇一〇年と二〇一五年の両年については、国民生活基礎調査結果と国勢調査結果を付記した。

表７−２によれば、平均世帯人員で最多の福井県が二・七七人、最少の東京都が一・九五人であり、いずれも小家族化が鮮明になっている。農業がまだ健在の県では自家労働力の必要性もあり、都道府県別では平均世帯人員もやや多いが、東京都や

表7－2　住民基本台帳に見る平均世帯人員の都道府県上位と下位

上位		下位	
1	福井県 2.77人	1	東京都 1.95人
2	山形県 2.75	2	北海道 1.96
3	富山県 2.624	3	鹿児島県 2.09
4	新潟県 2.619	4	高知県 2.10
5	佐賀県 2.59	5	大阪府 2.12

（注）2017年3月末の集計。
（出典）総務省ホームページ。

大阪府のように大都市が集まって、第二次産業や三次産業に特化すると、単身者も増えて、平均世帯人員も少なくなる。北海道は札幌だけが大都市の若者単身者を多く抱えているが、それ以外の過疎地域では高齢単身者であり、小家族化の理由も二極分解している。鹿児島県と高知県は過疎地特有の高齢単身者による小家族化である。

人口減少社会の中での世帯数の増加

ビジネスの観点からすれば、少子化により年少人口が減少するので、幼児、児童、生徒向けの企業では、その商品展開が苦しくなる。他方、逆に世帯数はまだ増加するので、世帯単位の商品、たとえばユニットバス、システムキッチン、ウォシュレット、洗濯機、冷蔵庫などの製造販売の可能性はまだ高いまま推移する。この動向は今後一〇年程度続くので、ビジネス機会の変化を招来する。この期間は個人消費向けだけではなく、新たに世帯単位での消費の可能性にも目を向けておきたい。

かつては、黒電話、自家用車、エアコンなどが世帯単位で販売可能な商品だったが、黒電話はケータイからスマホになり、個人単位の商品に変貌した。自家用車もまたセカンドカーが珍しくないし、エアコンも部屋単位の取り付けが通常になったから、一家に一台ではなくなった。

このように世帯が縮小化していわゆる小家族化が進行した時代では、家族に固有とされてきた生産消費、老幼病弱の保護、娯楽、宗教、社会的権利と義務などの諸機能が維持できなくなる（金子、一九九五）。少子化が進み、ますます小家族化が鮮明になれば、家族機能は夫婦間と親子間のパーソナリティの安定化、親による子どもの社会化の両者に純化してしまう。もっともこれだけでも残ればまだいいのかもしれない。なぜなら、男女ともシングルが増加すれば、子どもの社会化機能さえ消失するからである。

このように従来の家族機能が減退し、一部が企業活動や行政サービスなどに外部化された現代社会では、家族崩壊の足音が忍び寄る。

小家族化と国民の働き方

ではその小家族化の中で、国民はどのような働き方をしているのだろうか。雇用者関連だけのデータでは、夫が非農林業雇用者で妻が非就業者（非労働力人口及び完全失業者）の世帯である「専業主婦世帯」と、夫婦ともに非農林業雇用者の世帯の「共働き世帯」との比率の推移を見ると、一九八〇年から「専業主婦世帯」は減少傾向、逆に「共働き世帯」は増加傾向にある。

くわえて、一九八〇年が一七二八万世帯、一九九五年が一八六三万世帯、二〇〇五年が一八五一万世帯、二〇一五年が一八〇一万世帯というように、いったんは雇用者世帯が増加したものの、一九九五年を境にして二〇一五年までそれが漸減傾向に転じた。これは未婚率の上昇と無縁ではない。なぜなら、未婚率の上昇により夫婦世帯が増加しえなくなったからである。

共働き世帯の増加と停滞

雇用者だけのデータからは、「共働き世帯」の増加が鮮明であるが、「全世帯数に占める共働き世帯の占める割合」は一九九〇年以降二〇％から二一％台で一貫してきた（図7－3）。この理由として、高齢単身化と若年単身生活者の増加により小家族化が進み世帯総数が拡大して、人口減少社会においても世帯の細分化によって世帯数が増え続けていることが指摘できる。だから雇用者レベルでは共働き世帯数は確実に増加しているが、母集団も増加しているために、全体に占

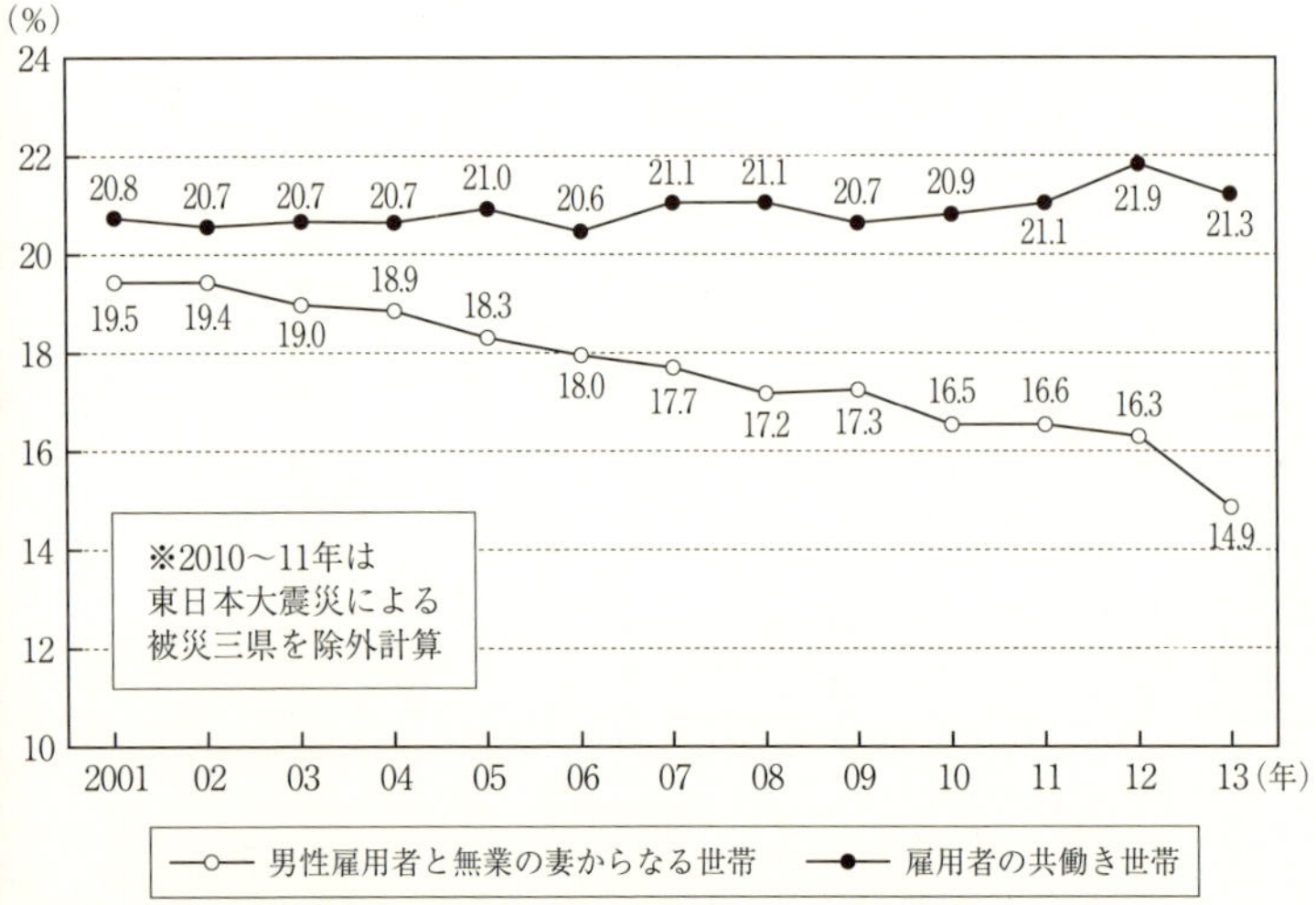

図7－3　共働き等世帯数の全世帯数に占める割合推移（2001～13年）

（注）「専業主婦世帯」は，夫が非農林業雇用者で妻が非就業者（非労働力人口及び完全失業者）の世帯。「共働き世帯」は，夫婦ともに非農林業雇用者の世帯。2011年は岩手県，宮城県及び福島県を除く全国の結果。

（出典）厚生労働省「厚生労働白書」，内閣府「男女共同参画白書」（いずれも平成26年版），総務省「労働力調査（詳細集計）」（2002年以降）。

める比率は伸びないのである。

さらにいえば，共働き世帯は本来「夫婦のいる一般世帯」のうち，「夫も妻もともに就業している世帯」なのだから，農林業自営業者のかなりな部分が共働き世帯に該当することにある。そのため，都道府県で見ると，農家の主婦が「就業者」である農業県の方でこの比率が高く出る。「全世帯に占める共働き世帯比率」の計算では，意外にも東京都は最下位の一七・七四％になる。

ちなみに東京都は二〇〇〇年でも一九・九五％，二〇〇五年でも一八・九七％というように「全世帯に占める共働き世帯比率」では常に最下位であった。そして，四六位は大阪府が占め，二〇〇〇年二一・三三％，二〇〇五年二〇・五二%、二〇一〇年一九・〇八%になっている。

すなわち、雇用者世帯の統計とは異なり、「全世帯に占める共働き世帯比率」では大都市の方が低いのである。これは大都市では「単身世帯率」が高いからである。いずれも割り算結果であるが、分母は「一般世帯数」なので、「単身世帯率」が高ければ、「共働き世帯比率」は低くならざるを得ない。しかも東京都も大阪府も農林業の比率がきわめて低い。国勢調査結果からすると、日本全体では二〇〇〇年から二〇一〇年までに表7－3のような比率逆転も生まれている。二〇〇〇年までは「共働き世帯比率」が高かったが、二〇〇五年からは「単身世帯率」が逆転して、二〇一〇年ではその格差が広がっている。これは未婚率の上昇と並行しており、少子化の原因にもなっている。

表7－3　「共働き世帯比率」と「単身世帯率」の推移

年	共働き世帯比率	単身世帯率
2000	28.09	27.60
2005	26.57	29.47
2010	24.45	32.38

（出典）総務省統計局『社会生活統計指標――都道府県の指標 2017』。

そのため、「共働き世帯比率」を念頭に置いた二五年間続いてきた「待機児童ゼロ」を社会目標にした少子化対策では成果が得られなかったのは当然である。少子化は社会全体に関連するのに、待機児童が直接関係する範囲は全体の二五%しかない「共働き世帯比率」を念頭に置いてきたからである。これには学術的な成果を政治家や行政担当者やマスコミが軽視するという政治文化によるところが大きいが、誰も責任をとらないまま今日に至っている。

3　役割理論から高齢者を位置づける

人文社会系の学問における人間の捉え方は、学問の根幹に関わる。医学は人体を精神面と肉体面に分けて、その病理面とともに生理面を研究する。心理学は動物実験も多用して、最終的には人間の心の側面を解明する。経済学は人間が使う貨幣を軸とした行動を捉えようとし、政治学は人間が持つ権力の作用を中心に研究するという特徴がある。

人間の共同生活の科学　社会学は人間の共同生活の科学であり、それは人間面、共同生活面、科学面の三方向に枝分かれして、精密化されてきた。このうち人間については、関係における役割セット（role-set）で理解するのが社会学の個性である（マートン、一九五七＝一九六一：三三五）。役割は必ず社会的地位に関連しており、両者が揃って社会構造を作り上げる。社会構造の下位カテゴリーには縦の関係にある権力と階層、横の関係にある地域と集団が存在していて、これらすべてに個人の地位がある。

ここにいう「地位とは、特定の諸個人が占める社会体系内の地位を意味し、役割とは、かかる地位に属する型式化された期待を行動的に演ずることを意味する」（同右：三三四）であり、各方面でこの定義が応用されてきた。権力構造の地位と集団関係における地位はもちろん異なる。階層的地位と地域社会の中での地位にも相違がある。そのために個人は複数の地位に伴う役割が異なるから、それぞれにおいて役割葛藤を経験することになる。たとえば、会社の課長という地位を持つ人は、小学校での運動会ではたんなる生徒の保護者という地位であり、所得や資産の高低は必ずしも町内会の序列には連動しない。

なおここでは、バウマンのいう「わたしたちは、日常生活のなかでさまざまな役割を演じているが、その集団の仲間たちは、通常、私たちの他の役割には関心がない」（バウマンとメイ、二〇〇一＝二〇一六：一一〇～一一一）に留意しておきたい。なぜなら、それぞれの地位に伴う役割には無数の社会的ネットワークが付随しているからである。それは職業に関連する業務遂行上の利害関係を伴うことが多く、陳情だけではなく、強制、温情、忖度などの場面を構成することがある。

四通りの役割がある

さまざまな地位をもつ個人の側から見て、地位に基づく役割は四種類に大別できる(4)。第一は人類の一員としての役割があり、平和や安全の維持確保それに地球環境の維持に関する行動を含んでいる。後者の地球環境の維持とは、二酸化炭素地球温暖化論を例にとると二酸化炭素を削減する行動になるが、その懐疑派はむしろその過ちを正して、地球環境の持続可能性にとっては「人に厳しく、環境に優しい」というような原則を主張する（金子、二〇一二）。

第二に、家族の中で誕生する人間は幼いころから家族役割をもち、多くの場合は地域役割と職場役割も合わせて持つようになる。しかし家族役割は一定の年齢が過ぎると、子どもの独立、就職、結婚に加えて、配偶者の死などにより失い始める。

第三の職場制度としての代表としては定年制がある。たとえば会社に勤務していた人は六五歳をすぎると、それまでの地位が無くなるので、自動的にそれに伴う役割も消える。かつて私は高齢者を「役割縮小過程にある」（金子、一九九五：一〇八）と規定したことがある。たとえば会計課長の地位が定年で消えるのだから、その役割も無くなる。その年代では子育ても終わり、子どもや子ども夫婦と別居する高齢者も増える。すなわち、家族役割が縮小を始める。職場での役割が定年により喪失して、父や母としての役割が乏しくなる。

第四は地域役割だが、これは家族制度や職業制度とは異なり、堅固な役割体系を持っていない。緩やかなので、個人がそれを強く求めるか、周囲がその特定の個人に無理にお願いするかによって獲得できる役割群になる(5)。

町内会長、自治会長、区長、班長などがその代表的な地位とそこから導き出される役割であるが、もちろん地域に暮らす人々全員分には不足している。そこで非公式な役割関係を創出するために、さまざまな地域集団、趣味のサークル、娯楽の集まりなどが地域社会だけではなく自治体や社会福祉協議会でも用意される。

もちろん、地域社会で制度化された町内会長や班長などの役割を獲得して、その遂行を日常的に行うためには、輪番制の班長を除けば、個人による積極的な地域社会への関与を前提とする。

セレンディピティとしての「限界役割効用」

役割縮小過程からの回復を考える際に、二五年前に提示したのは高齢者がもつ「弱々しい役割」(tenuous role)という考え方であった。これは私の造語ではなかったが、制度的役割と私的役割を媒介するものとして重要であると指摘した。ただし不幸なことに、高齢期における「弱々しい役割」の持つ意義は社会的には受け入れられず、この用語は日本の学界では活用されなかった。

そこで私が造語したのは「限界役割効用」という用語であった（金子、一九九三：六二）。これは地域福祉の調査でとくに町内会長とインタビューを繰り返したことから気がついた概念であり、経済学では周知の「限界効用」(marginal utility)を下敷きにしていた。これはある財の消費量、たとえば鉛筆を増加させていくとき、一本増えるたびに得られる満足度すなわち効用が減少するという法則を応用したものである。具体的には筆記具の持ち合わせがなければ、最初の一本の効用は天文学的に高いが、二本目からのそれは次第に乏しくなり、五本にもなれば効用をとくに感じなくなる。

人の場合はやや事情が違うが、役割縮小過程の存在になった高齢者がたとえば町内会の班長という新しい役割を手にした時に感じる大きな効用と、次第に役割が増えて、ある政党の支部長、シルバー人材センター運営委員、町内会長、市役所の地域福祉審議会の委員、出身高校の同窓会の幹事、元の職場の同期会会長などを引き受け続ければ、五つ目あたりからはそれほどその役割に効用を感じないという調査体験から作り上げた概念である。

計量的な高齢者データ分析

私の高齢者の研究は、最初の一〇年くらいは地方都市在住の六〇歳から七九歳までをランダムサンプリングして、訪問面接法により得たデータの計量的な解析を軸としていたが、次第に質的方法としてのインタビュー法を行うようになった。内容的に見ると、後者の方がたくさんの知識が得られることが分かったからである。

その折に繰り返した計量的手法による因子分析からは、高齢者の「生きる喜び」は「社会参加」「家族交流」「友人交際」「趣味娯楽」に類型化できたし、その後の調査では「趣味娯楽」とは独立した存在である「得意」を抽出できたので、こちらも一定の成果が得られたと感じている（金子、一九九三：一九九八：二〇一四b）。

そのような計量的研究では、一般に家族や親戚との関係が良好である、元の職場での同僚との関係性はいい、友だちとの関係がうまくいっているといった人間関係のレベルでは、生きがいを押し上げる要因とそうでない要因が共存する。もちろんこれは高齢者が置かれている条件によってさまざまであり、七四歳までの高齢者では効いているけれども、七五歳からの高齢者では有効ではないこともある。あるいは健康な人には有益だが、健康を害している人には役に立たないといった細かい発見が得られた。

そのような結果を一つひとつ拾い上げて従来の高齢者研究の社会学説と照らし合わせていく作業をやらないと、こうした分野の研究は進まない。実際に調査票で獲得された都市高齢者データを統計学的手法で分析してこそ、数多くのことが学べる。研究の前進にとって、技法に裏付けられた計量的な調査は不可欠である。

高齢者の比較研究

高齢者でも男女間での違いは存在するから、社会構成員を男女ではなく、老若男女として認知するという基本に加えて、高齢者の研究では、調査票で自己申告された健康性と非健康性あるいは要介護かどうかという区別が非常に重要である。そして高齢者がどこに住んでいるか、それは都市部なのか町村部なのかという区分も現実的には大きな意味がある。なぜなら、居住コミュニティの規模に応じて、夕食宅配などの行政サービスの種類や量が異なるからである。

大都市に住んでいれば、行政サービス以外にも医療、看護、介護に関する民間のサービス資源が潤沢にあるが、過疎地域ではそうはいかない。したがって、高齢者研究の際には、年齢（エイジ）による三つの区分、性別（ジェンダー）による二つの区分、健康（ヘルス）かどうかという二つの区分、そして都市部か町村部（コミュニティ）のいずれに住んでいるかという二つの区分が必要になる。それら最低限四種類の集合でデータを分析しないと、高齢者の「生活の質」についての専門的な議論は難しくなる（金子、二〇一三：二〇一四b）。

学問とはきちんとした方法論に基づき、より細かくデータを収集しながら具体的に調べて、複雑な諸現象の中から一定の傾向を発見する試みである。そういう作業の繰り返しなので、集合論を使った類型化がどうしても必要になる。

高齢者の分類方法については、まだほかにも考えられる。一五年後にはおそらく学歴による社会参加効果も出るはずである。その頃は高卒のあるいは大卒の高齢者男女が自然に増えてくるから、二〇歳以上の市民意識調査で応用するような学歴の効果、たとえば大学を出た高齢者とそうではない高齢者間には社会参加の量と質に違いがあるというような発見がいずれ得られるはずである。

4　バーズアイ・ビューの重要性を理解する

大局的な視点から

単一の領域を狭く深く掘り下げる worm's-eye view を行い、同時に大局的な立場から概観する bird's-eye view は、ミクロな視点とマクロな視点の両方を心がけた社会学の研究ではともに不可欠である。狭く深くとは理論的な専門化なのであるが、社会学者なら社会学にこだわりながら医学領域や心理学領域、経済学の知識を少しでも動員して、新しい分野のテーマを設定する力をもったほうが、これからは生産性が増すと考えられる。

かなり以前だが、経済史学の大塚久雄はそのことを理論的非専門化（theoretical non-professionalization）と表現し、近代経済学の森嶋通夫は social science fiction を強調した。私たちが研究しているのは単なる science fiction ではなく、social science fiction という理解のなかにあって、初めて学問は正しく理解できるという立場である。

たとえばハーバーマスは、ウェーバーの流れを引く人物としてあるいはルーマンの論敵としても著名である。ハーバーマスは多面的な研究者である一方で、「公共性」という問題を深く考えた人であり、その成果は大著『コミュニケーション的行為の理論』にまとまっている。ハーバーマスのコミュニケーション論は純粋に理論であるが、これを高齢社会論に転用しようと試みる研究者がいる（Moody, 1988）。それは理論のもついろいろな試みの中の一つとして存在し、ハーバーマス理論を社会老年学に応用する結果をもたらす。モディは、ハーバーマスのコミュニケーション論を高齢者の実証的な研究に使おうという理論志向をもつ一人であった。

こういう骨太な理論社会学を特定の現象に適用する試みは、残念ながら日本人研究者によってはなされなかった。ひたすらハーバーマスの著作の解説に終始し、それを一生の仕事にする研究者が大半である。これはウェーバーでもブルデューでも同じである。日本人解説者の多くは、有名な外国人研究者の理論枠組みを使って日本高齢者の調査データに応用してこなかった。[6]

コミュニケーティブな能力の荒廃

私たちの常識では、歳をとると孤独になる、歳をとると社会関係のなかから孤立するという日常感覚が強い。たしかに配偶者が亡くなったり、子どもと別居せざるを得ないという客観的な状況があるから、高齢者が社会的に孤立をして、その延長線上に孤独が待っているという高齢者生活パラダイムが創られがちであることは否めなかった。

しかし日本の都市でそれを一般化できるのか。私は一〇年にわたって具体的に検証し、必ずしもそうではないということを証明したことがある（金子、一九九三）。歳をとったら必ず孤独になるわけではなく、むしろ一人暮らしのほうがコミュニティとの関わりが多いことがある。そういう研究をするなかで、ハーバーマスのコミュニケーション論を読むと、単に「老いと孤独」ではなく、「高齢期というのは生活世界のコミュニケーティブな能力の荒廃である」と捉えて、ハーバーマスの言葉を使うことによって、いわば従来の認識を飛躍させることができた。単なる「孤立」や「孤独」という認知を超えて、「コミュニケーティブな能力の荒廃である」という認知に深めていけば、一定の理論化が可能になる。

「生活世界」概念はハーバーマス独自のものであり、単純化すれば「日常生活が営まれている時空間」つまり「毎日のルーティンの諸々」を指し、いわば「日常生活」とほぼ同義であると解釈できる。そしてミルズがいうように、概念をめぐる穿鑿的議論は生産的ではないので、私は高齢者調査データの分析の際に主要概念をめぐる細かな穿鑿を避けて、「生活世界」や「生活の質」を活用してきた。

具体的には、日常生活の中で高齢者のコミュニケーティブな能力が徐々に落ちてくるという問題がある。これには二つあり、一つは本人の表現手段・言語手段が落ちてくる。もう一つは言葉が不自由になってきて、総体的に物忘れを含めて「自分の」表現能力が低下する。それと並行して、コミュニケーションの相手に乏しくなる。具体的にいえば、日常的な話し相手が病気で入院する、亡くなる、遠くに引っ越しするなどで、高齢者本人のコミュニケーション能力はあるのに、それを発揮する場所や相手を失ってしまう。

もちろんコミュニケーティブな能力が荒廃するというのは、何も高齢期に特有なことではなく、時代にも左右されるし、本人の性格によることも多い。ハーバーマスのコミュニケーション論を読み、調査した高齢者が置かれた時代を考えてみると、高齢者の生活世界つまり日常生活におけるコミュニケーション能力の荒廃は、世俗化に伴う高齢者への尊敬の念が薄れたことと関連している。

高度経済成長期では各方面でイノベーションが繰り返されたために、伝統的な知識、知恵、技術を保持している高齢者の出番が乏しくなったことにより、周囲から無視されることが増えて、次第に高齢者のコミュニケーション能力の荒廃が進行したと考えられる(7)。

では、高度成長期以降の変化とは何か。まず高齢者を取り巻く環境の物質的な条件が変わった。たとえば月収や年収の水準が上がり、年金制度や医療保険制度も充実してきた。反面で、時代の変化と並行しながら進んだ小家族化と親族との交流低下で、高齢者本人のコミュニケーション的な能力が徐々に落ち込んできた。象徴的には、長寿化により身体と精神の両面にわたる健康度が低下したと見られる。

こうして他人の手を必要とする身体状態に至れば、介護保険を筆頭にした要介護高齢者を支える制度は二〇〇〇年四月から完備しているから、たとえば車椅子や移動入浴車などの手段によってある程度は支えられるようになった。たとえ自分で夕食が準備できなくとも、ほぼ三万人以上の人口の自治体であれば、夕食の宅配サービスという福祉制度によって代替できる。もちろんホームヘルパーをはじめとする支えあいに従事する人々が周囲に存在していることが、社会的支援を厚くする。

産業型社会の成果である福祉制度

福祉制度そのものは、産業化による物質的条件と政治的条件が改善された成果である。スペンサー的には「産業型社会」の到達点の象徴であり、反面教師としての「軍事型社会」を想定すれば、その特徴が鮮明になるであろう。

日本では、太平洋戦争が終わった一九四五年までの「軍事型社会」が消滅したあと、国際情勢の変化によって官民一体で「産業型社会」を追求した結果、六〇年辺りからの高度成長によって物質的条件と政治的条件がうまくプラスに作用したので、今日ではかなりな福祉社会の水準に達している[8]。

ただし、その水準は北欧と比較すれば見劣りすると批判されることが多い。しかし、これは一般消費税率や国民負担率の違いが考慮されていないので、そのままは受け取れない。なぜなら、二〇世紀末までの「比較」は、人口数で二〇倍、消費税率が五分の一、国民負担率が半分、婚外子率が三五分の一である日本社会の特徴を、スウェーデンやデンマークやフィンランドなどの同じ項目とは照合できないからである（金子、二〇一三：二三九）。

さて、若者と比較すると高齢者に顕著な生理的な劣性でも、介護保険や類似の福祉行政サービスに含まれた諸政策によって支援していくことができる。これは万国共通の政策である。ところが、生理的な劣性に対応する精神的な聖性の低下は、世俗化が進む現代社会ではカバーできていない。加齢に伴う記憶力や判断力の落ちこみは仕方がないが、それ以前に高齢者の判断力を軽視する風潮が社会的に強くなっているからである。

そうするとますます高齢者のコミュニケーション的な能力が荒廃する。人間は誰しも社会システムとの接点に家族に関する固定役割を持ち、地域社会においては流動役割、職場では循環役割があるのに、それらが加齢とともに剥奪され縮小させられるのが高齢社会である。社会システムは地位と役割を持つ人間が張り付き、そのシステムに地位と役割を通して人間は関わっている（金子、一九九三：二〇一四b）。

それが高齢者になると、自分の持っている役割のいくつかが周囲に奪われていく傾向が顕著になる。

定年制はその象徴的な制度であって、若者との世代間の連続性からすると、定年制そのものは仕方がない。一応の基準年齢を作って、その該当者を社会的役割から退場してもらわないと、次の世代がそこに参入できないから、人類の知恵としてほとんどの国で定年制度を創ったのである。

ただし社会政策として何もしなければ、高齢者の役割剥奪・縮小は進む。そのまま放置するか、高齢者を支えるかは社会システム全体の課題になるが、後者であれば高齢者が失った役割をどこでどのように回復するのかという問いになる。その際、高齢者が持つコミュニケーティブな能力は現役時代と同じく維持されているかどうか。それが喪失しているのならば、新しい役割の提供が困難になる。

社会的ジレンマという認識から

二一世紀の日本で高齢者政策にとっての根本問題は、生活の質（ＱＯＬ）を基盤とした新しい要求をめぐるいくつかの社会的ジレンマを認識し、その解消への努力であろう(9)。社会的ジレンマとは、右を立てれば左が立たない、つまり両立できない状態を意味する。定義上社会的ジレンマの「最適解」は困難だが、「次善解」を見つける努力は欠かせない。

たとえば、介護保険は親が健在でも亡くなっていても、ともかく四〇歳の国民は保険料として毎月三〇〇〇円程度支払うことになっている。六五歳を過ぎて一定限度以上の収入があれば、その支払いは毎月一万二五〇〇円に急増する。これにはある程度持続的な経済成長が条件になる。失業率が増大して、マイナス成長では保険料支払いも苦しくなるからである。年齢引き下げは考慮の余地が大きいが、たとえば三〇歳からならば、その半分を少子化対策に、残りの半分は介護保険を含む高齢化対策に限定するなど今後を見据えた工夫の余地もある(10)。

経済成長が進むと、個人は仕事に満足できても、時間的には忙しくなり、自由時間はますます減少する。収入は増えるが、与えられた膨大な仕事が単調であれば、逆に不満がつのる。だから老若男女それぞれの立場に応じて、条件付きで自分なりの答えを導き出すしかない。多くの日本人は医療保険制度や介護保険制度を活用して、充実した高齢期の生活を望んでいるが、反面もし延命が高齢者のＱＯＬを喪失させるのであれば、長生きしようとは考えていない。とりわけ肺がんの特効薬である「オプジーボ」という一つの薬剤が国家財政を破壊するという危惧が生まれ、誰でもが公平に医療保険や高額医療制度の恩恵にあずかれないという事態が予測できるからである。

こういういくつかのジレンマの中での研究とは、取り上げた社会的事実について worm's-eye view として自分の判断を積み重ねていくしかない。合わせて、多方面から見るために bird's-eye view も駆使して、少子化、長寿化、高齢社会、脱工業社会、環境問題、地方創生などを組み合わせながら社会システム創新を考えるしかないであろう。

注

（1）　高齢社会の課題の一つである長寿化は平均寿命の上昇をもたらすが、医学的要因とともに社会的要因を探ることは社会学者の使命の一つである。金子（二〇一七ａ）では男女ともに日本一の長寿県での研究成果を要約した。

（2）　高齢化の調査と少子化の調査は同時にはできないから、三〇歳代から四〇歳代の半ばまでは高齢化の研究を優先した。その後、定年までは少子化と児童虐待の研究を行った。「少子化する高齢社会」はそのような営みのなかで獲得した概念である。

（3）　ここにも「個人と社会」がかかえる葛藤がある。個人の都合を優先すれば、肺がんの治療ができ、三割程度は完治するという臨床結果があるのだから、患者や本人だけではなく、家族もまた使いたがる。しかし、高額療養制度により一人当たり年間三五〇〇万円費やせば、たちまち医療保険制度は崩壊する。だから年齢による使用制限を里美は講演で繰り返してきたが、財務省での講演の際に「年齢で区切ったりしたら政権が倒れる」（里見、二〇一六：二〇八）という意見が出たことを紹介している。私も「子育て基金」制度を提唱する講演会や委員会で、「それでは選挙に勝てない」「いくつ内閣があっても足りない」と言われたことがある。

（4）この区別は金子（一九九三）から開始した。

（5）富永はその「近代化論」の最終段階に「高齢化」を位置づけ、「高齢者問題にとって、高齢者と地域社会との結びつき」を不可欠のテーマとした（富永、一九九六：四八六）。

（6）この傾向は高齢化研究だけに見られるのではない。

（7）この辺りの議論は、マクロ社会学とミクロ社会学の両方の方法に基づいて行っている。

（8）これを清水幾太郎は福祉の「無料デパート」と表現した（清水、一九九三：三五六）。

（9）すでに紹介したオプジーボ問題は高齢者医療面での社会的ジレンマの象徴である。

（10）「子ども保険」を主張した赤川学の二作品（二〇〇四『子どもが減って何が悪いか！』：二〇一七『これが答えだ！少子化問題』）、カウフマンの翻訳書、小泉進次郎議員らの「子ども保険」らが類似の立場を示している。

本章の論点

1、家族が高齢者に果たす役割を挙げてみよう。

2、高齢者の役割縮小過程からの回復を考えるために、どのような役割が有効かを調べてみよう。

3、bird's-eye view を具体的に挙げてみよう。

第8章　忘れてはいけない児童虐待と自殺

1　増大する児童虐待

児童虐待防止へ本気で取り組みたい

二〇〇〇年に制定された「児童虐待の防止等に関する法律（以下「児童虐待防止法」という）の施行から一八年が経過した。この間、児童福祉法と合わせて四回の大きな改正が行われ、二〇一二年四月には「民法等の一部を改正する法律」が施行された。この法律に基づき、児童虐待については発生予防、早期発見・早期の適切な対応、虐待を受けた子どもの保護・自立に向けた支援など、今日まで切れ目のない支援が行われてきたことになっている。

しかし、政府はどこまで本気なのか分からない。なぜなら『平成二六年版　少子化社会対策白書』や『平成二六年版　厚生労働白書』ではともに児童虐待問題も取り上げられてはいるが、白書は違っていても、次のようなまったく同じ内容が記されていたからである。「児童虐待は、子どもの心身の発達及び人格の形成に重大な影響を与えるため、児童虐待の防止に向け、①虐待の『発生予防』から、②虐待の『早期発見・早期対応』、③虐待を受けた子どもの『保護・自立の支援』に至るまでの切れ目のない総合的な支援体制を整備、充実していく」（内閣府編、二〇一四：一〇一：厚生労働省編、二〇一四：二六七）。

この悪習は二〇一六年と二〇一七年でも踏襲されている。すなわち、児童虐待への対応については、二〇〇〇（平成一二）年一一月に施行された「児童虐待の防止等に関する法律」（平成一二年法律第八二号、以下「児童虐待防止法」という）及び、「児童福祉法」（昭和二二年法律第一六四号）の累次の改正や民法等の一部を改正する法律（平成二三年法律第六一号）による親権の停止制度の新設等により、制度的な充実が図られてきた。この間、全国の児童相談所における児童虐待に関する相談対応件数は一貫して増加し、二〇一五年度には児童虐待防止法制定直前の約九倍に近い、一〇万三二八六件となっている。そして「子供の生命が奪われるなど重大な児童虐待事件も後を絶たず、児童虐待の防止は社会全体で取り組むべき重要な課題である」は三白書ともに同文であった（内閣府編、二〇一六：一二七：内閣府編、二〇一七b：一六三：厚生労働省編、二〇一六：二五四）。

官庁ごとに立場の相違があり、活用できる社会資源が異なるはずなのに、このように同じ文章が、二〇一六年発行の『厚生労働白書』と『少子化社会対策白書』にも、しかも二〇一七年の『少子化社会対策白書』にも同じ文章が掲載されることには大きな違和感が伴い、政府の本気度が疑われる。

児童虐待相談の増加　大きな違和感を持つのは、児童相談所及び市町村における児童虐待に関する相談対応件数は増加し続けるとともに、虐待による死亡事例は後を絶たない状況にあるからである（図8-1）。統計が整備された一九九九年から、着実に児童虐待の相談件数は増大してきた。なお、速報値によれば、二〇一六年では一二万二五七八件にまで急増した。

児童虐待は大都市に多く発生する。その原因は小家族化に伴う家族力の低下、地域における隣人への無関心の増大、個人重視による人間の粉末化現象などの相乗作用などにあり、これらが大都市で顕著に

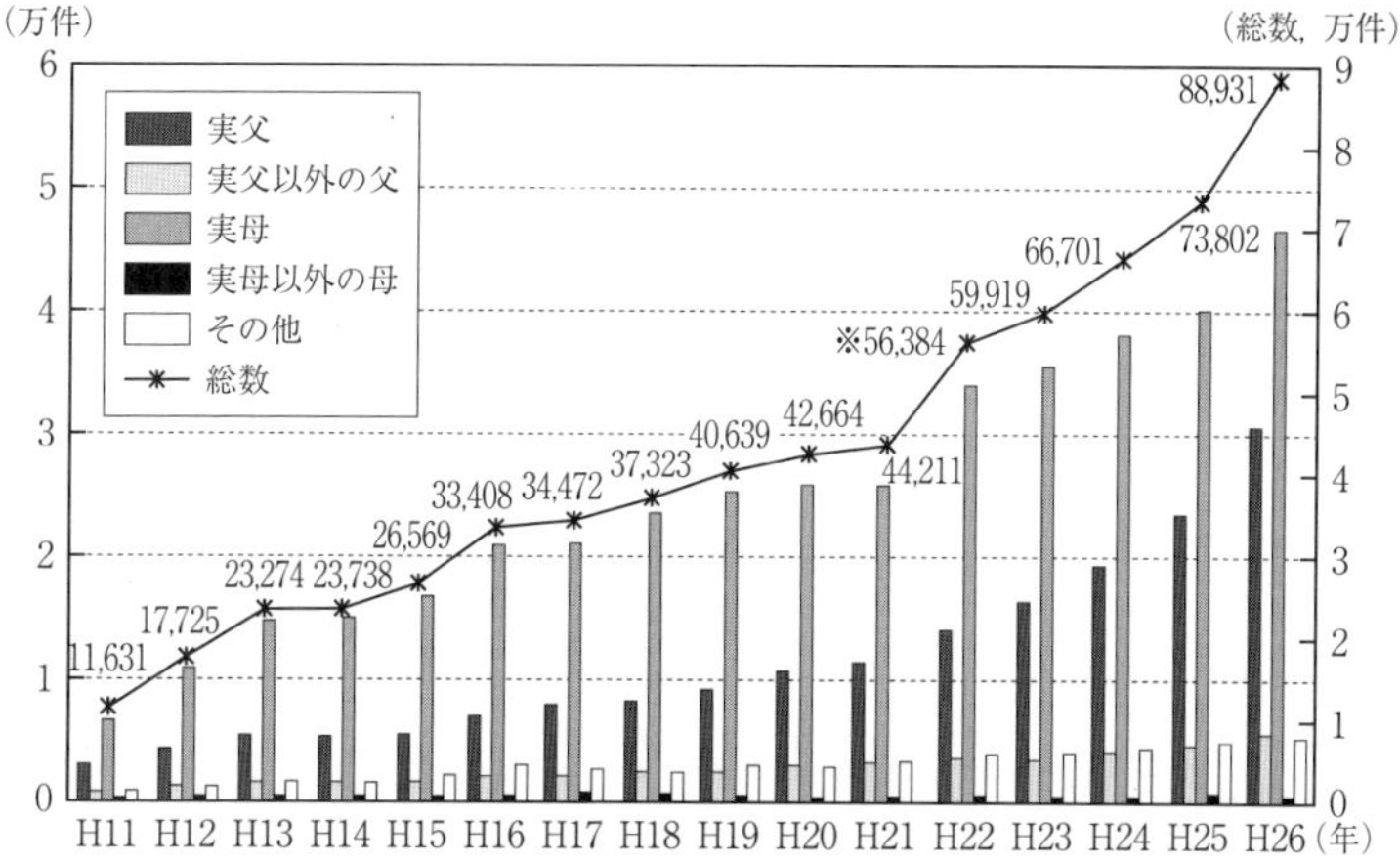

図８－１　児童虐待に関する相談対応件数

（資料）厚生労働省資料。
（注）2010年度は東日本大震災の影響により，福島県を除いて集計した数値。
（出典）内閣府編（2016：129）。

認められるからである。児童虐待という社会問題の原因の一般化は困難であるため、かつて青少年の非行に関してアロンが指摘したように、「世代間の関係、若者の家庭や社会に対する態度、青年の自律的な組織化、加えてある社会環境内における家族の解体」（アロン、一九六八＝一九六八：二八九）などの総合的検討しか残されていない。

ただし個別的に見れば、警察と厚生労働省の合議による家庭内ＤＶを心理的虐待に含めることで急増した心理的虐待の評価の仕方が難しくなった。ネグレクト率の高低、父親の加害者率の高低、虐待通告がアソシエーション型ルートに特化した場合と、コミュニティ型ルートも共存する都市の存在も普遍的に確認された（金子、二〇一六b）。細やかな事例を積み上げて、児童虐待追跡調査を軸とするデータ収集と分析によって、都市の特性に応じて汎用性に富む虐待予防の方策を工夫するしかない時代になった。

もとよりこの児童虐待問題は社会学だけの視野には収まらないが、少子社会論のなかでも児童虐待を位置づけておくことの意味はある。なぜなら、「虐待が発生している家庭内における家族の行動パターンは、社会の行動パターンの鏡像だ」（マーンフィ、一九七七＝二〇〇三：九六二）からである。子どもにとって犯罪であり、社会的に見ても大きなリスクでもある児童虐待に学問として正対するには、何をどうすればよいか。被虐待児童にはもちろん加害者にも会えない状況で、臨床社会学を含む実証研究はどうすれば成果を上げられるか。ここにも今後の社会学の課題がある。

子どもの虐待死は年間一〇〇人前後

政府でも、子ども虐待による死亡事例等については、事例を分析・検証し、明らかとなった問題点・課題から具体的な対応策の提言を行うことを目的として、二〇〇四年一〇月に社会保障審議会児童部会の下に「児童虐待等要保護事例の検証に関する専門委員会」（以下「本委員会」という）が設置され、これまで一三次にわたって虐待に関する死亡事例について分析・検証・公表を行っている。そして、自治体で行われた検証についても分析し、具体的な改善策を提言している。

また、二〇一六年六月三日に児童福祉法等の一部を改正する法律が成立し、公布されている。その改正法では「児童福祉法の理念の明確化等」「児童虐待の発生予防」「児童虐待発生時の迅速・的確な対応」「被虐待児童への自立支援」が主な改正内容として明記された。

このように、「社会保障審議会児童部会児童虐待等要保護事例の検証に関する専門委員会」では、単年度でも一〇年間の傾向についても虐待事例に即して、その基本的な動向を発表してきた。二〇〇三年から二〇一五年までの「子ども虐待による死亡事例等の検証結果等」についてまとめている。それを再集計して、過去一三年間の親子心中と心中以外の虐待死の動向を図8‐2に掲載した。

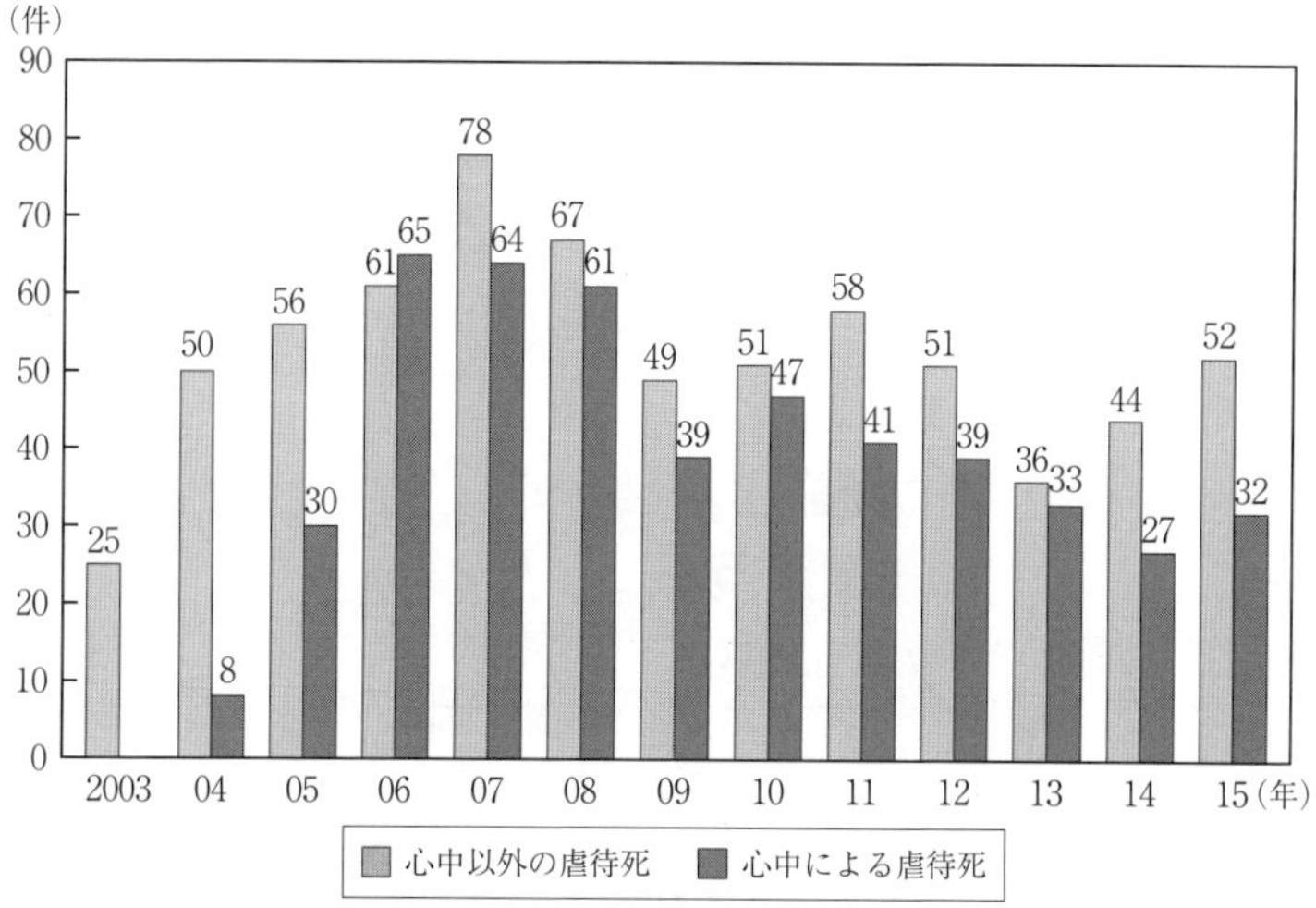

図８－２　13年間の児童虐待死数

（出典）社会保障審議会児童部会児童虐待等要保護事例の検証に関する専門委員会，2017，『子ども虐待による死亡事例等の検証結果等について　第一三次報告』（2017年８月）同委員会。

家庭内DVを心理的虐待に含める通達　過去一三年間はこのような推移であったが、二〇一三年に新たに子どものいる家庭内でのDVをすべて心理的虐待に含めるように、警察庁が各都道府県や市町村の児童相談所、警視庁、県警本部などに通達した。これにより、それまでの趨勢が一変して、時系列データがまったく使えなくなった。

具体的に通達文を見ると、「被害児童を早期に発見・救出するためには、虐待が疑われる現場への臨場時、非行少年等の補導時、被害少年・家出少年・迷子の保護時、児童が同居する家庭における配偶者からの暴力事案の認知時等を始め、各種の警察活動の場面において、入手した情報が児童虐待につながり得るものであることを敏感に察知して、迅速に対処する必要がある」となっている。

この根拠には、警察庁生活安全局少年課

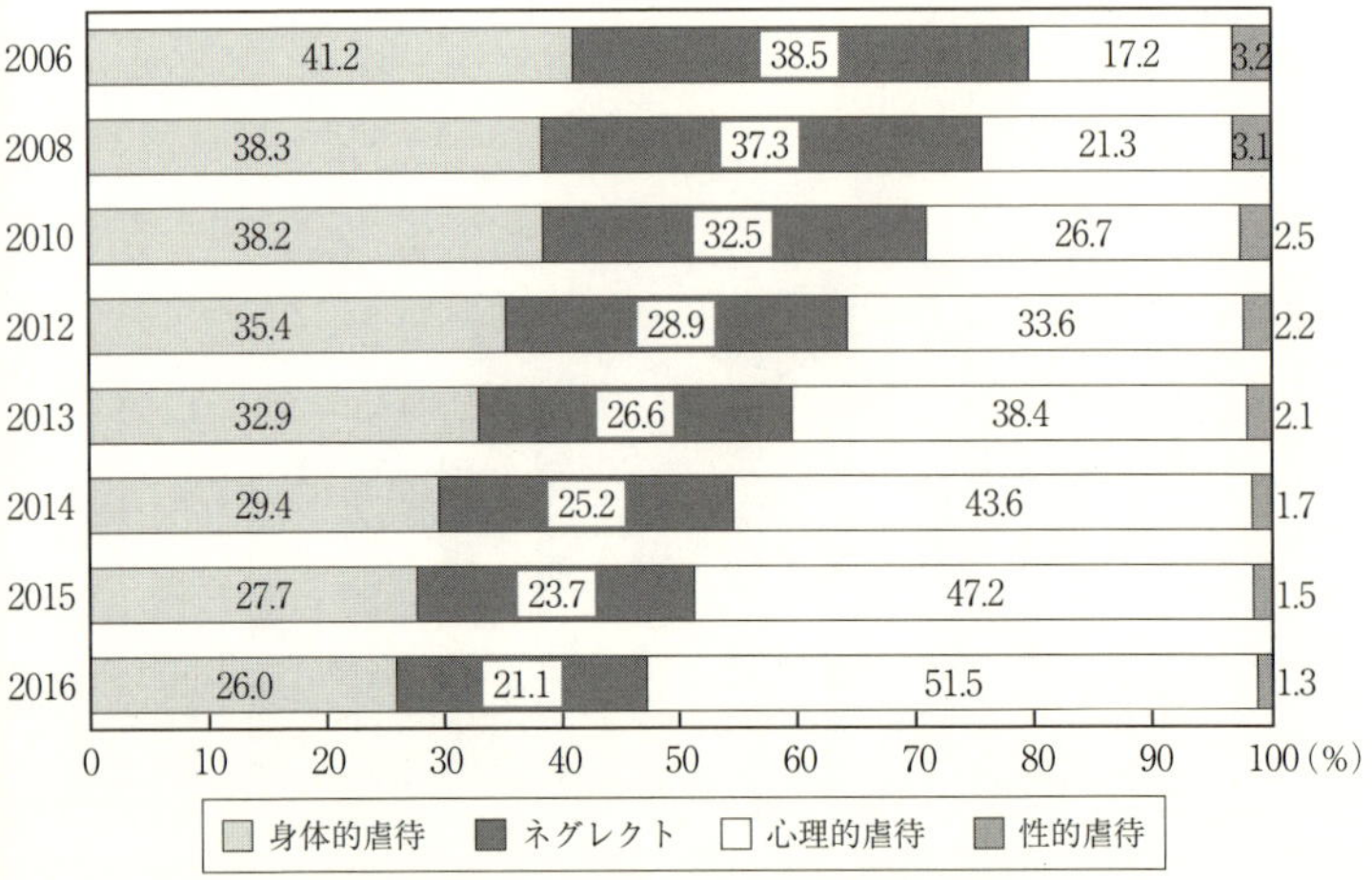

図 8－3　10年間の全国児童虐待内訳の推移

（注）2013年以降は家庭内 DV を含む。
（出典）厚生労働省ホームページ。

長・生活安全企画課長・地域課長・刑事局刑事企画課長・捜査第一課長の連名で、警視庁生活安全部長・地域部長・刑事部長・都道府県警察本部長あてに出された「児童虐待への対応における取組の強化について」(通達) が用いられている。

とくに「児童が同居する家庭における配偶者からの暴力事案の認知」がいわゆる家庭内DVを意味して、それをすべて「心理的虐待」に算入するという変更がなされたのである。警察が児童虐待死の問題に熱心に取り組むことは当然ではあるが、児童がいる家庭内DVをすべて数え上げて「心理的虐待」に含めると、それだけが著しく肥大して、身体的虐待による児童の死亡などの危険性の認識が弱まりはしないかという危惧を持つ。

図8－3はこの一〇年間の児童虐待割合の推移であるが、二〇一四年以降の「心理的虐待」の激増が顕著である。一六年に至っては心理的虐待が半数を超えた。しかしこの心理的虐待の増加が、

むしろ児童虐待死の現状を隠す逆機能を果たすのではないかという恐れを私は抱いている(1)。

ヨコの関係、タテの関係

確かに家庭内ＤＶそのものも深刻な家族問題の一つであり、暴力や傷害事件にもなりうることはもちろん承知しているが、家庭内ＤＶは基本的に夫婦間の「ヨコの関係」から発生する。しかし、これまで取り上げてきた児童虐待問題は、親と子どもという「タテの関係」から導き出されたものである。実際のところ、子どもの面前で繰り広げられる両親のＤＶが、子どもの心理面に悪影響を及ぼし、子ども心の奥深くに傷を残すこともよく分かる。

にもかかわらず、私は子どもがいる家庭内ＤＶのすべてを「心理的虐待」に数えることには反対である。この大きな理由は家庭内ＤＶを含めたために心理的虐待が半数以上を超えてしまった結果、児童虐待死を直接引き起こす「身体的虐待」と「ネグレクト」が見えにくくなったからである。多くの場合、虐待死を引き起こすのは「身体的虐待」であるのに、統計的にはこれが少なく感じられるために、国民だけではなく児童相談所や警察までも身体的虐待に注意が届かなくなるのではないか。

ＤＶによる「意図せざる効果」

社会学ではこれを「意図せざる効果」と呼んで、その原因を追究する。警察の意図は家庭内ＤＶも含めて、全国的に児童虐待相談が増えてきたことへのキャンペーンにあったかもしれないが、実質的には「児童虐待死」への国民的関心を薄れさせる「意図せざる効果」を発揮していると私は考える。

疑念のもう一つは、かりに子どもが三人いると、一回の夫婦間のＤＶが心理的虐待三件に数えられてしまうという統計の手法への疑問である。さらに、たとえ子どもが眠っている深夜のＤＶでも、やはり子どもの数だけの心理的虐待の件数に含まれてしまうことにも納得できないところがある。これらについてはすでに疑問を表明してきたが、どこからも回答は得られていない（金子、二〇一六b：二二八〜二二九）。ただし児童相談所の担当者は同じ思いを共有しているようである[2]。

一〇〇人の児童虐待死は身体的虐待とネグレクトによる

私は、少子化の中でせっかく誕生したにもかかわらず、実の親に虐待される子どもが都市部を中心に増加して、毎年一〇〇人前後が命を落とす現実があることに社会学でも対応したいと願っている。そのため、家庭内ＤＶは児童相談所ではなく、ＤＶ専用の一時的避難シェルターだけではなく、専門的な相談機関をつくるしかない。

児童虐待死の原因は身体的虐待かネグレクトであるが、その背景には家庭の貧困、加害者の病気、家庭内不和、無縁社会などが指摘されている。これらの諸問題を現在の児童相談所がすべて引き受けるには、人員面でも専門性でも無理がある。

二〇一三年までの札幌市では六割以上がネグレクトであったが、警察庁からの通達を受け入れた結果、札幌市児童相談所における二〇一五年度の児童虐待認定は一四八〇件であり、二〇一四年度（一一五九件）から三二一件増で二七．七％増加したが、内訳をみると、心理的虐待（九二四件）のうち、警察によるＤＶ通告に伴う心理的虐待が六四八件であり、実に七〇・一％を占めたことになる。

警察庁の通達がなかった二〇一二年度までの札幌の児童虐待は図８‐４のように他都市に比べて、「ネグレクト」の比率が七〇％に近づいた状態にあった。そして、心理的虐待は身体的虐待よりも少なかったのである。

しかし、警察庁からの通達後の二〇一四年では、札幌市児童相談所も児童がいる家庭内でのＤＶをすべて心理的虐待に算入したために、札幌の児童虐待の様相は激変した（図８‐５）。すなわち、二〇一四

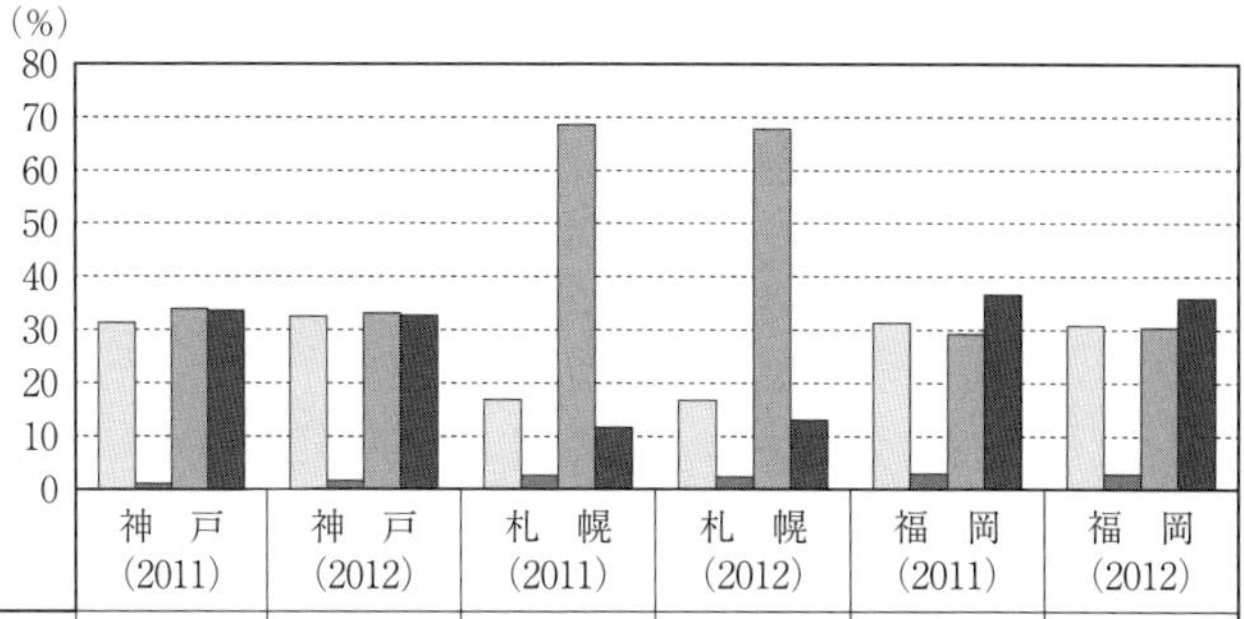

	神　戸（2011）	神　戸（2012）	札　幌（2011）	札　幌（2012）	福　岡（2011）	福　岡（2012）
身体的虐待	31.3	32.5	16.9	16.8	31.3	30.8
性的虐待	1.1	1.7	2.7	2.3	2.9	2.8
ネグレクト	33.9	33.1	68.6	67.8	29.2	30.4
心理的虐待	33.6	32.7	11.7	13.1	36.6	35.9

図８-４　児童虐待の内訳の３都市比較

（注）数字は％。ただし，四捨五入しているので，合計が100％にならない場合がある。
（出典）金子（2016b：193）。

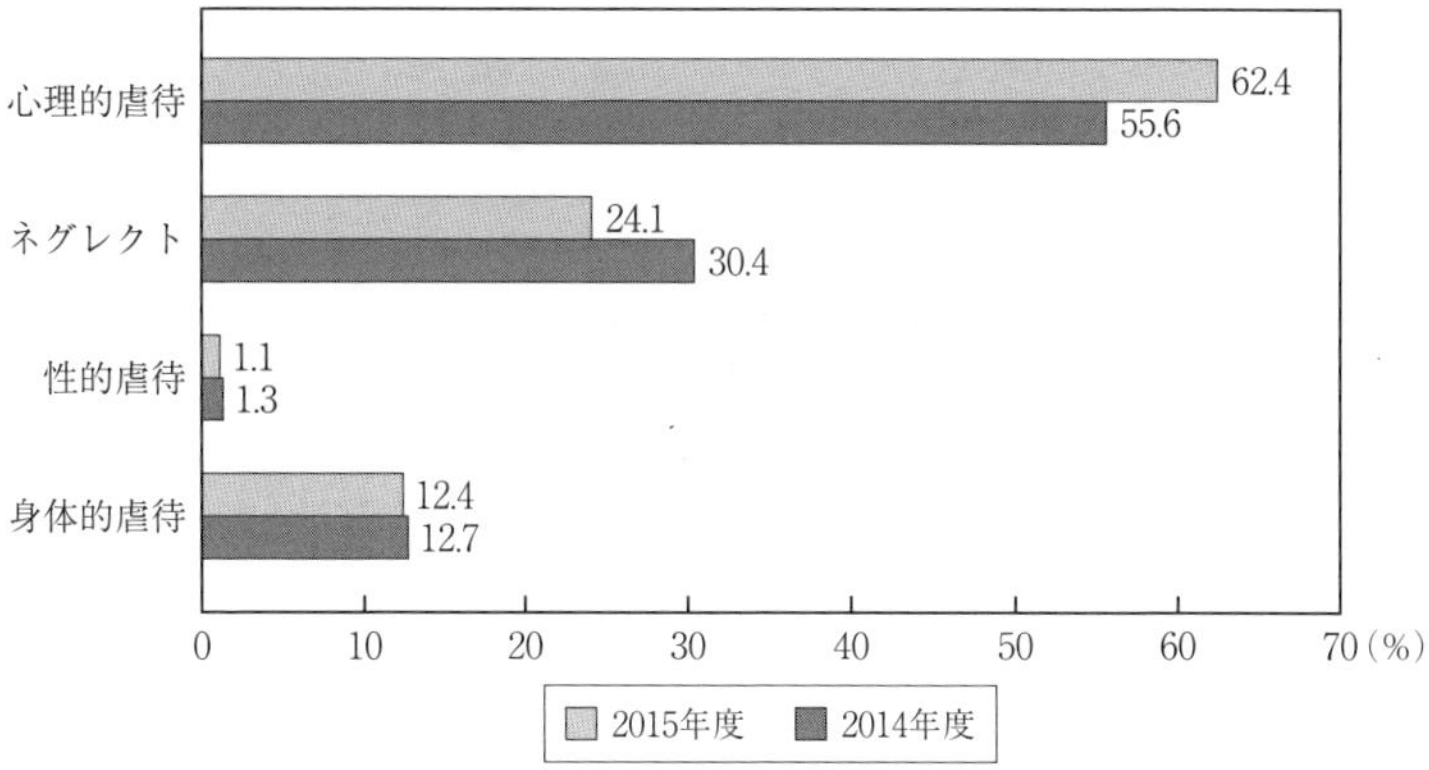

図８-５　警察庁からの通達後の札幌市の児童虐待内訳

（出典）札幌市児童相談所提供資料。

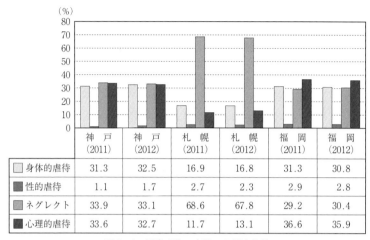

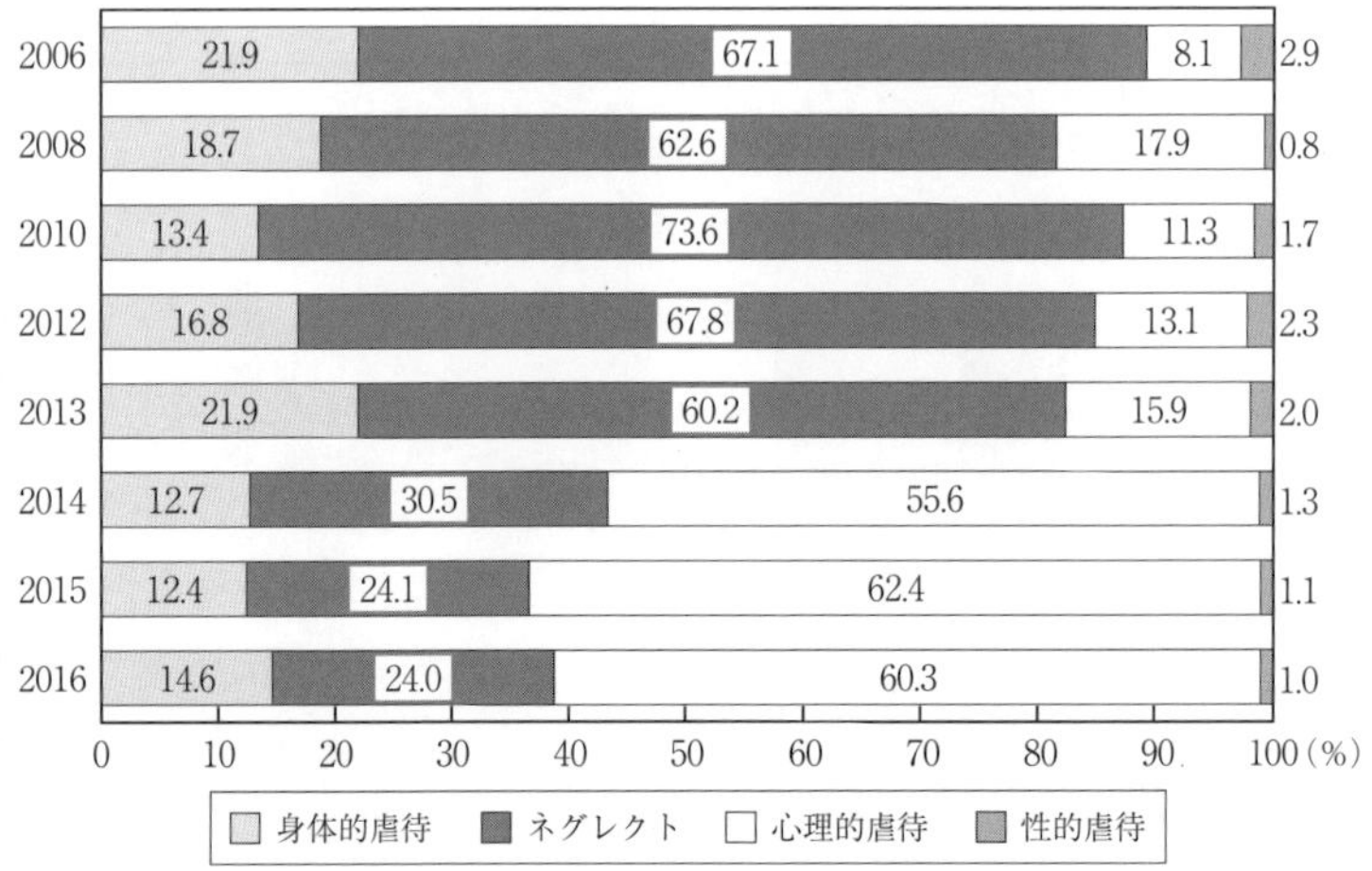

図8－6　札幌市の児童虐待内訳の推移

（出典）図8－5と同じ。

年の心理的虐待が全体のうち五五・六％にまで増加して、二〇一五年ではさらに六二・四％にもなったのである。そのために、一〇年以上にわたるデータの蓄積がまったく活かされなくなった。児童虐待は四種類ともすべて深刻な影響を幼児、児童、生徒に与えるのは事実だが、虐待死という最悪の結果をもたらすのは多くの場合は身体的虐待である。

時系列の統計が活かせない

かつての札幌では他都市と比べても、ネグレクトが多いぶんだけ身体的虐待の比率は少なかった（図8－6）。それが、警察庁の通達後の二〇一四年と二〇一五年では劇的に低くなった。これは児童がいる家庭のＤＶすべてが児童数だけの心理的虐待として処理されたからである。たとえば、六歳と四歳と二歳の子どもがいる家庭で一回の家庭内ＤＶが起きれば、それは三件の「心理的虐待」とされるのである。このような統計の取り方は、はたしてこれからの児童虐待の予防にとって有効なのか。

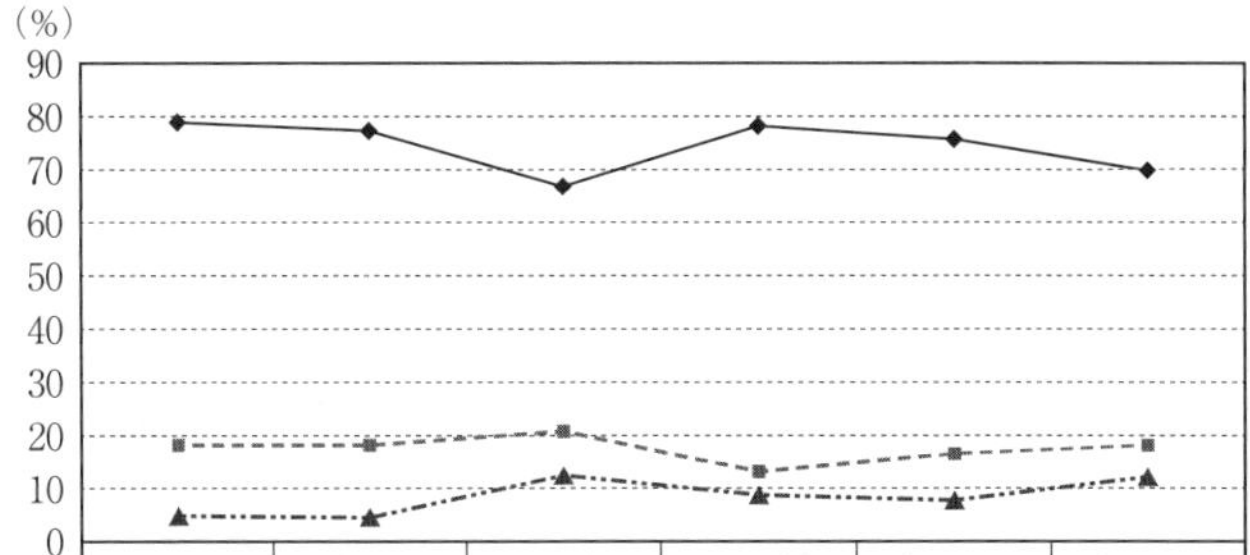

	神　戸 (2011)	神　戸 (2012)	札　幌 (2011)	札　幌 (2012)	福　岡 (2011)	福　岡 (2012)
―◆― 実　母	78.9	77.3	66.8	78.2	75.7	69.8
--■-- 実　父	18.2	18.2	20.8	13.1	16.5	18.1
···▲··· その他	4.8	4.5	12.4	8.7	7.7	12.1

図８－７　主たる児童虐待者の３都市比較

（注）数字は％。ただし，四捨五入しているので，合計が100％にならない場合がある。
（出典）図８－４と同じ。

さらにいえば、一歳までの幼児が「家庭における配偶者からの暴力事案の認知」が可能なのかどうか。また、児童が眠っている時のＤＶは心理的虐待に参入していいのかどうか。これらについて、しっかりした根拠が速やかに警察庁から提示されることが望ましいであろう。

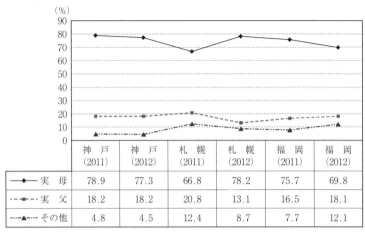

なぜなら、家庭内ＤＶを心理的虐待に算入した結果、児童虐待加害者の比率もまた、激変したからである。二〇一二年までの札幌市では、他都市と比較しても実母が六〇～八〇％と多く、児童虐待の予防はまずは母親の態度に焦点が置かれていた（図８－７）。これは妊娠が判明してからいわゆる周産期全般までも、児童虐待防止につなげる目的があったからである。

妊娠が分かれば「母子健康手帳」を受け取ってもらい、出産まで一四枚の無料診察券が使えるようになる。これが果たす役割は大きい。妊産婦の身体的精神的な診察がきちんとできることで、お腹の子ど

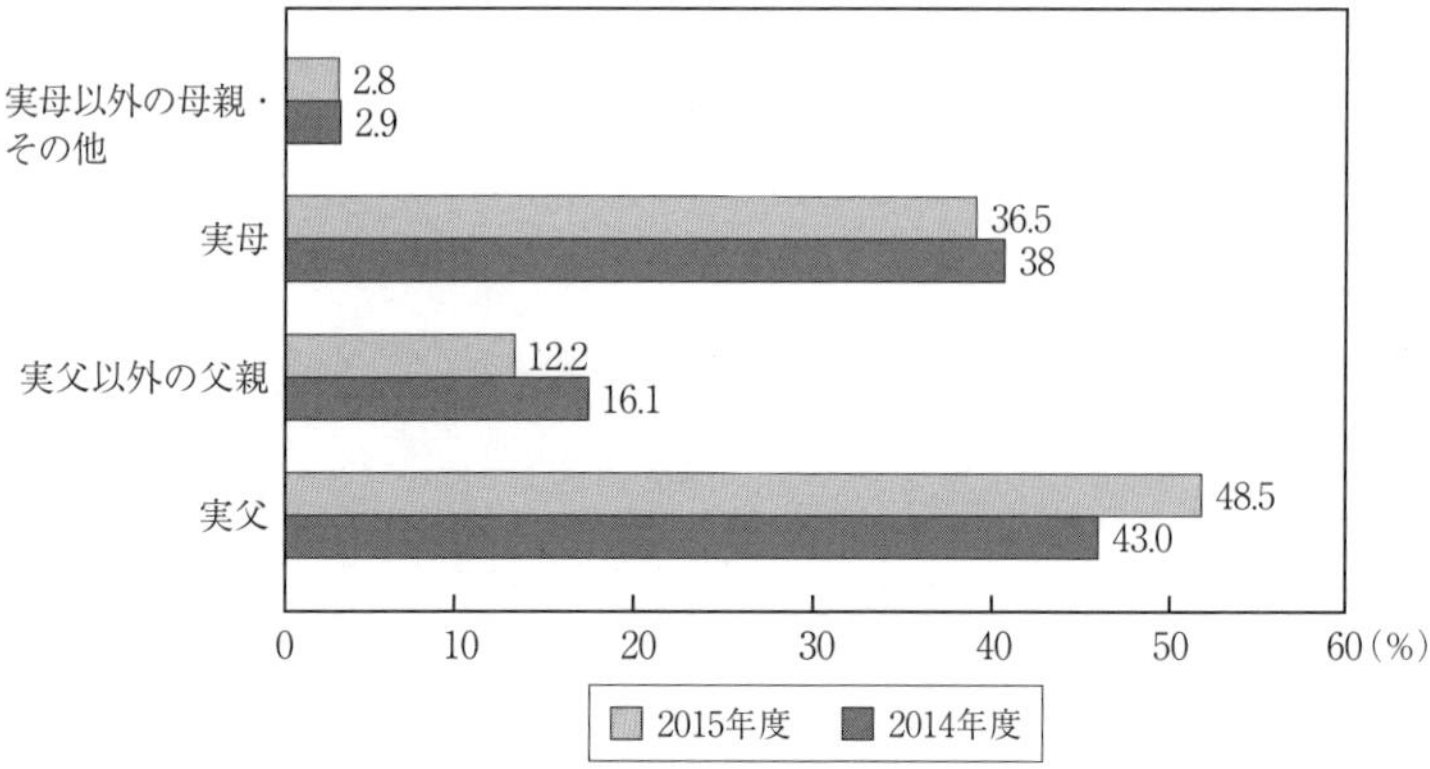

図8－8　札幌市の児童虐待加害者

（出典）図8－5と同じ。

もへの危険度が低下する。医師の指導助言が定期的に得られることも母子ともども健康への手助けになる。そのような意味で、実母への配慮が周囲からなされてきたのであるが、警察庁からの通達を受け入れた二〇一四年と二〇一五年では札幌市の虐待加害者の様相は一変した（図8－8）。

これによると、七〇％台だった実母の比率は三六・五％と三八・〇％にまで半減した。反面で、一〇％程度だった実父が四倍の四八・五％にまで急伸して、さらに実父以外の父親ですら一五％前後になったのである。合計すると、六〇％が父親になり、二〇一二年までとはまるで別世界のようになった。

警察庁は図8－9にみる統計的な変化についてどのように考えているのだろうか。ここまで過去の傾向とは無関係に父親の加害者比率が高くなった時、どうしたら児童虐待予防が可能になるか。このうちの大半が家庭内DVなのであるから、それを未然に防げるのか。法律では認められてはいるのだが、児童相談所の職員でも警察でも家庭内への強制的踏み込みは実際のところ難しい。

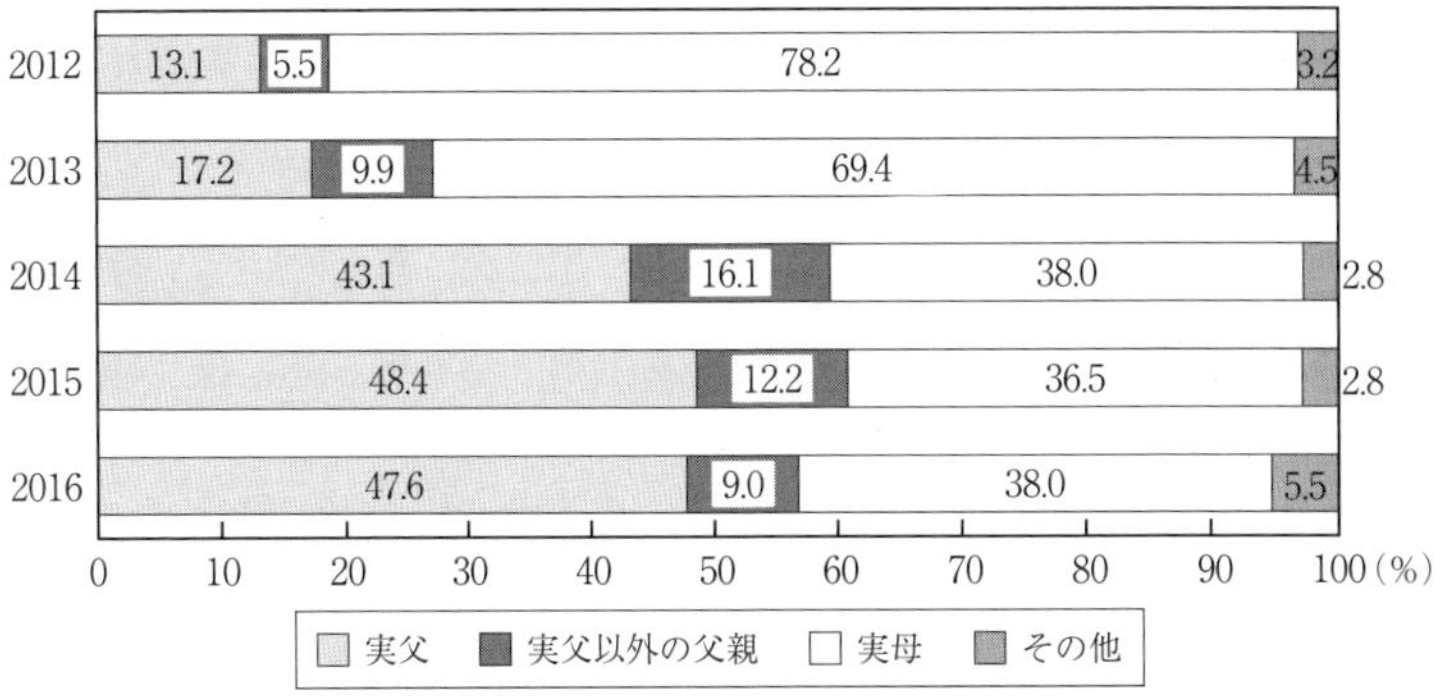

図８－９　札幌市の児童虐待者の推移

（出典）図８－５と同じ。

警察庁通達による潜在的逆機能

警察が家庭内ＤＶを心理的虐待に認定するという方針変更の結果、幼児と児童の生命危機に直結する身体的虐待とネグレクトが見えにくくなったという潜在的逆機能に早く気がついてほしい。家庭内ＤＶはそれ自身が解決課題なのであり、児童虐待の範疇には入れない方が、ＤＶの現状認識にも対応の検討にも有効になるであろう。

児童虐待の通告経路

それは児童虐待の通告経路の分析でも同じである。図８－10は二〇一二年までの札幌、神戸、福岡の児童虐待の通告経路比較であるが、「近隣・知人」というコミュニティ型ルートと「学校・警察」というアソシエーション型ルートが共存していた。そのため、今後に強化したい通告ルートにもこの両者がともに挙げられてきた。前者であれば、コミュニティづくり、ソーシャル・キャピタルの有効利用、地域集団参加による見守りも行われてきた「まちづくり」や「まちおこし」政策の強化が該当する。

しかし、図８－11にみる札幌のように、警察からの通告率が高くなると、市民への呼びかけが役に立たなくなる。なぜなら、警察の職務として児童虐待の予防は出来ないからである。すなわち、

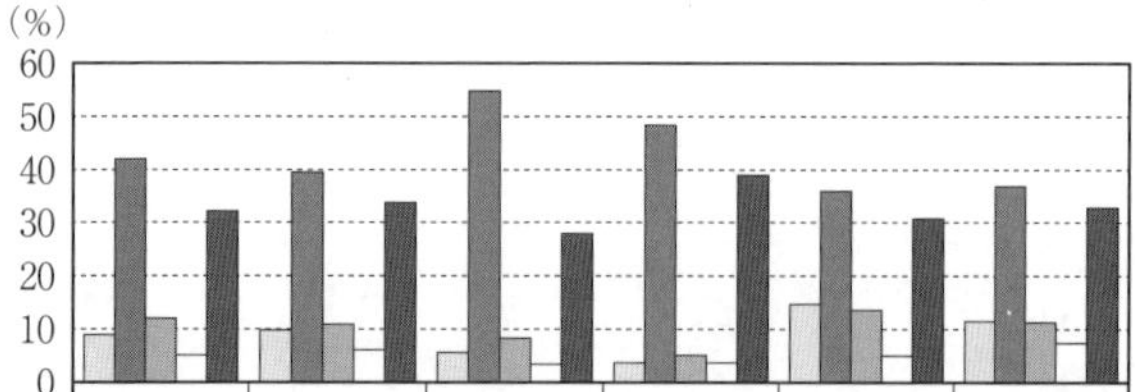

	神　戸 (2011)	神　戸 (2012)	札　幌 (2011)	札　幌 (2012)	福　岡 (2011)	福　岡 (2012)
家族・親族	8.9	9.8	5.6	3.7	14.7	11.5
近隣・知人	42.0	39.5	54.8	48.4	36.0	36.9
福祉事務所・施設	12.0	10.9	8.3	5.1	13.6	11.3
医療機関	5.1	6.1	3.4	3.7	5.0	7.4
学校・警察その他	32.1	33.7	27.9	39.0	30.7	32.9

図 8-10　児童虐待の通告経路の3都市比較

（注）数字は%。ただし，四捨五入しているので，合計が100%にならない場合がある。
（出典）金子（2016b：199）。

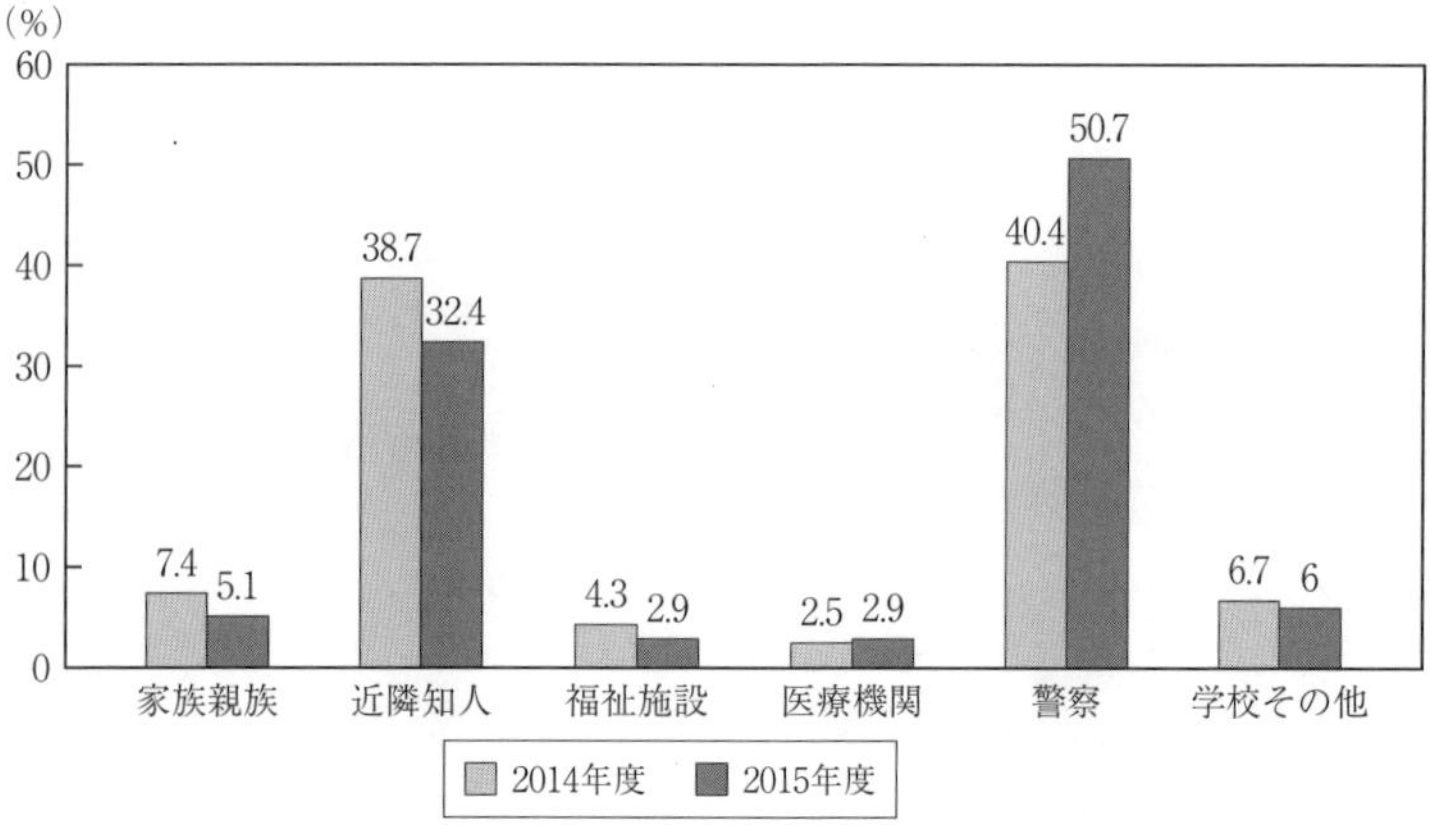

図 8-11　警察庁からの通達後の札幌市の児童虐待通告経路

（出典）札幌市児童相談所提供資料。

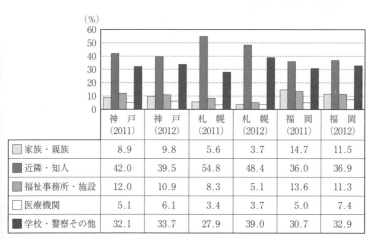

警察本来の業務はストーカー被害者の立場での加害者の捜査や逮捕であり、時折事件後に報道されるようにその予防まで手が回らないことが多い。これと同じで、警察では家庭内DVの予防を高い優先順位とはできず、どうしても被害者が出てからしか動けない。

同様に警察からの通報による家庭内DVを心理的虐待に数えても、その予防はできない。しかしその結果の逆機能として、児童の命が左右される身体的虐待とネグレクトが見えにくくなった。警察によるこのような児童虐待情報のまとめ方には疑問があるので、統計の作成方法の速やかな見直しが望まれる。

2　自殺の問題

自殺統計から

次に児童虐待とも関連が深い自殺についてもまとめておこう。この四〇年間の自殺統計を見ると、少なくとも三つの特徴を指摘できる。一つは表8-1に見るように、自殺者は毎年二万人を確実に超えていることである。

二つには男女の比率では男が六割を絶えず超えていること、女は三割前後であることが挙げられる。三つには、二〇世紀末の一九九八年から二〇一一年までの一四年間で、自殺総数が三万人を連続して超えていたことが特筆される。

表8-1　年次別自殺者数

年次	自殺者数（人）	男（%）	女（%）
1978	20,788	61.9	38.1
1980	21,048	62.5	37.5
1985	23,599	66.2	33.8
1990	21,346	61.4	38.6
1995	22,445	66.3	33.7
2000	31,957	71.1	28.9
2005	32,552	72.3	27.7
2010	31,690	70.3	29.7
2015	24,025	69.4	30.6

（出典）警察庁「平成28年中における自殺の状況」。

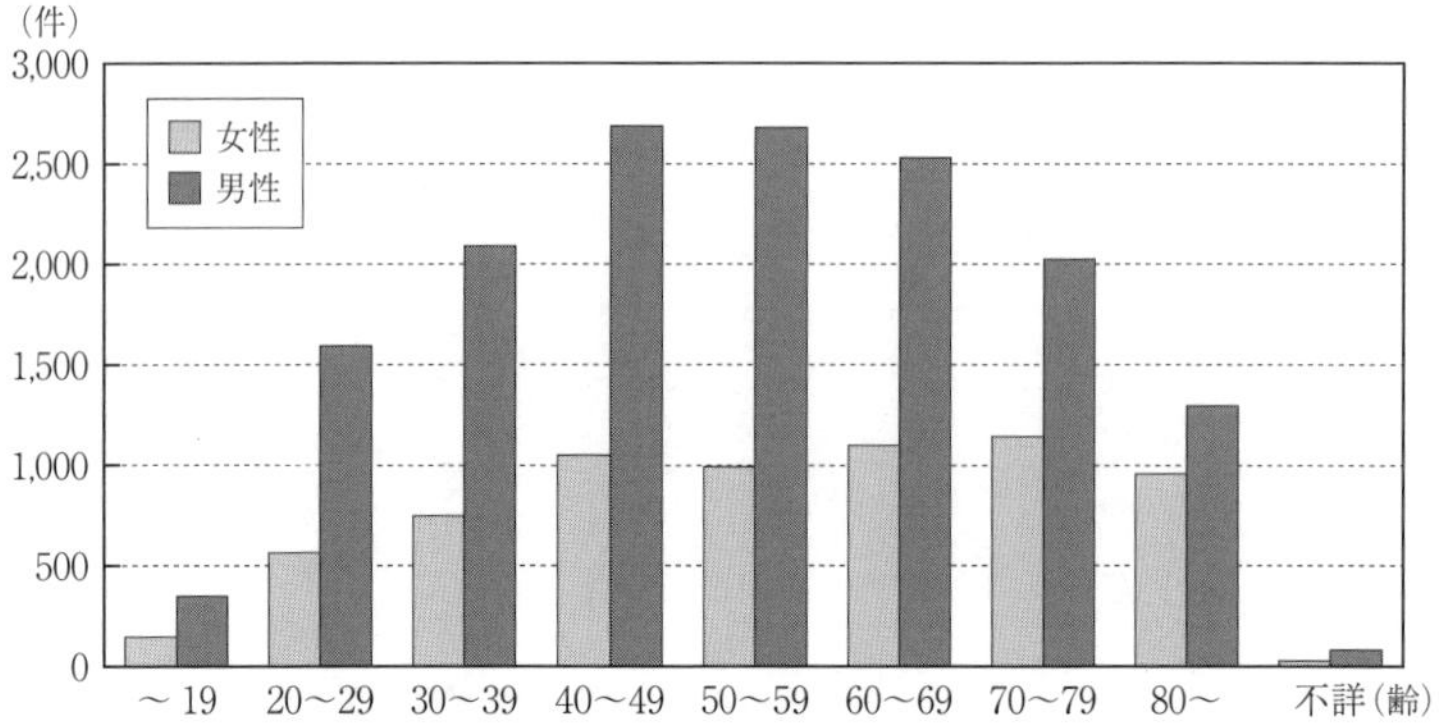

図8－13　男女別・年齢別自殺者数

(出典) 警察庁「平成28年中における自殺の状況」。

この期間は男の比率が七割を超えることが多かった。バブル崩壊以降の一四年間、日本の自殺者数は三万人を一度も割り込まなかったことになる。その原因・動機は図8－12のようになる。

自殺の原因は、資料となる遺書や書き込みなどから、警察が一人につき三つまでを計上可能とするという方式でまとめ

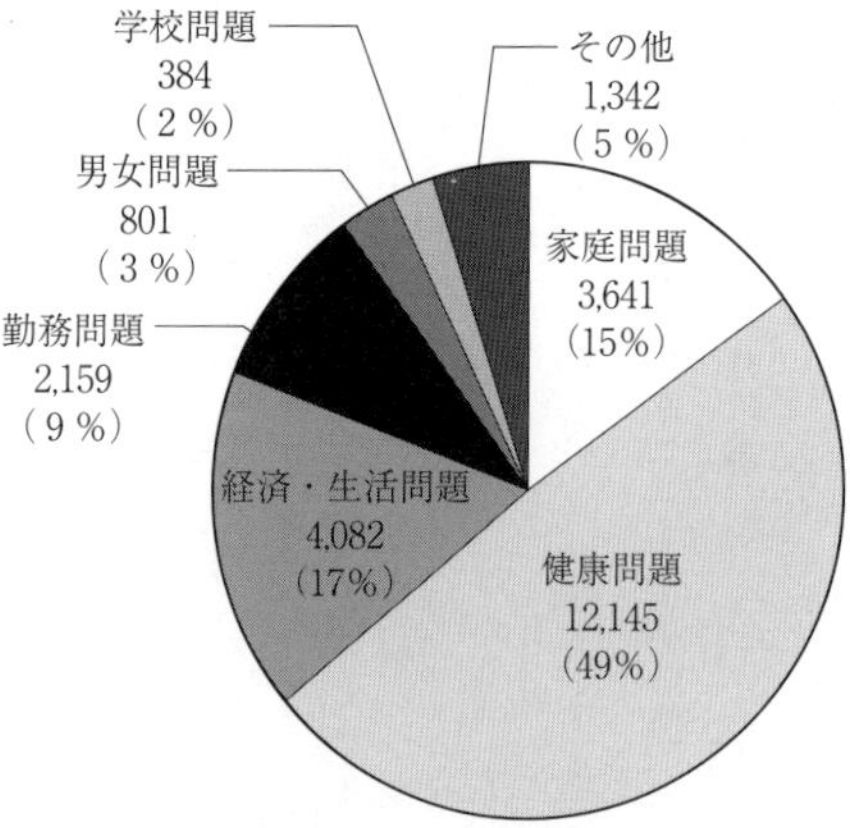

図8－12　自殺の原因

(出典) 警察庁「平成28年中における自殺の状況」。

られてきた。そのため、たとえば、二〇一四年の自殺者は二万五四二七人であり、原因の特定化は一万九〇二五人、二〇一五年は二万四〇二五人の自殺者で原因の特定は一万七九八一人となっている。長い間、第一位が「健康問題」第二位が「経済・生活問題」であり、これに「家族問題」が続く。

自殺の年齢　図8-13で示すように、自殺年齢もまた男女に違いがある。男性は働き盛りの四〇歳代と五〇歳代が多く、六〇歳代になると減少気味になる。反面で女性は六〇歳代から七〇歳代にかけて増加するという特徴をもつ。

男性の四〇歳代と五〇歳代では「経済・生活問題」が大きな原因となり、三〇歳までの女性では「男女問題」や「家庭問題」がある。「健康問題」は総じて加齢とともに増大する。

幸いなことに二〇一六年の自殺者数は二万一七六四人になり、この数年は減少傾向にはあるが、それでも二万人を超えている。個人や家族だけに原因があるわけでもなければ、社会や会社や政治が悪いだけでもない。それらの複合が二万人を超える自殺者をもたらしていることを考えると、「個人と社会」の両方から自殺の問題に取り組む意義は、デュルケムの時代よりもはるかに大きなものがある。

注

（1）逆機能と正機能、顕在的機能と潜在的機能の使用に習熟すると、社会学の視点が大きく広がる。マートン（一九五七＝一九六一）の精読でそれらが学べる。なお、本書第3章も参照。

（2）札幌市児童相談所と兵庫県の複数の児童相談所での面談による。

本章の論点

1、警察庁の通達によって、児童虐待の統計手法が大きく変わったことについて考えてみよう。
2、児童虐待防止方法を工夫してみよう。
3、自殺の原因のうち、社会全体で取り組める対策を考えよう。

第9章　あるのかないのか都市コミュニティ

1　都市研究の原点にあるアーバニズム論

最初に、都市化理論を体系化したワースによるアーバニズム論について考えておこう。なぜなら、産業化とともに都市化がそれ以外の社会変動である高齢化、少子化、情報化、流動化、国際化などの原因になったからである。アーバニズム論は、アダム・スミスの分業論、ジンメルの形式社会学、生物生態学と進化論を基盤として周到に組み立てられている。ワースによって大量人口、高密度、高い異質性の三点に整理された理論枠組みは、七〇年以上にわたり世界中の都市研究者に強い影響を及ぼし、今日に至っている（ワース、一九三八＝一九七八）。

アーバニズム論の構造

第一に、都市の生態学的側面の特徴として、職住分離、分化と専門化、物理的近接と社会的疎遠、異質性の増大、流動性、孤立化などが指摘される。第二の社会構造面では、法人組織の増大、社会成層の複雑化、機能的目的集団への多元的所属、大衆相手の文化的・商業的機関の発生、専門処理機関の増加が挙げられる。三番目には生活構造（社会関係）面があり、これには血縁・地縁関係の衰退、社会関係のインパーソナルな性格、皮相性、匿名性、一時的性格、二次的接触の優位が含まれる。最後の意識面では、統合性の欠如、主知性と合理性、無関心と競争心、孤独感、軋轢と焦燥などが特徴として引き出されている。いわば綜合社会学の都市版であり、この包括性がワースアーバニズム論の魅力となっている。

これを「下位文化」論から批判したフィッシャーのアーバニズム論は、単なる大量人口ではなく、人口の集中と接触量の増大によって、都市ではさまざまな非通念的下位文化が生成・発展するとした（フィッシャー、一九八四＝一九九六）。

フィッシャーのいう下位文化は、全体社会とは区別される数千人を単位とする小集団の価値、規範、生活様式のセットを意味していた。これはその限りでは正しいが、ワースの包括的な綜合社会学には及ばない。ただし非通念性は反社会的な病理現象までも包摂する広さをもつところから、日本では都市病理学が扱う非合法活動、アルコール中毒、マリファナ、離婚、暴動、犯罪、売春などの研究に近づくことになった。(1) これらの事例はまたワースが育った初期シカゴ学派が得意とした領域であり、日本都市社会学では奥井復太郎（一九四〇）や磯村英一（一九五九）が引き継いだ。下位文化論からワース批判を行ったフィッシャーの理論が評価されるのは、その幅広い実証的な応用可能性にある。たとえば、理論命題として次のような定式化が行われている。「pならばqである」の典型である。

(1)地域が都市的になればなるほど、下位文化の多様性が増大する。
(2)地域が都市的になればなるほど、下位文化の強度が増大する。
(3)地域が都市的になればなるほど、普及の源泉が増加し下位文化への普及が増大する。

(4)地域が都市的になればなるほど、非通念性の程度が増大する。
(5)所与の下位文化にとって、アーバニズムがひきおこす普及の結果は、中心的な項目よりもむしろ周辺的で重要ではない項目に顕現する。
(6)長期にわたってアーバニズムが増大するとき、外部要素の普及は下位文化の強化の過程に遅れて進行する。
(7)都市の非通念性は、普遍的な方向性をとることはない。

というような命題にまとめ上げたところにある（フィッシャー、一九七五＝一九八三：五〇～九四）。

この都市化命題を国際化命題に応用すると、都市の国際化問題論の課題が見えてくる。それらは、

(1)所与としての都市国際化は、都市における異質性を増大させる。
(2)選択としての都市国際化は、都市の同質性を維持させるか、または異質性を増大させる。
(3)異質性の増大は、都市の社会構造に垂直分化と水平分化を同時に発生させ、格差の温床になる。
(4)社会的分化によって、都市の階層格差と地域格差が強くなるが、ネットワーキングはこれらを是正させる力をもちうるかどうかは調べてみないと分からない。
(5)ネットワーキングには異文化の共有と情報リテラシーが必要になる。
(6)ネットワーキングは異文化間の文化摩擦を克服するかどうかは何ともいえない。
(7)異文化間の文化摩擦にとって、人種、言語、職業、宗教などの異質性は促進要因か緩和要因になる

表9－1　ソローキンが分類した農村と都市

	農　村	都　市
1. 職　業	農業	商工業など
2. 環　境	自然環境	人工環境
3. 人口規模	小	大
4. 人口密度	低	高
5. 人種・心理	同質性	異質性
6. 社会分化	少	多
7. 移動性	少	多
8. 相互作用	接触数少・狭，第一次的	多・広，第二次的

（出典）ソローキンとジンマーマン（1929＝1940：94-96）。

かどうかは調べてみた後に判断できる。

⑻都市における異化作用と同化作用はともに「雑種文化」（加藤、一九七四）を構成する要因になるのかどうか。

⑼外国人労働者の必要論は、不法就労・違法残留という法意識を超えがちである。

⑽今日の外国人受け入れ派の弱点に、送り出し国の階層格差拡大と生態破壊への目配りが欠けやすい。

⑾世界システム論に照らしてみると、日本の社会システムの同質性はそれほど世界的には異質性が強いか。

などになる。学術的には「外国人同士でも仲良くしましょう」では済まない問題が山積する。

アーバニズム概念の拡張

アーバニズムは都市の社会構造に直結したが、次に少しこの概念を広げておこう。地域社会の水平構造（community horizontal pattern）の場合は、都市（urban）と農村（rural）が代表的になる。これには伝統的に産業構造や職業構造が用いられてきた。農業が多いコミュニティは農村もしくは村落であり、サービス業や金融業それに自由業に特化したコミュニティは都市に分類される。これに関するソローキンの古典的分類は有名である（表9－1）。

この分類は九〇年近く前のアメリカでなされたものなので、現代日本ではもちろん違和感が強いが、地域社会を総合的に考える指標としては依然として有効な面がある。

まず職業から述べる。都市における職業は無数にあるが、農村では専業と兼業ないしは週末だけの違いはあっても農業が今でも現存していて、それを除くわけにはいかない。第一次産業としての農業では、水田、畑作、酪農それぞれに内容は異なっても、自然と動物相手、植物相手、気候に左右されるし、水利刊行などにも留意することになる。とりわけ自営業としての農業は年中無休に近い。

これに対して、都市では第二次産業としての各種製造業、第三次産業である金融業、販売業、サービス業などが主力だから、雇用する側よりも被雇用者が断然多く、通勤時間も長くなる。気候とりわけ温度に左右されるビジネスはアイスクリームとビールと季節衣料くらいであり、ここでも年中無休で二四時間絶えず動いている人がたくさんいる。また、地域移動が日常性に組み込まれており、航空機を使うと一〇〇〇キロ離れた大都市間でも日帰りが可能になっている。そのため「匿名性」が保障されて自由な半面、犯罪の温床も増す。その意味で、徹底した自己責任の社会であり、労働関連の法律で保護される雇用者も多い。

人口規模と密度に関しては、農村では人口が減少して、数も少なく、人口密度も低くなる。しかし、社会増がまだ期待できる都市では、人口密度が中野区や豊島区のように一平方キロの単位面積当たり一万九五〇〇人にも達する都市空間が生まれる。ちなみに大阪市の人口密度が一万一〇〇〇人、神戸市が二七〇〇人、福岡市が四二〇〇人、札幌市が一七〇〇人程度である。もちろん農業も盛んな地方都市、たとえば兵庫県篠山市は一一〇人、福岡県うきは市は二六〇人など、小都市の人口密度は政令指定都市に比べると低くなる。

また、エスニックグループの研究や地域移動の研究でよく使われてきたのが、土着（native）と来住者（newcomer）という軸である（奥田、一九九九：二九〇）。日本にいると私は土着であるが、フランスに行くともちろん来住者になる。

土着と来住者についても社会移動の研究が有益である。何をしたかあるいは何ができるかを判定基準とする業績主義社会では、社会移動のうちの階層移動の可能性に富む。万人に開かれる方が開放型社会であり、建国以来のアメリカや明治期以降の日本は、この類型に該当すると世界的にも評価されてきた。個人が成果を出せば、かなりの上昇移動が可能だったからである（リプセットとベンディックス、一九五九＝一九六九）。

社会移動とは、社会のなかで個人の社会的地位が変化することを意味する。これには親の階層と子どもの階層が変わる世代間移動、本人一代の中で職業への参入時点とその後の社会的地位が変わる世代内移動がある。社会の中で個人が地位を変えるのは、上昇する場合と下降する場合があり、類型的には現状維持も考えられる。

過疎地域が増えている

過疎地域については、一九七〇年以来、四次にわたり議員立法として制定された過疎対策立法のもとで各種の対策が講じられており、新しいところでは二〇一〇年四月一日に「過疎地域自立促進特別措置法の一部を改正する法律」が施行された。この法律は、著しい人口減少に伴って地域社会機能が失われ、生産機能及び生活環境の整備が相対的に他よりも劣化した地域について、総合的かつ計画的な対策を実施するために制定された。

この法律は、国による特別措置で地域機能の低下を食い止め、その自立促進を図り、住民福祉の向上、雇用の増大、地域格差の是正及び美しく風格ある国土の形成に寄与することを目的としている。過疎地域が、それぞれの有する地域資源を最大限活用して、地域住民だけではなく国民全体の生活に関わる諸機能を十分に発揮して、活力に満ちた地域社会を実現することが求められてきた。いわゆる二〇一三年からの国策としての「地方創生」もまたその一環を担っている（本書第12章）。

過疎市町村には「過疎地域自立促進特別措置法」の本則に該当する、三三条二項の「一部過疎」の自治体、三三条一項「みなし過疎」の自治体が混在している。表9－2ではそれらの合計を示した。自治体数でいえば約半数の四六・四％が過疎地域になる。人口では八・九％が過疎地域に住んでいる。面積では五八・七％になる。

表9－2　過疎市町村の変遷

年	過疎市町村数と比率	市町村全数
2000	1171（36.3）	3229
2005	899（37.5）	2395
2010	776（44.9）	1727
2016	797（46.4）	1718

（出典）総務省ホームページ。

自治体レベルでいえば、島根県が「過疎地域とみなされる市町村」と「過疎地域とみなされる区域のある市町村」の合計で一〇〇％になり、文字通り過疎の県となった。第二位は鹿児島県の九五・三％であり、大分県の八八・九％、愛媛県の八五・〇％、北海道の八三・二％などが続く。

他方、過疎指定がゼロ％の県は神奈川県であり、大阪府が二・三％、埼玉県が六・三％、茨城県が九・一％、愛知県が九・三％で続いており、離島や多摩地区を抱える東京都の過疎自治体比率は一五・四％になっている。人口減少は政令指定都市でもすでに認められるが、過疎地域では数十年前から恒常化してきた。数十年間人口減少が続くので、過疎地域に認定される自治体は増えるであろう。

2　コミュニティへの期待

大都市でも過疎地域でも、内発的にも外発的にもつくられるコミュニティが、依然として期待されることがある。「防犯は日ごと家ごと地域ごと」の立て看板は、私の経験では札幌市でも柳川市でも鳥栖市でも見られた。それは町内会のスローガンでもあり、全国至る所で安全のためのコミュニティの必要性が熱心に語られている。自治体レベルでの地域活性化の手段として、コミュニティビジネスの事例が検討されることも多い。また、災害時にはコミュニティがもつ共同防衛機能や生活協力機能がとくに注目を集める。(2)

コミュニティ概念

世界的にもグローバル化の進展とあいまって、移民問題解決に悩む国々が増えるにつれ、移民と元々の国民との間に融和や連帯が繰り返し指摘され、その切り札としてシティズンシップとともにコミュニティがテーマになりやすい。そして日常語としてのヨーロピアンコミュニティやワールドコミュニティなども、世界中で違和感なく使用されている。

私は一九八〇年代初めに学界デビュー本（一九八二年）を上梓して以来、社会学概念としてのコミュニティがどこまで学問的で学際的なレベルでの有効性をもちうるかに関心を抱いてきた。たしかに「コミュニティは、現実というよりも、一つの仮定であり、願望の表現であり、『集まって、結束を固めよ』との呼びかけである」（バウマンとメイ、二〇〇一＝二〇一六）とはいわれるが、この概念はもっと奥深い。

表9－3　コミュニティ再解釈の基準点

①実態としての存在性⇔象徴的な存在性
②目標としての有効性⇔手段としての資源
③戦略としての現実性⇔動員できる可視性
④歴史性を帯びる概念⇔将来性に富む概念
⑤ソーシャル・キャピタルか⇔アイデンティティ意識か
⑥社会システムか⇔ソーシャル・キャピタルか
⑦空間性を帯びるか⇔空間を超越しているか
⑧政治社会的概念か⇔精神文化的概念か
⑨個人のボランタリーアクションの集積か⇔個人に外在する集合体か

（出典）金子（2011：2）。

たとえば、かつて私は表9－3の要約を試みたことがある。

それは「経験的研究というものは事実にかんする意見の不一致や疑問に決着をつけ、どちらの側にもより正確な判断の基礎を与えて議論を生産的なものにするのが目的である」（ミルズ、一九五九＝一九六五：二六九）のささやかな実践であった。

このまとめ方でコミュニティ論の流れが変わったわけではない。マッキーバーが一九一七年に『コミュニティ』を刊行し、日常語を専門用語に昇格させてから、社会学では一定の流行と衰退を繰り返しつつ、多方面にわたるコミュニティ研究が全体としては熱心に行われてきた。外国の場合は都市社会学の分野にはこだわらず、ニスベット、ウォレン、エチオーニ、デランティ、バウマンなどに見るように、むしろ理論社会学の範疇に該当するテーマとしてのコミュニティ研究も目立っている[3]。

日本社会学でのコミュニティ研究

対照的に日本社会学におけるコミュニティ研究は、実証性に特化した都市社会学や地域社会学だけで担われてきた。高度経済成長の結果、日本全国に都市型社会が成立するにつれ、「都市化とコミュニティ」という問題設定が普遍化したからである。これはワースのアーバニズム論を根底にもち、都市化が引き起こす社会問題と見なされた人間の疎外、孤立、不安定さ、隔離などの人間の内面や関係性の処方箋としてコミュニティが提唱された。また自殺や犯罪予防の観点から、ならびに社会的アノミーへの対処の方針として、さらに環境汚染や環境破壊を阻止する住民運動のなかから、それぞれでコミュニティづくりが模索された。

旧自治省がコミュニティセンター造りを核とするモデルコミュニティ事業を本格的に開始した一九七〇年代以降には、都市コミュニティと農村コミュニティという枠組が壊れた。だからその時代の都市社会学では、包括的なコミュニティ論を目指すか、限定的な運動論を主体としたコミュニティ論を構築するかという問題設定の変化が生じた。八〇年代まで日本各地で数多くの実証研究が蓄積されたので、コミュニティの理論でも実証的成果でも大いなる飛躍が生まれたが、それらを九〇年代の都市社会学では十分な継承をしなかった。その結果、二〇世紀末にはコミュニティという問題関心が、社会学界全体でも薄れてしまった。

しかし、並行した隣接分野ではそうではなく、福祉系や社会心理学系の領域で象徴的なように、二一世紀になってもコミュニティという用語は頻繁に使われてはいる(4)。その他には、たとえばコミュニティビジネス論に象徴されるように、コミュニティは単なる枕詞になってしまった側面も確かにある。すなわち二一世紀のコミュニティは、その概念も指標も研究方法も多義的なまま一種のアモルファス状態になってしまった。

学説史的には、経済学のキーコンセプトが市場であるように、社会学のそれはコミュニティである。コミュニティ論が理論的にも実証的にも隆盛を極めていた一九七〇年代に、ニスベットが社会学として言及した主題はすべてコミュニティに直結するものであった。すなわち彼はコミュニティ、大衆、権力、発展、進歩、葛藤、平等主義、アノミー、疎外、解体を選択して、個性的な社会学論を展開した（ニスベット、一九七六＝一九八〇）。

その後日本でもたとえば「コミュニティは実態と理念として二つの価値をもち、限定的諸部分のなんらかの相互関連を内容とする全体だと考える……。したがってその全体の統合の程度、また地域の範囲の広さと明確さの程度は、相対的であり、一義的に定義する必要はない」（鈴木、一九八六：一三九）という共通の理解は得られたが、この方面でも継承者に恵まれないままである。

他方、「コミュニティとは、社会をつくる織物にたとえることができる。そこでは人びとが、一対一の関係ではなく、タテ・ヨコに交差する関係によって結びついている」（エチオーニ、一九九六＝二〇〇一：一八二）とするコミュニタリアン的な研究は今日でも進められてはきたが、日本での展開には力強さが感じられない。

現代のコミュニティ社会学

以上を受けて、現代社会学の祖をかりにコント、トックビル、マルクス、ウェーバー、パーソンズとすれば、コントのいう社会秩序を維持するには、できるだけウェーバー的な合理性を活かしつつ、マルクスが指摘した対立を緩和し、パーソンズのいう共有価値を担い、トックビルが見抜いた平等な関係を創造するという命題が得られるはずである。社会学の歴史を踏まえた幅の広いコミュニティ論を総合的に提供したいという私の願いは金子（二〇一一）で満たされたが、それでも学界レベルでの成果の共有はうまくいかなかった。

コミュニティとは何か、コミュニティは何を指標とするか、コミュニティはなぜ必要か、コミュニティは何の役に立つのか、コミュニティはどのような状態にあるか、コミュニティをどのように作り出すのかなどを、実態面と理念面を往復運動し、著者それぞれの理論的立場や実証の分野から具体的に明らかにしたい。この問題意識が学界デビュー時点で「コミュニティの三角形モデル」(図9－1)に結実した。

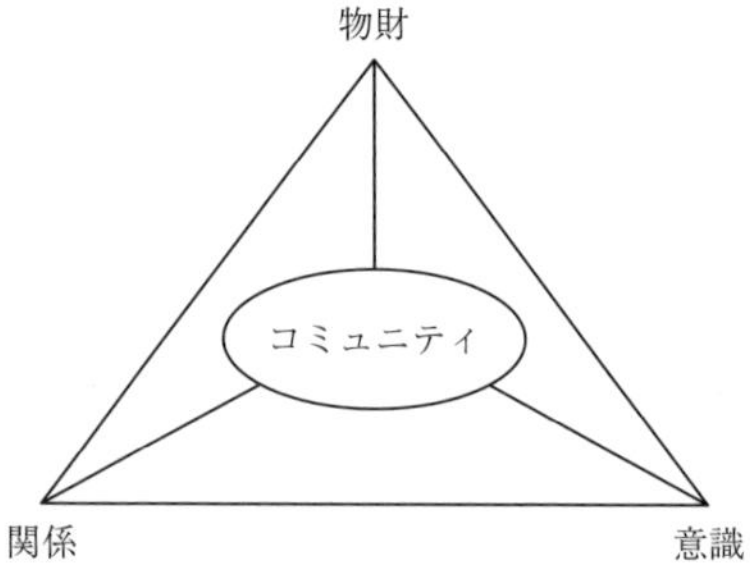

図9－1　コミュニティの三角形モデル
(出典)金子(1982：60)。

コミュニティの三角形モデル

これは大学院時代から恩師の鈴木広によるコミュニティ調査の手伝いをして、そこで綜合社会学的な社会認識としてヒト、モノ、ココロの三次元があり、それぞれにコミュニティ論で取り上げることが可能であることを学んだためである。

ヒトとは社会関係と社会集団を含み、今日的にはソーシャル・キャピタルと呼ばれる領域をカバーする。モノは社会システムの機能要件として位置づけられており、当時は生活要件ないしは社会的共通資本、あるいは松下圭一が提唱したシビルミニマム(一九七一)を使い、コミュニティミニマムとして具体的な現状把握に威力を発揮するとした。ココロは社会意識の延長上にあり、コミュニティ意識やコミュニティ精神と言われていたところであり、鈴木はこれらをディレクション(D)とレベル(L)に周到に分け、コミュニティの方向性を表現する概念としてコミュニティノルム、住民の意欲水準を表わす概念としてコミュニティモラールを造語した(鈴木、一九七八)。

この三角形モデルもまた意識面ではコミュニティモラールを踏襲している。関

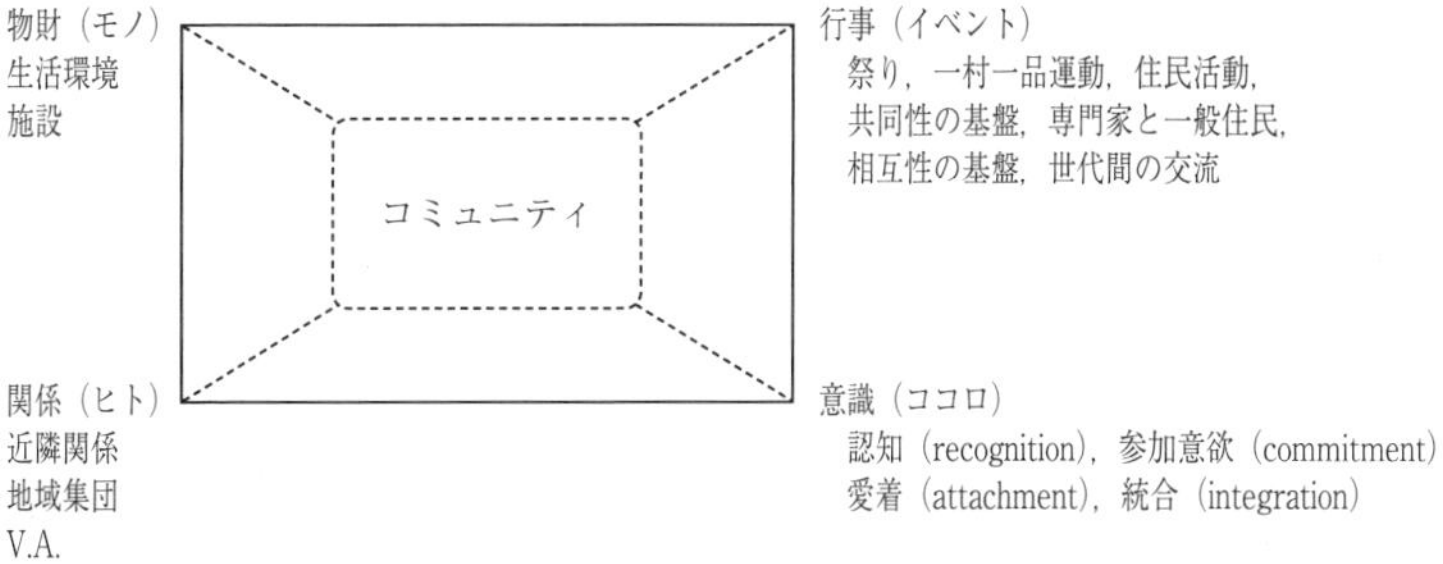

図9－2　コミュニティの四角形モデル

（出典）金子（1997：123）。

係面でも、鈴木が開発したインフォーマル関係とフォーマル関係の二極で具体的な分析を進めたことがある（金子、一九九三）。また物財面では、社会指標論やＱＯＬに接合する形でコミュニティの生活要件論をまとめた。

その後、地域活性化や内発的発展論そして一村一品運動がコミュニティ論にも取り込まれるようになると、コミュニティの四角形モデルに修正した。三角形にもう一つの角として行事（イベント）開催や祭りそれに一村一品運動などを付加したのである。

コミュニティの四角形モデル

ただし、四角形モデルでも、コミュニティの定義を「社会的資源の加工によって生み出されるサービスの供給システム」としたのは変わらない。親しい人間関係を主軸として、共同学習や共同体験などを通して、コミュニティなるもの（community-ness）が芽生えることを期待したのである（図9－2）。

社会統合が重要であるとはいえ、実際には異なった価値、規範、理念、道徳、イデオロギーなどで闘いあう現実があるのだから、いわば異なるものがそれぞれにぶつかり合い、摩擦を経験することで、新しいものが誕生する。それを文化摩擦と称した。

世界のコミュニティ論の学史では、主要なコミュニティ要素として、⑴空間的領域、⑵社会的相互作用、⑶共通の絆が、最大公約数的な定義に入っていることが指摘されている（ヒラリー、一九五五＝一九七八）。一定の地域社会で相互作用が維持され、それを共通の絆とみる伝統は、日本社会学にも根強く残っている。

職業関係でさえも相互作用と見なせる理由は、取引行為そのものからも想定できる。なぜなら、原材料や商品を問わずその販売者と消費者間には、職業を媒介にした親しい関係が構築され、一定の絆が成立しているからである。同じ価格ならば、それまでの付き合い関係ルートから購入される。このような慣習もまた絆を作り、長続きのする相互作用の基盤になる。その意味で、システムとしてのコミュニティは、消費だけではなく販売や生産のなかでも生み出されるものである。

コミュニティのＤＬＲ理論

そして、二〇一三年から「地方創生と消滅」に取り組み、鈴木広が一九七六年の一時期にだけ表現したコミュニティのＤＬ理論を跡づけ始めた。この問題は三五年間ずっと気になっていたが、なかなか本格的に取り上げる余裕がなかった。しかし二〇一二年一二月に久留米大学で「鈴木社会学を継承する」というシンポジウムに発言者の一人として登壇することにしてから、短時間ながら本気でＤＬ理論の構造を研究した。その成果を鈴木本人の前でも発表できたことは喜びであった。鈴木からはこのような細かな問題をきちんと調べまとめたことに感謝するというコメントを得た。

その後、ともすれば事例紹介だけになりがちな地方創生論を理論化する際に、このコミュニティＤＬ理論を活用して、資源（リソース、Ｒ）の部分を付加してコミュニティのＤＬＲ論として整理した（金子、二〇一六ａ）。すなわち、自ら収集した「地方消滅」と「地方創生」の事例とともに、公刊されている

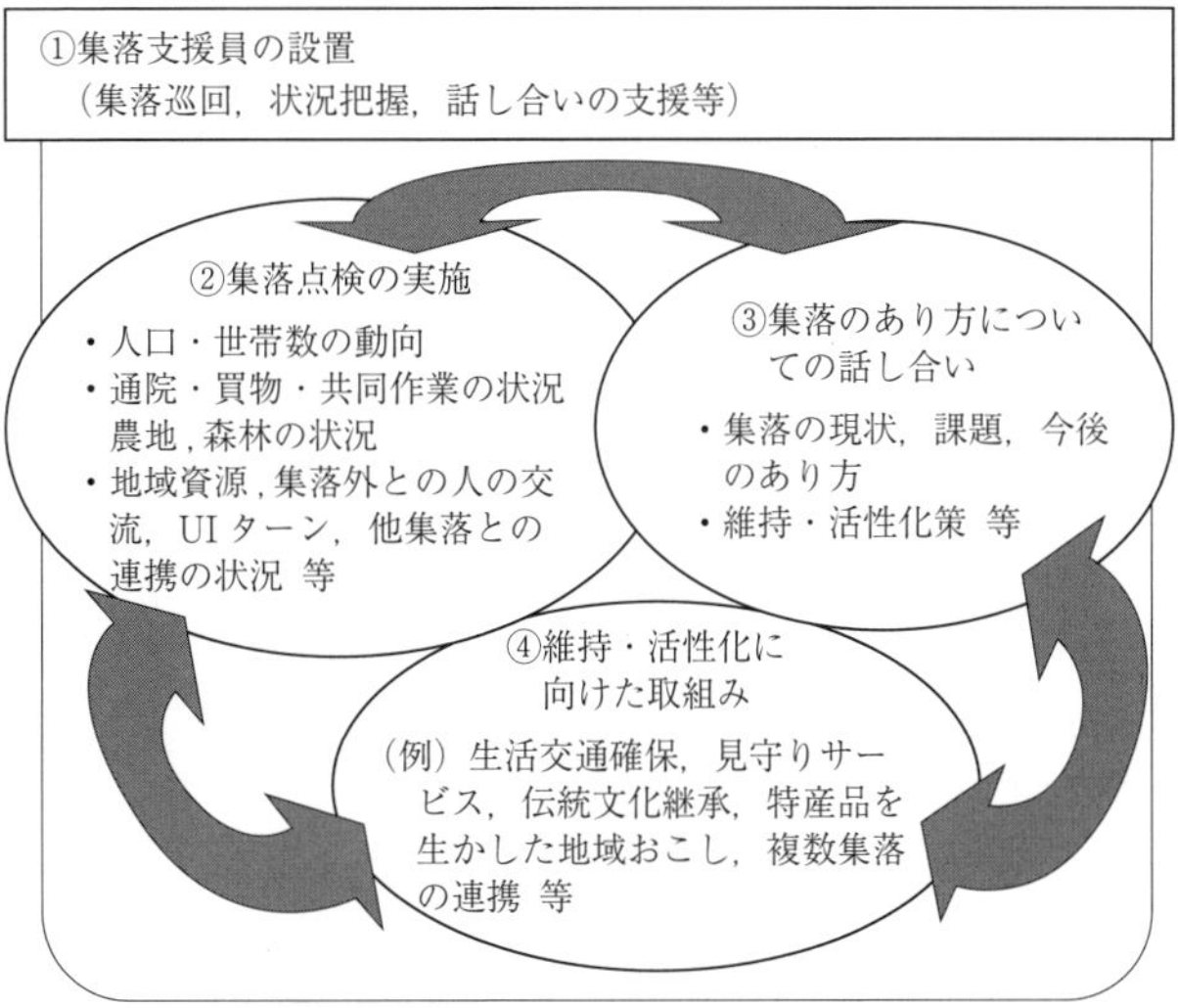

図9－3　過疎地域の集落支援員の役割

（出典）総務省ホームページ。

「地方創生」の事例報告集も素材として、コミュニティの社会システム論からの整理を試みた（濱田・金子、二〇一七a；二〇一七b）。もちろん、少子化が進む人口減少社会の原因追究のための都市と過疎地の比較分析、および少子化克服の独自の政策提言も、コミュニティDLR論の根幹にあることは当然である（本書第12章参照）。

人口減少は社会減でも自然減でも進んでいるので、当時の自治省も現在の総務省もさまざまな対策を講じてきたが、その筆頭は地域自立応援の柱に「集落支援員」を新たに位置づけたことである。この職務は、集落の巡回、集落の状況把握、集落間での話し合い支援を主な目的としている。より具体的には図9－3の通りであるが、まず「集落点検の実施」では、「人口・世帯数の動向調査」、「通院・買い物・共同作業の状況」確認、「地域資源、集落内外との交流や連携」の把握などが挙げられる。第二に、「集落のあり方についての話し合い」として現状と課題の認識、その「維持と活性化の方法」などを集落の居住者が議論するのを手助けする。

第三には、「集落の維持と活性化」の具体策として、交通路の確保、見守りサービス、伝統文化、地域おこしなどをまとめ、それらを総合化する職務がある。いずれも本格的に行えば専門家さえも困難な仕事である。

これらは当該自治体の職務ではあるが、行政改革とは公務員削減であると長年誤解されてきた日本ではその要員を増やせないために、総務省が人件費の一部を支援してきた。これもまた国による巧妙な地方掌握の方法ではある。ただし、専門的な業務が可能な集落支援員が多数存在するはずもないので、その総数は伸びているとはいえ、急増というわけにはいかない。

表9－4をみれば、二〇〇八年度に一八〇〇余りの自治体の約四％、全国で専任支援員一九九人から始まった制度であることが分かる。その七年後に実施自治体は二四一になり、これは全自治体の一三％を占めて、専任支援員数も五倍にはなったが、三〇〇〇人程度の兼任支援員数を合計しても、過疎市町村が八〇〇余りで総数四〇〇〇人では、図9－3の業務を本格的には行えないであろう。

最後に過疎地域の農業・農村・農家の現状を示しておこう。表9－5は二〇〇〇年からの推移である。農業就業人口が減少して、農業者の高齢化率が際立ってきた。基幹的農業就業人口のうち六五歳以上が実に約六割にも達している。日本社会全体の高齢化率が二七％であることを考えると、二倍以上の高齢化率が見えてくる。この状態が続く中、カロリーベースで食料自給率四〇％を五〇％に上げることが可能なのだろうか。現在の農業者が七五歳まで働いてもそれはできないように思われる。

表９－４　集落支援員と実施自治体数の推移

（人）

	専任支援員数	兼任支援員数	実施自治体数
2008年度	199	2,000	77
2012年度	694	3,505	192
2015年度	994	3,096	241

（出典）総務省「集落支援員」ホームページ。

表９－５　農業就業人口，基幹的農業従事者数の推移

（単位：千人，％，歳）

		平成12年 (2000)	17 (2005)	22 (2010)	23 (2011)
農業就業人口		3,891	3,353	2,606	2,601
	65歳以上	2,058	1,951	1,605	1,578
	（割合）	(52.9)	(58.2)	(61.6)	(60.7)
	75歳以上	659	823	809	825
	（割合）	(16.9)	(24.6)	(31.0)	(31.7)
	平均年齢	61.1	63.2	65.8	65.9
基幹的農業従事者		2,400	2,241	2,051	1,862
	65歳以上	1,228	1,287	1,253	1,100
	（割合）	(51.2)	(57.4)	(61.1)	(59.1)
	75歳以上	306	462	589	517
	（割合）	(12.7)	(20.6)	(28.7)	(27.8)
	平均年齢	62.2	64.2	66.1	65.9

（資料）農林水産省「農林業センサス」，「農業構造動態調査」。

年金受給年齢がらみで日本老年社会科学会などは、高齢者の表現を六五歳ではなく七〇歳に変えようと提言したが、農業・農村・農家の実情はその先を走っていることを知っておきたい。

注

（1）積極的に社会病理学を標榜した大藪寿一（応用社会病理学）や大橋薫などはこの系列として位置づけられる。またその理論的基盤としては逸脱行動論や社会解体論が用いられている。

（2）この機能を提示したのは鈴木栄太郎（一九五七＝一九六九）である。詳しくは、大谷・山下・笹森（二〇一五）を参照してほしい。なお、この書評を私が行ったことがある（金子、二〇一七b）。

（3）外国人研究者では、この方法が普通に認められるが、日本人の都市社会学では理論社会学までの成果を取り入れようとする傾向は強くない。

（4）コミュニティ心理学（植村、二〇一二）、コミュニティ政治学（リットル、二〇〇二＝二〇一〇）、コミュニティ福祉学・地域福祉論（藤松編、二〇〇六）などの隣接分野との競合が進んでいる。

本章の論点

1、都市化による非通念性が強くなると、市民生活にどのような影響があるかについて調べてみよう。

2、コミュニティのモデルを理論的に創ってみよう。

3、地方創生に繫げて、過疎問題の行方を考えてみよう。

第10章　知ってるつもりの郵便局の機能

1　郵便局を通した社会貢献

地域社会が今後とも持続可能になる前提として、これまでにいくつかの社会的機能要件をまとめてきた（金子、二〇一一：二〇一六a）。本章では地域社会の持続可能性を示すこの枠組みの応用研究として、郵便局が軸となる地域福祉と社会貢献の機能強化の方向性を探る。この試みは、二〇一五年に発表された『日本郵政グループ　ディスクロージャー誌』と整合している。そこでは、日本郵政グループのCSR（Corporate Social Responsibility）のうち「三つの重点分野」が明記されており、それは、（一）社会、地域社会への貢献の推進（①地域貢献の推進、②社会貢献の推進、③防災・被災地の支援）、（二）環境保全活動の推進、（三）人にやさしい事業環境の整備に分けられている（日本郵政グループ編、二〇一五：七四〜八一）。

郵便局の地域社会貢献

いずれの事業も、現代日本社会において大きな意味と意義をもっているが、郵政業務の一つに「地域貢献の推進」が明瞭に謳われているので、そのなかに「地域福祉」も取り込むことが可能になる。

同時に日本郵政グループ労働組合（以下、JP労組と略称）が展開する「福祉型労働運動」の活動内容もまた、①②③のすべてに深い関連をもつ。とりわけその目的は「新たな絆&ふれあい社会の創造」（日本郵政グループ労働組合編、二〇一二：六）にあり、具体的には「人と人とが助け合い、地域社会の絆を深め、誰もが元気に安心して暮らせる社会を創るために行う社会貢献活動の総称」（同右：六）とされる。したがって組合員の相互扶助はもとより、高齢者・障がい者福祉、子育て支援、健康・安全・安心、地域活性化、災害復旧復興、環境問題、文化スポーツ、途上国支援などまで多方面の活動がそこに包摂されることになる（同右：三〇）。

日本郵政の会社も組合も重視する郵便局の「（二）社会、地域への貢献」に、私は強い関心を寄せてきたが、それは地域住民の結節点として街並みの維持に果す役割、および住民生活ニーズ充足の拠点の一つとして、長年にわたり郵便局が果してきた機能を重視しているからである。

二〇一七年八月現在、全国で二万四〇五二の郵便局があり、小・中学校と公民館やコミュニティセンターとともに、これだけの数の郵便局もまた日本の地域福祉のための優良資産になる。

単身高齢者への見守り支援の重要性

今後の日本でますます鮮明になる「少子化する高齢社会」において、単身高齢者への見守り支援は、居住者自身が地域社会での親交を深め、自治の訓練にも役立ち、何よりも生活協力による安心確認の実績を地域全体にもたらす。単身高齢者が全国的に増加する時代では、自治体独自の地域福祉政策による支援活動だけでは限界があり、郵便局をはじめとする企業や生協などの協同組合や公益法人などの見守り活動にも期待が高まる。

たとえば島根県全域をつなぐ「地域つながりセンター」では、「話し相手」も含めて有償たすけあい「おたがいさま」活動を進めている。その領域は多岐にわたるが、「家事」「介助」「育児」「その他」に分類が可能であり、利用者は一時間に八〇〇円から一〇〇〇円を支払い、応援者には六〇〇円から八〇〇円が支払われる。この差額の二〇〇円は、有償たすけあい組織である「おたがいさま」の運営費に充てられる（地域つながりセンター、二〇一六：一九）。

ただ郵便局に関しては、「利を求め、損をしない」市場原理の導入による五年間の郵政民営化の歴史において、「ひまわりサービス」が全国的にかなり縮小されたために、国土的には過疎地域で、世代的には高齢者に対する「見えにくい社会貢献」機能も衰退した（金子、二〇一四a）。とりわけ全国の過疎地域では、大都市部に特有な生協や信用金庫などの業務の傍らで行われ始めた郵便局による見守り支援が広がってはいないので、限界集落化した地域の高齢者にとっての安心機能は低下しつつある。

老後に安心できる公平社会を求める

郵政民営化の際の議論とは異なり、一般的に「少子化する高齢社会」の中で国民は、「大きな政府」でも「小さな政府」でもなく、「老後に安心できる公平社会」を求めてきた。「公平社会」は市場原理と非市場原理との適切な融合から生まれる。この融合への配慮は企業でも公益法人でも協同組合でも同じ意味をもつが、今後の郵便局にもこの両原理のバランスが望まれる。とりわけ非市場原理の延長上に、地域社会における福祉機能や安心機能の一環を担う存在としての社会貢献が郵便局には期待される。それはいわば日本郵政株式会社としてのフィランソロピーの復活である。そしてその内容は日本郵政グループの「三つの重点分野」に明記されており、同時にＪＰ労組の「福祉型労働運動」の展開方向にも重なる。

この主張の根拠は、かつて私が調査した民営化実施直前までの北海道警察と北海道郵政公社による「Ｐ＆Ｐセーフティネットワーク」活動調査から得られている（金子、二〇〇六a：二〇一四a）。二〇〇

表 10－1　郵政民営化による国民負担と国民貢献

機　能	国民負担	国民貢献
見える	郵便局の減少で，利用に不便さが強まる。 年金引き出しに隣町の本局まで行く高齢者が出た。	職員の礼儀やあいさつは好転。
見えにくい	過疎地の福祉サービスの切捨て。 在宅一人暮らし向けひまわりサービスの縮減。	地域活性化の担い手の一部であったが，その処方箋が出ないままで終わる。

（出典）筆者作成。

五年当時の北海道では、地域で子どもたちを守るため、バイクや郵便車両に「パトロール　あんぜん・あんしんのまち」や「子ども一一〇番の郵便車」というステッカーを貼り付け、毎日の集配業務が行われていた。外務職員は、空き巣や車上荒らしなどの情報とともに、通学の際の変質者によるつきまといから子どもを一時保護し、これらの犯罪情報を警察に通報した。

このような日常的な試みにより、毎日定時の郵便配達活動が特定地域内パトロール機能を兼ね備え、ボヤの発見で大火が未然に防止されたこともある。その他の道路崩壊や山崩れの発見や産廃物の不法投棄の確認などを通して、街の「パトロール」役割サービスにまでP&P活動は発展した。とくに郵便物がなくても、独居高齢者宅の訪問で健康確認をし、偶然とはいえ振り込め詐欺の予防に繋がった成果もある。

表10－1は、民営化に伴う「見えやすい社会貢献」と「見えにくい社会貢献」の比較である。民営化に伴う過疎地郵便局の減少で最も象徴的な出来事は、それまでの年金の受け取りができなくなったために、わざわざ遠方の郵便局までタクシーで往復せざるを得ない高齢者が生まれたことである（金子、二〇一一：一五〇）。この事例に見る限り、「よりよいサービスを提供して国民の利便性を向上させる」（竹中、二

〇〇五：五九）という当時盛んに強調された政府の約束は実現されなかった。しかも北海道のP＆P活動は廃止され、全国的に「ひまわりサービス」も縮減した。

なお竹中平蔵（同右：六三）によれば、当時「ひまわりサービス」を実施していたのは全国で二一八市町村である。なお、二〇一五年三月末では一〇一市町村自治体でまだ行われている（日本郵政グループ編、二〇一五：七五）。

過疎地の単身高齢者の見守りは自動的に過疎地域全体への支援に結び付くところから、地域福祉機能に加えて限界集落動向の防止機能までも包摂する。その意味でも「少子化する高齢社会」に不可欠の社会的サービスであり、これは今後ともにますます必要な機能になってきた。

ただし、これらすべてを郵便局が単独では行えないので、コープさっぽろなどの生活協同組合や古い歴史をもつヤクルトの訪問販売や信用金庫の日常業務などとの組み合わせが、日本全国の地域社会で想定される。それには、自治体も加わるが、それらの中に日本郵政で新しく始まった有償の「見守りサービス」、そして現在も細々と行われている「ひまわりサービス」も含まれることになる。

2　地域見守りサービス

高齢者見守りの先進事例

日本全体でも見守り関連の動きが生まれており、既述した島根県の「地域つながりセンター」による「おたがいさま」活動に見るように、応援の範囲や有償の仕組みにも工夫がなされる時代となった。その意味で、郵便配達業務を軸とした有償サービスの独自の仕組みが求められる。

この見守り業務で先行するのは、全国的に見てコープさっぽろの「高齢者見守りの取り組み」事業である。地域住民の見守り活動に郵便局や生協やその他の企業が取り組む前提には、見守る主体（誰が）、見守りの頻度（週に何回か）、見守る内容（どの活動に焦点を置くか）などの決定が必要になる。したがって、実行する組織の構造と活動の狙いによって、見守り活動の違いが生まれるのは当然である。

現場での見守る主体には、コープさっぽろでは宅配担当者、かつての北海道におけるP&P活動ならば郵便外務職員である。

見守る頻度は、コープさっぽろでは週に一度の配送日だけの見守りが軸になっていて、対象者はコープの組合員に限定されている。しかし郵便配達業務は毎日行われており、しかも郵便はすべての地域住民に等しく配送されるというユニバーサルな基準が適用される点で、週一回の組合員だけの配送とはまったく異なる。

もちろん労働時間的にも費用の面でも、郵便が配達される単身高齢者すべてを見守り対象にはできないから、民営化以前に行われていた「ひまわりサービス」と同じく、都市部でも基準を作り、それによって見守る対象者を選定することになる。

また、見守る主体としての外務職員が見落とした際の責任の所在、どこまで家庭内に入り込めるかについての合意、本人や別居家族とのトラブルや危険性の回避の問題、その守秘義務、緊急の連絡先を郵便局組織のどこに置くか、トラブル時点での指示を誰が出すか、緊急時の地域社会の連絡先はどこかなど、社会的ないしは会社の中で詰めていく課題も残っている。

過去六年間のコープさっぽろの「高齢者見守りの取り組み」は、北海道全域の都市部でも過疎地においても、高齢者を含む地域住民の安全と安心の機能を果してきた。

それは「見守り留意事項」からもよく分かる。たとえば週に一回の商品宅配時の際に、(1)先週の商品がそのままの状態にある、(2)玄関に新聞や郵便物がたまっている、(3)いつも玄関で商品を受け取られるのに、声をかけても応答がない、(4)昼間なのに玄関灯がつけっぱなし、日が暮れたのにカーテンが開いていて、灯りがついていない、(5)冬季では除雪されておらず、雪がたまっている、などの異変に配達担当者が気づくところからこの見守りによる支援活動が始まる。これは他の主体による見守り活動でも応用できる「留意事項」である。

見守り留意事項

異変に気づいた担当者は、状況に応じて、該当者宅近くの別の組合員や、集合住宅であれば管理人や大家などの身近な関係者に連絡する場合もあるが、基本的にはその所属センターへ連絡して指示を受ける。通報されたセンターでは、センター長が自ら状況確認をしたり、緊急時には救急車の手配や警察への連絡も行い、一方で協定を結んだ市町村の担当係に連絡を入れる。なお、担当者も緊急時の連絡先を記載した「専門用紙」を持ち歩いており、市町村の係に直接連絡が可能である。

このコープさっぽろの制度は二〇一一年度から始まり、二〇一八年一月現在では全道一七九市町村中一六一市町村（八九・九％）との「見守り協定」が締結されており、協定には「ネットワーク参加型」（二一市町村）、「合同協定型」（七市町村）、「単独協定型」（一三三市町村）の三種類がある。

「ネットワーク参加型」は、具体的には小樽市の事例でいえば、すでに存在していた「小樽市高齢者見守りネットワーク」にコープさっぽろが定期的に参加するものである。類似の協力形態には、帯広市における「きづきネットワーク」に市内一〇事業所とともに参加することなども含まれる。

「合同協定型」とは伊達市のように、市内四〇社六〇事業所と一緒に見守り業務を締結したり、登別市のように市内ガス協同組合と合同して提携している場合がある。

表10－2　6年間の見守り事例数

2011年度	47件
2012年度	81件
2013年度	44件
2014年度	53件
2015年度	36件
2016年度	21件
合　計	282件

（出典）コープさっぽろ『トドック2017年度の報告』。

数的に一番多い「単独協定型」は、札幌市に典型的なように、日常的配達業務において、訪問先の高齢者宅で異変を発見した場合必要に応じて区役所や警察へ通報するような活動である。

いずれの「見守り」でも、商品配達の際、組合員宅で異変を感じた配達担当者がコープさっぽろのセンターや警察や消防署などへ通報して、その指示によるか緊急の際には独自の判断で対応する機能を核としてもっている。

この六年間の見守り事例件数は表10－2の通りである。合計すると年間平均四七件ほどなので、毎週一回の割合でこの「見守り」機能が全道の九割を占める市町村で威力を発揮していることになる。このような組織的活動による見守り機能は、近隣活動による見守りが低下した今日の「少子化する高齢社会」ではますます大きな役割を発揮するであろう。

日本の六五歳以上人口のうち、単独世帯の人口は五九二万八〇〇〇人となっている。また、六五歳以上人口に占める割合は一七・七％となった。男女別にみると、男性が一九二万四〇〇〇人、女性が四〇〇万三〇〇〇人で、女性が男性の約二倍である。

接触密度の濃さが信頼性を生む

次に、地域社会における高齢者見守り支援の事例を含め、地域創生と地域福祉についての理論化を試みて、国策として推進されている地方創生の核に郵便局がどのように位置づけられるかを提示しておこう。なお、二〇一六年で竹本昌史がまとめた地方創生の事例は一九三件にのぼるが、郵便局がその核になったものは皆無であった（竹本、二〇一六）。

そして、災害に強い日常的な地域コミュニケーションは郵便局関係だけでいえば、宅配便ではなく郵便配達業務からもたらされる。なぜなら、過疎地ひまわりサービスの伝統をもつ外務職員による地域住民との日常的な接触密度の濃さが、その地域社会における信頼性を生むからである。

民営化された郵便局でも、住民は切手購入、レターパック、貯金、為替送金、簡易保険などで郵便局を訪れ、それらを合計した郵便局の利用頻度は宅配便よりも格段に高い。密接な接触により局員と顔なじみになりやすく、それが災害時の郵便やゆうパック配達で大きな違いを生み出す。平素の交流が災害時のコミュニケーションに有効なのである⑴。

災害時に一時避難所になった体育館で暮らす高齢被災者宛の支援物資や手紙などを本人に直接渡せるのは、互いに顔見知りの郵政外務職員であることはよく知られている。一時避難所に出向いた宅配便業者が、同じ所にいた郵政外務職員に対象者の特定化を依頼することも珍しくない。その意味で、高齢社会における配達関連のコミュニケーションによる相互鼓舞の機能では、宅配業ではなく郵便業務が勝っている。

3　見守りサービスと地域福祉活動

見守り機能への期待

この見守り機能は各方面で重視され、たとえば二〇一一年四月八日の全国知事会「社会保障制度改革と地方の役割」では、「単身・高齢者のみの世帯など地域で孤立するおそれのある高齢者にとっては、介護保険サービス（予防給付）のみならず、配食や見守りといった日々の生活を支えるサービス（地域支援事業）が必要である。こうしたサービスを充実することによって、自宅での生活の継続が可能となる」と述べられている。「見守りは安心を与える」と全国知事会が注目しているのである。

株式会社をはじめとするビジネス関連の法人が市場原理に忠実に業務を遂行するだけでは、日本社会全体を覆う少子化、高齢化、総人口の減少という「少子化する高齢社会」には対応できない。もちろん東日本大震災や熊本地震からの復旧復興にも、市場原理のみが有効ではない。その意味で、大震災からの復興再生でも、法人として企業や大学や各種の団体組織から構成される社会システムでは、全体として市場化と非市場化の間でのバランスの速やかな回復を期待し続けたい。

地方創生に果たす郵便局の役割

郵便局が地方創生にどのように役に立つか。今後に有効な一つのヒントは、日本郵便東京支社が東京都と締結した「ながら見守り連携事業」（二〇一五年七月二一日）に関する協定から得られる。それは、子どもや高齢者などの弱者が事件や事故に遭うことなく、安全かつ安心して暮らせるように配達や渉外活動を行いながら地域をパトロールするもので、二〇一六年から荒川局、墨田区内の本所局と向島局、豊島局、武蔵野局、三鷹局の六局で先行実施されている。

この東京都との連携事業における郵便局の役割は、住民が防犯上で不安を抱く場所など区市町村が選定した地域を配達や営業途上に走行しながら見守る「見守り要望箇所の走行」、「関係機関との交通事故に関するヒヤリハット情報の共有」、なんらかの事情により援助を必要とする者を発見した場合や高齢者宅などを訪問し、異常に気付いた場合に声かけや通報するなどの「住民の安全、安心に係る異常を認知した場合の対応」、子どもに対する犯罪の発生情報を郵便局が取得した際に現場付近を走行し、それにより防犯する「『メールけいしちょう』などへの対応」を担う（『通信文化新報』二〇一五年八月三日）。

これはまさしく東京版「P&Pセーフティネットワーク」である。北海道のそれと異なるのは、連携の第三主体に東京都信用金庫協会傘下の二三の信用金庫が含まれている点である。郵便局は「長い間地域に密着する仕事をしてきた。東京支社では車両を約一万三〇〇〇台持ち、配達では全世帯の六割に毎日足を運んでいる。金融渉外の社員も各家庭を訪問しており、地域の情報に詳しい」（『通信文化新報』同右）。

一方、東京都信用金庫協会でも、「我々は毎日路地を歩きながら地域と切り離せない業務を行っている。今回信金の役目は町中での声かけになるが、協定により遠慮せずに仕事を進めていくことができる」（『通信文化新報』同右）。

東京都、日本郵政、東京都信用金庫協会の連携

三者を総括する東京都は、二〇一五年からの政府による「まち・ひと・しごと創生総合戦略」として、「福祉先進都市・東京の実現に向けた地域包括ケアシステム」にこの試みを位置づけて、シナリオの具体化を進める。全国の日本郵政支社も東京都

の「ながら見守り連携事業」を参考に独自の「見守り」貢献ができないものか。(2)

なぜなら、全国で不可逆的に起こりうる事態として、⑴小家族化、⑵単身世帯率の高さ、⑶三世代同居率の低さ、⑷合計特殊出生率の低さ、⑸離婚率の高さ、⑹女性の労働力人口の低さ、⑺地域共生関係の創出の弱さなどが進行しているからである（金子、二〇一四b：二〇一六a：二〇一六b）。

それらはいずれもしっかりと結合しているので、「日本沈没」を避けるためにも社会全体の総力を挙げてこれらの問題に取り組むしかない。

その方向性は従来のように、「発展は地域住民自らの創意工夫によって展開される」、「地域の文化、伝統が尊重され、新しい発展の土台とされる」、「自然環境、生態系が尊重され、発展との適合、調和が模索される」、「住民は互いに協力し、新しい開かれた共同体を再構築し、それぞれの社会の内部的構造改革に向かう」などの目標でも構わないが、端的にはそれぞれの地域が「動き出す」ことに尽きる。

東京オリンピックが開催され、同時に一九二〇年の国勢調査開始から一〇〇年目に当たる二〇二〇年までにその体制が整備されるかどうかが、日本における「少子化する高齢社会」対応の試金石になるであろう。

注
(1) これはコミュニティでも同様である。
(2) これもまた資源の組み合わせによる「まち、ひと、しごと」を総合化する地方創生の事例になる。

［付記］郵便局関連の資料と調査に関しては、ＪＰ総合研究所による格別のご配慮をいただいた。またコープさっぽろの見守り事例については、コープさっぽろ宅配本部のご協力を得た。たいへんありがたく、ここに感謝の意を表する次第である。

本章の論点

1、コミュニティの実態的概念と理念的概念を対比してみよう。
2、郵便局と同じく地方創生に役立つ身近な地域施設や地域組織を探してみよう。
3、高齢者の見守りを地域で行うために活動できる主体を数え上げてみよう。

第11章　産業化とイノベーションの歴史社会学

1　歴史にみる地域の産業化

イノベーションの成功事例　第4章で主題としたイノベーションを始めるにも繋ぐにも動くにも拡げるにも、時代背景としてその当時の最新の技術水準と国民の価値意識が、イノベーションの成果を左右する。いわば時代とその地域における地理的な環境が産業化の内容と水準を決定するのは、金銀銅の鉱山や石炭産業をはじめとした日本の鉱山業が示す通りである。また、明治期から昭和前期まで、桑を育てて蚕を飼い、その繭からシルクを作り出し、各種の製品を輸出品に仕上げた歴史からも、時代と地理的制約が産業化の方向性を決定することが分かる。

同時に、石油資源にまったく恵まれなかった日本が、一九六〇年代に京浜から中京・阪神を経て瀬戸内にかけて太平洋沿岸ベルト工業地帯を作り上げ、サウジアラビアをはじめとする中東からの格安の原油を輸入することにより、未曾有の高度成長を成し遂げた。この秘訣もまた、石炭から石油へのエネルギーの転換と中東に面した太平洋岸に工業地帯を形成したという地理的な特性を活用した成果である（金子、二〇〇九）。その結果としての「裏日本」の後退はあるが、今は問わない。なぜなら古廐忠夫（一九九七）のいうように、「裏日本」は単なる地理的な概念ではなく、むしろ歴史的な概念だからである。

大量生産の光と陰

日本の高度成長期における石油へのエネルギー転換は、若きダーレンドルフが初期の産業社会学でいみじくも指摘したように、「消費財貨の大量生産は、新しい消費慣習をつくり満足させるのであるが、その「大量」性格が社会の姿を規定する」（ダーレンドルフ、一九五六＝一九六一：一四七）を彷彿させる。

ただし、「大量」性格には本章で述べる大川市木工業のような陰画部分もある。かつて大企業中心の都市研究で構築された「釜石モデル」（Ａα型都市）の対極として、鈴木広らは高度成長期以前の木工業都市大川市（Ｂβ型都市）の研究をしたことがある。そこでは、大川市の主産業を「地方特産型消費財の生産・地域市場向伝統型産業・極端な零細企業群」（鈴木ほか、一九六二：六一）と総括されている[1]。

当時の大川市では労働者に「職人志向的性格が支配的」であり、「徒弟制＝低賃金制の確立」も読み取られていた（同右：六七）。高度成長期にライフスタイルの変容、住宅建築様式の変化、経営拡大の価値変革には至らない「零細家内工業的企業の夥多的競合」（同右：八三）から脱出できなかったという事情によって、八〇年代から大川家具業界の低迷が始まった。

木工業の停滞が続き、新しい消費慣習が零細企業の職人芸であった木製家具の需要を大きく後退させたが、ちょうどその時期に全国的資本の事務機メーカーによるスチール製の大量生産型の家具の需要が伸長した。その変化に直撃された大川市の木工業は、「産業的生産が突然中止されたならば、社会的構造は根底から崩壊」（ダーレンドルフ、前掲書：一四九）した。

何しろ働く人々のうち約八割までが広義の木工業に従事していたので、小中学校の机と椅子がスチール製に変貌して、新築住宅に付帯するクロゼットが洋服ダンスに取って代わったこの時期からの消費慣習の変化は、大川市の産業構造と職業構造そして人口構成や市政構造の変質をもたらしたのである。職業構成では徒弟制が崩壊して、職業訓練学校経由での技術者養成に代わり、人口流出が続き、この四〇年間で六万人の人口が三万八〇〇〇人まで減少した。

大川市の木工業の歴史に学ぶこと

以上を前提として、ここでは事例研究として、地理的特性を活かした産業化に成功して一時期を作り上げながら、二度にわたる鉄道環境づくりというイノベーションに失敗したため、その後の時代にはそぐわなくなり、低迷続けている福岡県大川市の木工業を取り上げる。

筑後川という自然条件に順応して始まり、上流の大分県の日田地方の杉材を巻き込んで福岡県の大川市へと広がった一五〇年近くの歴史をもつ木材資源と家具工業を素材にすることで、地方創生論として何が見えてくるか（大川市誌編集委員会編、一九七七）。天領だった日田の豊富な森林資源からの木材を筑後川経由で有明海に面する河口の大川市に運び、そこで加工して、家具工業や建具工業を繁栄させた歴史に何を学ぶか。

これは地方の盛衰に関するイノベーションの地理学の事例であり、地理システムのうち水と木材がその素材であり、それはまさしく「一つとして同一の場はなく、すべての場は特異である。独特の都市化、地域化、多様化の様相を呈する」（野城、二〇一六：二七四）事例になる。

水運技術としての筏流し

大川の木工業の特徴として、明治大正昭和前期の時代における筏流しによる原材料の運搬方法が挙げられる。それは格安の河川木材輸送法であった。そしてこれは当時の一般的な水運技術でもあった。

大川市誌には江戸時代からの「日田の筏流し」が詳細に記載されている（大川市誌編集委員会編、前掲書：三九二～三九五）。本格的には明治になってから、「筏師」により、丸太材を長さ二八m、幅四m内外にカズラで筏に組み、これを一枚として、日田から浮羽郡の荒瀬まで櫂と竹竿三本で操りながら、岩石と闘い急流を一気に下った。中間点の荒瀬で四枚を一組に組み替え、さらに下流に下り、久留米市善導寺、瀬ノ下、城島町にあった「筏乗りの宿」に二、三泊しながら、現在の大川市鐘ヶ江などにあった材木問屋まで流した。

問屋に買い取られた材木は鐘ヶ江の「筏まわし」（二〇名程度）によりさらに筑後川を下り、最終目的地の筑後川支流の花宗川両岸にある若津や榎津や小保に運ばれて、家具や建具用に製材された。二〇一七年の現在でも花宗川の両岸には製材所の名残が多い。この筏流しは日田に大規模な「夜明けダム」が建設され始めた一九五二年まで続いた。

その後トラック輸送になり、とりわけ高度成長期以降に東南アジアの安い外材が大量に大型船で輸入されるようになると、日田からの国産の杉材の輸送はまったく消えてしまった。これは時代とともに交通環境が変化した産業化の例である。

二度失敗した鉄道敷設

くわえて大川市の場合は、輸送機関イノベーションとしての鉄道敷設に二度の失敗があり、これが後々まで尾を引いてきた。最初は一八九一年（明治二四）に九州鉄道（国鉄鹿児島本線）が門司と黒崎、久留米―瀬高間を開通するとき、表11-1のように、当時久留米市と大牟田市に次いで筑後地方第三位の人口を持っていた大川町で、その若津港を経由する計

表 11－1　明治34年の筑後地方の自治体人口

自治体	戸数	人口数（人）
久留米市	5,654	32,559
大牟田町	5,127	13,461
大川町	2,003	11,214
柳河町	1,325	7,335
瀬高町	1,052	6,294
三池町	1,014	6,556

（出典）大川市誌編集委員会編（1977：1143）。

画が会社から示された。にもかかわらず、当時福岡県内で博多港や小倉港を抑えて県内一位の輸出入額があった若津港の海運業者の賛同が得られなかった（同右：一一四四）。そのために、国鉄の鹿児島本線ははるか離れた瀬高町経由となり、大川市は鉄道の恩恵が皆無の都市になった。

しかも、西鉄大牟田線の久留米から大牟田までの敷設の際にも、大川鉄道がその権利を持っていたにもかかわらず、大牟田線に西鉄大川線（大川市明治橋から大善寺まで）として接続して電化することが果たせなかった。この取り決めはいったん約束されたにもかかわらず、筑後川改修工事の障害になる危険性や大川鉄道路線の経営上の問題から、一九五一年以降はレールが取り除かれて、今日まで六七年間バスの運行が続いている（同右：六三六、一〇四七）。

大川市がイノベーションとして新しい鉄道への転換という交通環境の変化を二度も読み違えた結果、西鉄大牟田線が通過した三橋町（現在は柳川市と合併）に隣接した柳川市に比べると、産業停滞が続き、人口は漸減の一途を辿ってきた。どちらの都市も一九六〇年代までは五万人台の人口を維持していたのに、柳川市は周辺の大和町と三橋町との合併効果で二〇一〇年国勢調査では七万一〇〇〇人を維持したのに、どことも合併ができなかった大川市の人口は三万七〇〇〇人に減少した。

地方創生資源としての交通

その意味で、地方創生では地理的特性としての土地環境に密接する交通路線の利用により各種の事業が増えるようであり、資源としての地理的な特徴を活かすところから地方創生は始まるといっても過言ではない。それらが地元の資源、交通環境、働く人の定着性と移動性の問題に結び付き、かつての内発的発展の条件をも満たすようになる。

産業活動を担う企業組織の規模は次第に大きくなり、機械化が進み、大量生産が普遍化する一方で、個別的に熟練度が高い職人の養成教育もまた難しくなる。大川市の事例では、時代の推移で高度成長期に徒弟制が崩壊したので、木工技術者の養成は職業訓練学校経由となった。これもまたイノベーションの一つとはいえ、職業訓練学校で育成された専門家が職人レベルに到達するという保証は何もない。技術者養成も働き方も多様化は避けられないが、その変化がそのまま地場産業や地域社会の現状の満足を高め、未来への期待を増加させるというわけでもない。

2　産業化による徒弟制度の衰退

産業化の初期過程

産業化の初期においては、どこでもいつの時代でも地域人口移動が活発になり、それは就業機会の増加を導き、個人レベルでは熟練の機会が増える。大川市の木工業では一〇〇年間以上続いてきた徒弟制が崩壊して、高度成長期以降での木工業志願者は職業訓練学校で学び、一定の技能を身に着けたら、契約により市内の木工所へ就職して働くという方式に変化した。

当時の私は小学生であったが、自らが見聞した経験では、そのころまでの徒弟制度は家具や建具の製造技術はもとより、木工業全般の知識と製品価値の熟知とともに、人生への態度や結婚相手の紹介などもすべて親方が徒弟を丸抱えして、直伝するものであった。以下、一連の歴史的叙述は『大川市誌』による。

徒弟制度は、手工業者同業組合において、技能の後継者を要請するための制度であり、「親方、職人、徒弟（弟子）の階層組織に立脚し、親方・徒弟関係を一定の基準によって処置した」（『大川市誌』：六〇五）。主に農家の二男三男が弟子入りして、木工所の徒弟となった。家具の修業には五年か六年、建具は三年から四年、塗装は三年以内の訓練が慣習として行われていた。

この就業期間は親方の家に起居し、食事と夏冬の仕着、盆と正月の休みと若干の小遣い銭の支給しかなく、休む暇もなく働くことになる。夜業（よなべ）も通常は夕食後一〇時から一二時まであったが、朔日と一五日だけはそれを休んだ（同右：六〇六～六〇七）。これは民俗学的に説明できる。『日本民俗事典』（一九七二）によると、日本の休日は元来節供・節日として存在しており、「各月の中では、概して、一五日（望）・上弦（七日か八日）・下弦（二三日か二四日）が選ばれた。それに次第に朔幣（さっぺい）などといって朔日（一日　ついたち）を用い、さらに月末の晦日かその前日の二八日も選ばれ易かった」（大塚民俗学会編、一九七二：三八四）。すなわち大川市という木工業都市でさえも、一九六〇年代までは日本文化本来の節供・節日が生きていたのである。

都市にも民俗が残っていた

そのころまでは「都市の職人などが一日と一五日を定休日」としていたのである。なお関連して、「明治以来西欧の七曜の制が採用され、日曜が周期的な休息日として官庁・都市の生活の基準となったが、村には古来の生活の伝統が律動的に保たれている」（柳田監修・民俗学研究所編、一九五一：六二七。ただし当用漢字に金子が修正）状態にあったのである。この辞典が一九五一年刊行であったことを想起すると、福岡県の筑後地方の小都市では依然として「古来の生活」が「家具職人」を軸として維持されていたことが分かる。なお、この事実を補うものとして「新暦正月が主流になるのは、高度経済成長期以降のことであった」（福田編、二〇一五：一九三）も挙げておこう。

とりわけ近所にたくさんあった木工所や家具店の多くが、毎月の朔日と一五日（ついたち、じゅうごにち）を休日に設定していたことを私は鮮明に覚えている。つまり、義務教育の小・中学校や市役所などは週休一日制で日曜日を休みにしていたが、家具や建具の製造販売関連の事業所では一週間単位での休みではなく、月に二日しか休みがなかったのである。これが次第に変化して、一九七〇年以降になると、事業所の大半で週休一日制の日曜日が休みとなり、この方式が定着した。

大企業によるスチール製家具の浸透

その後家具産業に新しい原材料が開発され、机や椅子やテーブルが木材以外の材質で可能になると、大川の零細木工所が製造した家具は全国的資本の事務機メーカーが大量生産方式で作ったスチール製の家具製品に負けてしまう。さらに一戸建てやマンションの建築時に部屋の中に造り付けられるようになったクロゼットのために、洋服ダンスが売れなくなった。新市場の開発は零細木工業からではなく、全国展開する事務機メーカーのスチール製の家具から始まり、こちらが比較優位となった。そこには、大量生産されたスチール製の家具が持つ価格面での優位性、製造面での能率性、使用に際しての堅牢性などが国民に評価されるようになったという時代背景がある。

大川市の家具産業の停滞を一般化すれば、大きな時代の変化が休日のあり方や熟練者の養成や商品の原材料に関する伝統を弱めたといえる。そのうえ原材料の変化は家具工業のイノベーションには結び付かず、逆にスチール製の家具製造販売で成功した事務機メーカー、そしてクロゼットや整理タンスまでも造り付けとする住宅産業の建設方法が主流化した。その結果として、零細木工業が受け持ってきた伝統的な木製家具は、これらに総体としては敗北したと総括できるであろう。

イノベーションに遅れた木工業

この時代動向に、大川市では政治も無力であった。さらに徒弟制の崩壊という労働慣行の変化は大きかったが、土地利用面でも資本面でも木工所の組織面でもイノベーションは起きなかった。

総論的にいえば、日本では高度成長の時代にイノベーションはあらゆる領域で生まれ、そこから急速に諸分野が連動して変化が続き、それは生産製造過程、交易分配過程、販売消費過程を問わない（金子、二〇〇九）。この動きに対応できた地域とできない地域の差異は大きく、社会全体のイノベーションに乗り遅れると、地方都市の主力産業の様相を激変させるに十分な威力をもった。

大川市の木工業史からまとめると、江戸時代からの伝統であった国産木材加工による零細企業である木工所主導の家具製造の時代は、一九七〇年代からわずか二〇年程度で過ぎ去った。代わりに原材料のイノベーションとしてスチール製の事務用品としての机とテーブルとロッカーが学校、企業、家庭にまで浸透した。そこでは、大企業による大量生産方式が適合した。大川市では並行して徒弟制が崩壊して、木工関連の職人や熟練者が少なくなり、全国的企業において製造ラインの一部を受け持つ労働者に取って代わられたのである。

この歴史過程を検証すると、新商品には新規の目的として追求されて完成する場合とは別に、それまで無縁だとされていた領域から、発想の転換により応用されて完成したものがあることが分かる。後者の遂行にはコクヨファニチャーというコクヨ事務機の子会社が作られて、スチール製の事務用品製造として専業化されていくことが分かる。あるいはニトリに象徴されるように、格安の木材と海外現地労働力を使って家具を製造して、日本に輸入する方式しかない。

産業化の多面性

大川市の事例を踏まえて、柳田が挙げた「生産町」を再度考えてみよう。それは広義の産業化路線を歩むが、たとえば手工業生産から機械生産へ、畜力や自転車による配送から鉄道や自動車による配送へ、店舗販売からネット通販販売へというような構造的で不可逆的な変動が付随する。すなわち新しい産業化は、生産・製造、流通・配送、販売・消費に関わる原材料、動力源、そしてエネルギーの変化、ならびに日常生活の規則でさえも変えてしまう。

歴史を通してアシュトンは、「産業革命は工学上の出来事であると同時に、経済学上の出来事でもあった（アシュトン、一九四八＝一九七三：一〇八）とみた。

産業革命の歴史に学ぶ

この指摘は正しいが、さらに両者に社会学からみた実態を付加すると、地方創生のための生産町のイメージが得られやすい。すなわち、技術と土地利用という工学・地理学的手法、資本と労働それに組織という経済学の基本に加えて、価値規範と人間行動と地方創生を目指すアソシエーションという社会学の文脈でいう生活様式のすべてが連動した。進歩や前進それに発展や改善という文脈で評価される方向に社会全体が変化したのが産業革命であり、もっと一般化すると産業化を原動力とした社会変動とみなせる。

なお、「工業生産における多くの発明の背後には体系的な思想が横たわっている」（同右：一二三）という指摘は重要であり、今日の地方創生の掛け声の背景にどのような思想があるかの点検も不可欠である。なぜなら、地方創生の方向付けには必ず特定の思想が存在するからである。これまでに顕在化してきた地方の思想には、ローカリズム、個人主義、コミュニタリアニズム、地域主義、内発的発展などがあり、私はローカルチャー（金子、二〇〇〇：二〇一四a：二〇一六a）を標榜してきた。

このような認識を地方創生論に応用すると、創生活動が始動するのも工学、地理学、経済学、社会学などの諸分野からになり、その方向も進歩や前進それに発展や改善とさまざまに位置づけられる。そこでは「企業はより大規模に、取引はより広汎に、分業はより細密になり、さらに、輸送や金融はより専門化し、かつより能率の高いものになる」（アシュトン、前掲書：一〇八）。以上のような産業革命期の研究からの成果は、時代を超えて現代日本の地方創生に関しても応用可能性に富む。

3　生産町の産業社会学的条件

AGIL図式からみた産業発展条件

通常、産業の発展には、(1)土地、労働、資本、(2)組織、リーダーシップ、(3)初等教育水準の徹底、(4)高等教育の水準の向上、(5)熟練者、専門家の存在、(6)上昇移動の機会増加、(7)明るい将来展望、(8)政治の安定による社会的調整力の増大、などの相乗効果が期待される。

これらをパーソンズのAGIL図式に当てはめると、(1)(2)はA（適応）機能、(3)(4)(5)はI（統合）機能、(6)(7)はL（文化）機能となり、(8)のみがG（目標達成）機能として政治の出番になる。換言すれば、産業化でも地方創生でも、(1)(2)は経済学と経営学、(3)(4)(5)(6)(7)は社会学、教育学、社会心理学などに含まれることになり、政治学や行政学はあくまでも条件整備に止まる。とりわけ社会学が関与できる(6)と(7)が現代社会では不可能になっていて、国民のアパシーやアノミー感を強めている。その克服のためにも(3)と(4)に期待が集まる。しかし、教育行政への不信感は根強い。

(1)と(2)による産業化は、地方創生でも消費財や嗜好品奢侈品を作り出す変化ではなく、必需品や資本財を生み出すことが期待される。結果としてその変化は消費財にも波及する。すなわち、地方創生でも生産財（producer goods）、資本財（capital goods）、消費財（consumer goods）などの区別が可能であり、地方創生活動でも生産財を輸出や移出して、消費財を輸入移入したりできるし、逆もまた存在する。

たとえば、陶磁器の製造面でのイノベーション事例として、新しく混入された原材料、焼く温度の工夫、うわぐすりの改良などで、商品が多様化して、販売の対象者が拡大する。しかも、時代の推移による所得水準の向上は、陶磁器を安価な実用目的から観賞用にまで広げるので、高額な商品展開も可能になる。

モノづくりのイノベーションが、ヴェブレンの「誇示的消費」やボードリヤールの「記号消費」へのルートを持っていることはいうまでもない。

社会の開放性が明るい将来を招く

さらに少子化研究や人口減少社会の観点からは、(6)に関連しては世代内上昇移動の機会増加、そして(7)については職業面での明るい将来展望が重要である。なぜなら、合計特殊出生率が日本でも二・〇〇以上であった一九六〇年代から七二年までの高度成長時代では、この両者の重要性を国民が認知していたからである。そこでは「明日のために今日も頑張る」という将来への信頼があり、社会的にもアノミーは認められず、政治的アパシーも顕在化せず、その結果として上昇移動の機会もまた多方面で開かれていた。(2) 四〇年後の今日とは正反対であった。

広い意味では文化の質に該当する社会の開放性は、社会システムのL機能の一翼を担う。開放性により成員の能力達成機会は拡大するので、それは産業化や地方創生にもそして少子化克服にも大きな意義をもつ。そこではジャパニーズドリームの可能性もまた強くなる。

しかし、九〇年代のバブル経済崩壊により、社会の開放性は失われ、さらに国民による未来への信頼感も消滅して、一九七〇年代半ばから続いてきた国民総中流意識は九〇年代には崩壊した。その後は格差社会が顕在化するに至り、格差の度合は今日では個人間、階層間、地域社会間などでますます強まっている。アノミーは個人とともに社会システムレベルでも顕在化し始めている。そこでは格差の二極分解が起きている。研究者レベルでは格差の原因追究ばかりがなされて、肝心の格差是正についての議論が乏しい。いわば格差是正のための政策的な提言に関わる言明が少ないのは、日本の社会科学の宿命なのであろう。ここからは社会システム創新という発想は育たない。

聖から俗への価値意識の移動

その意味で歴史学上の「産業革命は観念の革命」（アシュトン、前掲書：三一）という指摘は正しい。現代日本における地方創生を地方の産業化と読み替えても、この古典的定義は活かされるであろう。なぜなら、「産業革命は一つの期間ではなく、一つの運動と考えられるべきものである」（同右：一五九）という理解がそこにあるからである。産業化の勢いは期間限定の運動であることが多い。歴史的に見ると、弱い産業化の時期も強い産業化が目立つ時代もあるが、いずれもこれらは波動的に交互に社会現象となりうる。産業革命期には強い産業化、発明発見が集中して起きた一九世紀後半から二〇世紀前半もまた、科学革命の運動の時期だと考えられる。

これらの時代背景として、人口の増大、科学の技術への適用、金融資本や産業資本の一層の集中ないしは大規模化がある。その結果として、社会成員レベルにおける初等教育水準の向上と高等教育の普及を原因として、神から人への力点が移動した結果、既述したようにそこに宗教の世界から科学の世界へという「聖から俗への価値意識」の推移を読み解くことは困難ではない。

宮本常一は、「明治以来の政策が地方資本を壊滅させ、地方文化発展の芽をとめ、地方の生産エネルギーをうばい、やがて国内植民地をつくりあげて来たのである。植民地における文化は定着性のないのを特色とする」（宮本、一九六七：四六）とまとめ、発展における住民の定着性を強調した。同じく「都市文化そのものも浮動性のつよいもので未来をはらむ永続性をもったものはまだ伸びはじめていない」（同右：四六）とみなされていた。一九六〇年代においてすでに浮動性の強さが指摘されたが、逆説的にいえばここでは定着性の弱さが取り上げられたことになる。

すなわち、地方文化の基本は第一次産業から生み出されたものであり、そこには俗的世界としての自然環境との対話、自然環境への順応、自然環境からの恵みの享受、自然環境を活かした生産物、年中行事が規則的に営まれ、個性重視やハンドメイドなどの価値が優先されていた。

都市の普遍性と画一性

一方、都市文化の基本は第三次産業を契機としており、それは俗的世界としての都会人による技術、自然の克服、生産・製造―交易・流通―販売・消費などの経済活動の循環を招来する。階層移動も地域移動も激しく、社会全体が大量生産に移行すると、全国各地から集まってきた人々が分業として受け持った機械型生産による普遍性と画一性が追求された。休日の設定でさえも「朔日・一五日」から七曜制に移行して、日曜日を休日とするようになった。ただし都市に住むこの人々のルーツは、大川市の事例でものべたように、明治から昭和の中期まではふるさととしての農山漁村であった。

柳田國男はそれを以下のように表現した。すなわち、「日本の都市が、もと農民の従兄弟によって、作られた」（柳田、一九二九＝一九九一：三三六）。また同じように宮本は、「もともと日本の都市の多くは農民の集合したものであり、個々の都市民と農民との間には、大きなつながりがあった」（宮本、前掲書：九二）とした。いずれも農漁業という第一次産業の文化で育まれた若者が明治から昭和前期にふるさとから移動して、神島二郎のいう「群化社会」としての大都市にそのまま定着して、三代目四代目が昭和の後期から平成の時代にみられるようになった（神島、一九六一）。

ただし、都市への移動後六〇年が経過すれば、「僻地の村落共同体は多くの共有財産を持った。共有山、共有牧野、共有耕地、海水面の共同利用などがそれであり、その共有財産があることによって、貧しくはあるが破産からまぬがれることができた」（宮本、前掲書：九四）というふるさともまた無くなっており、都市への移住者にはもはや農山漁村との断絶しか残っていない。

東京一極集中とふるさとの崩壊

したがって、ふるさとの農漁村でも移動先の都市でも、日常的なコミュニティ関係が崩壊したのは、個人が流動化して、家族が分解し、地元に残った定着者だけではその共同体を守れなくなったからである。代わりに、最終的な擁護者として、国家が過疎地にも都市にも介入して、生活保護という全国一律の制度を通して経済的困難に直面した国民を守るようになった。

二〇世紀末から二一世紀の日本では、老若男女のうち高齢者のみが地方に滞留して、残りの世代はすべて減少傾向にあり、東京一極集中が強まり続けている。その東京でも高齢化に加速度がつき始めた。この「地方消滅」への危惧と同時に、「一極集中」の弊害が東京から発信されたのが二〇一四年である。この動態を逆転すべく、まずは地方の拠点都市への人口還流と定住性を強化して、若い世代の定着性を推進させることが急務といわれるようになった。地方に拠点都市をたくさん作り、結節機能を高める方向が打ち出されている[3]。しかしその試みは依然として掛け声段階にあり、建設的な具体策に結実していない。同時に全体としては少子化による人口減少社会なのだから、この面への配慮も十分とはいえない。

私もまたそれらに関して微力を尽くしてきた（金子、二〇〇三：二〇一六a：二〇一六b）。仮に、地方における定着者を中心とした地方創生運動を試みる条件を、

(1) I　イノベーション（創意工夫）
(2) S　セットルメント（定住と日常の絆）
(3) M　モビリティ（移動と前進）
(4) D　ディバーシティ（多様化と個性）

というISMDの四つとする。文章化すれば、階層移動と地域移動を促進して、多様な人材が個性豊かな活動ができる環境を創ると表現できる。ともかくも地方に定着した人々の日常の中で、新しい生産製造、交易流通、販売消費のいずれかで創意工夫が発揮できることが地方創生に結び付く。

たとえばそのキッカケの一つにお祭りがあり、二〇一五年に文化庁により兵庫県として日本遺産に認定されたデカンショ節を祭りの柱に据える篠山市における取り組みから、ISMDの内容に接近できる。また二〇一七年に同じく認定された兵庫県の生野銀山史跡の歴史社会学的な研究も、四種類のISMDから整理すると、その先の議論がやや容易になるのではないか。

注

（1）Ａα型都市とＢβ型都市だけではなく、論理的にはＡβ型、Ｂα型もあり得る。
（2）アパシー（apathy）とは、否定（without）を意味するａと哲学で使われる情念を表わす pathos が組み合わされた概念である。そのため、訳語としては物事に感動しないことを総称する。たとえば政治への関心が持てない、政治現象に感動しない、そこへの参加に熱意がない状態を表現する際に用いる。
（3）この議論は盛んだが、「しごと」の重要性を指摘して、その農業面での成功事例のみを紹介する報告が多すぎる。その反面、「まち」や「ひと」が忘れられている。詳しくは、濱田・金子（二〇一七ａ：二〇一七ｂ）を参照のこと。

本章の論点

1、大川市における輸送機関イノベーションとしての鉄道敷設の失敗から、どのような教訓が得られるだろうか。
2、伝統技術の伝承に際して、徒弟制が持つ意味と職業訓練学校の意味を比較してみよう。
3、産業の発展には、(1)土地、労働、資本、(2)組織、リーダーシップ、(3)初等教育水準の向上、(4)高等教育の普及、(5)熟練者、専門家の存在、(6)上昇移動の機会増加、(7)明るい将来展望、(8)政治の安定による社会的調整力の増大などが想定される。自分の故郷で新しく産業化を企画するとして、どこから始めるかを考えてみよう。

第12章　地方創生の一般理論を目指して

1　地方創生にどう取り組むか

地方創生をスローガンとした日本　スローガンとは、政党や企業に代表される組織が推進したり宣伝したりする際に使う標語（catchword）である。ここでの「地方創生」もまた、二〇一三年に政府与党から今後の重要な国策として打ち出された標語の一つである。とりわけ二〇一四年に刊行された増田寛也編（二〇一四）で、日本全国の一八〇〇余りの自治体のうち、八九六の自治体が数十年後には消滅すると名指しで予告されたために、「地方消滅」と「地方創生」をめぐり全国的な論争に火が付いた。

その後の論争では、数カ所の小さな集落での「活性化」や「内発的発展」の事例分析に基づき、「地方消滅」などはありえないという発言が社会学、経済学、農業経済学など各方面から出された。他方その対極には、農村社会学による過疎地域研究を踏まえた「限界集落」や「消滅」の現状報告が続いている。実態としては全国的には両者ともに存在する。私はどちらにも与しないで、事実に基づきながら汎用性のある「まち、ひと、しごと」をめぐる地方創生の理論を探究してきた（濱田・金子、二〇一七a：二〇一七b）。

「少子化する高齢社会」研究の現場としてきたいくつかの地方都市の事例を活かして、地方創生論の全国的な論争とは異なる文脈で、私は独自のコミュニティ論の視点から汎用性に富む理論的展開を目指してきた（金子、二〇一六a）。幸いなことに二〇一七年になってから、西日本社会学会、日本社会分析学会、関西社会学会のそれぞれの学会機関誌で、丁寧で好意的な「書評」をいただいた。書評者はいずれも真摯に拙著を読み込まれており、事例分析を素材にした社会学的理論化への模索について、たいへん建設的な意見を述べられ、全体的な評価を下されていた。

汎用性を目指す地方創生理論　汎用性を目指す地方創生理論もまた地域社会研究のテーマなので、まずは自ら収集した事例が織りなす現実を直視するところから研究が始まる。ただし、単独での事例の収集には大きな限界があるので、それを増やすには同業者やマスコミそれに行政官庁が公開してきた事例や事例分析を丹念に学ぶしかない。その際、他者による事例研究の汎用性を高める判断基準を明確にして、それに照らして取捨選択を行う。取り上げられた地方創生課題は、その地方での「主体」がどのようなビジョンをつくりだして、そこにいかなる資源を投入して、目標達成を狙ったかを問いかけている。ここでのまとめにも、長年模索してきたコミュニティのＤＬＲ理論を活用した。

さらに地方創生の課題達成では、「主体」の機会創造のきっかけを明らかにして、他の地域社会との差別化をいかに図ったかを読み解く。そしてその地方創生事業は、単純化原則により目標を限定して、目標達成期間を決めて、速やかに実行していたかを判断する。また、そこで創り上げられた成果（商品やサービス）の品質はどのような水準にあったかを検証する。

「地方」創生か地方「創生」か

かつてよく使われた図式を使えば、地方創生は「地方」創生か、地方「創生」かで内容が大きく変わる。すなわち、地方への関心を最優先するのか、あるいはむしろ発展や創生への関心が強いのかにより、その方法、事業内容、期待される成果が異なってくる。(1)「地方」か「創生」かのどちらを優先するかという方向付けは、一八〇〇あまりの自治体、なかんずく増田編（二〇一四）により「消滅」を名指しされた八九六自治体では、緊急に決定したい課題である。

それと並行して、どこがそして誰が中心となって、それを行うかという「主体」（リーダーシップと住民の意欲と力量）の問題がある。単一主体だけではなく、主体間の協力連携もまた有力な「主体」になりうる。そこでは地方創生事業の構造をどのように作っていくかが問われる。しかも地域社会の活動を分担する現場から、「主体」の方向性感覚と力量に対しての信頼性が強いか弱いかを判断する。この強弱も創生運動の永続性に影響する。

2　コミュニティのDLR理論の構造

「しごと」づくりにはアソシエーションが不可欠

地方創生を「まち、ひと、しごと」に分解して考えることは分かりやすく、入口としてはこれでよいが、その先にある「しごと」づくりにはいくつかの経済的課題の達成を並行させるしかない。雇用の創出はその一つであり、その主役は規模を問わず企業か公益法人か各種団体になる。ただし現状では地方に大企業が少ないので、辿りつくのは零細・中小企業か公益法人か各種団体である。

雇用創出に限れば、持続性に問題はあるにしても、大組織から零細組織までのさまざまな集団・団体・集合体がその役割を果たしうる。ここでは、広い意味でいくつかの共通の目標達成を志向する人間集団としてアソシエーション（association）を使うことにする。集合体（collectivity）、集団（group）、団体（body）、組織（organization）、企業体（corporation）、企業行為者としての企業（corporate actor）、法人（juristic person）、結節機関（nodal organ）などのさまざまなアソシエーションが、地方のコミュニティのなかで地方創生への道を開いていくかについて、マッキーバーが類別したコミュニティとアソシエーションという対比的な両概念を擁してきた社会学の見地から検討する（マッキーバー、一九一七＝一九七五）。

コミュニティが疲弊し消滅するのは、そこでの器官（organ）としての既存のアソシエーションが停滞し、縮小し、活動を休止するからである。同時にコミュニティ成員の協力や共同活動だけでは、コミュニティがもつ水平的機能と垂直的機能がともに維持できないからでもある。水平的機能とは、道路や鉄道さらには公園や病院や学校など社会的共通資本を媒介とした都市生活の展開であり、市民はそのためにゴミ捨て規則や交通法規を守ることで、「まちづくり」に協力する。垂直的機能とは、国家など上位機関との結び付きによる相対的な自治や自立の実現であり、予算、人材、情報などを活用した「まちづくり」が該当する。

地方創生に向けて動き出すには、これらに象徴されるコミュニティ器官として特定アソシエーションの始動が肝要である。この種類は多種・多様・多彩な方が現実的であり、それが多元的な地域社会論を構成する。

DLRの内訳

コミュニティのDLR理論では、コミュニティのディレクション（D）、およびレベル（L）そして社会資源（R）を加え、総合化を目指して理論化したものである（金子、二〇一六a）。その関連図は図12－1の通りである。

一般的にいえば、成功した地方創生のR（資源）は多彩であり、農業・農村だけから得られているわけではない。それは一〇〇年前の柳田國男による分類である生産町、交易町、消費町のどれに該当しても構わない（柳田、一九〇六＝一九九一）。また五〇年前の宮本常一が喝破したように、そこには必ず「人材」の活躍が認められる（宮本、一九六七）。この「人材」が地域の方向性（D）を決め、当初は少人数の運動体が自治体も巻き込み、地域全体のリーダーシップ（R）と住民の意欲（L）を向上させる。私の地方創生論では、（D）で示す方向性、企業や個人の主体性としての（L）、利用可能な社会資源としての（R）を組み合わせて、比較的実践的な方法を案出しようとした。この全体像がコミュニティDLR理論である。

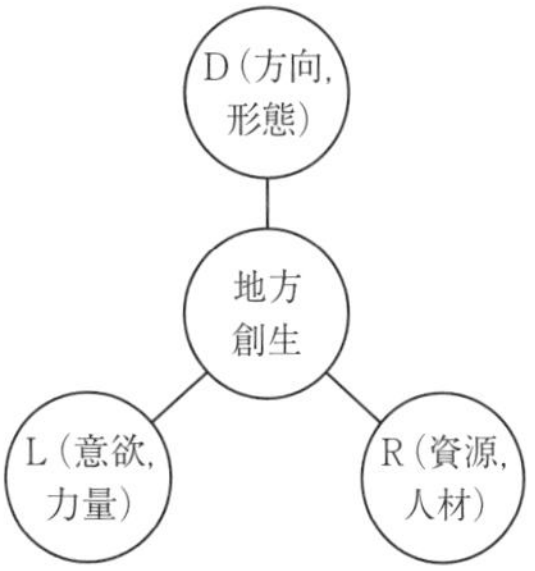

図 12－1　地方創生とコミュニティ DLR の関連図

（出典）筆者作成。

この理論は、日本地域社会研究の原点をなす柳田國男と宮本常一の諸業績を出発点として、高度成長期の全国総合開発計画、その後に展開された一村一品運動、内発的発展論、地域活性化論などの歴史的把握、および内外の膨大なコミュニティ研究文献、そして鈴木広が未完のまま残したコミュニティDL理論との接合により私が主張するに至った。このような地域の方向性（D）、リーダーシップ（R）と住民の力量（L）、使用可能な資源（R）の三位一体の総合性が、これからの日本の地方創生の分析と理論化には役に立つと考えられる。

地域での創造性を増大させる方策　さらに一般化された地方創生の条件として、地域での創造性を増大させる方策（D）が考えられる。それはいわば地域社会をもっと創造的にするためのアイディア集（creative local ideas）であり、具体的には以下のような類型が構想されている（プレジデント編集部、二〇一六：五二）。

(1)付加価値型（added value）：旧来あったものに、デザインなどで新しい価値や市場で求められる価値を付加し、世に送り出す
(2)改良型（improvement）：既存のモデルを改良して、新たな需要を狙う。イノベーション型も含まれる②
(3)共有経済型（sharing economy）：商品、資金、サービスの交換・共有によって生まれるモデル
(4)資源活用型（utilizing resources）：地域ならではの資源を使って新しい商品やサービスを生み出す

ここでの創造性とは、思索ないしは想像力および経験の組み合わせにより、何か新しいもの、独自性に富むもの、他とは異なるものが生み出されることを意味する。この立場からすると、地方創生に向けて理論化の骨格を強化する事例としては、消費生活協同組合や郵便局、そして地元に根づいた零細・中小企業を活用した情報化地域福祉拠点造りが挙げられる。これは地域住民が互いに勇気づけ、信頼し、援助しあう拠点になり、そこではコミュニケーションによる相互鼓舞こそが支え合いの基盤になる。し

たがってこのような拠点づくりには、多少とも前記の創造的アイディア集(1)(2)(3)(4)すべてが関連してくることになる。

活発な営みの開始

地方創生が対象とする地域社会の課題は「活発な営みの開始」(activation)であり、その内訳は、

(a)残存(survival):最低限の地域性維持のため、地域社会機能を低下させない。
(b)再生(revival):特定の組織構造を強化して、活性化関連機能水準の上昇を図る。
(c)創生(vitalization):特定の目標を追求して、新しい産業構造と社会構造を創り出す。

のうち、どのレベルに照準を置くかを決め、それによりその後の実行主体と利用可能な資源が決定する[3]。コミュニティDLR理論では、この決定過程が主体の問題(L)になる。

「創生」を課題とする地域社会は、このうちのどれに該当するのかを決定し、「地域性」(locality)構造にコミュニティ社会システム論を応用する。そうすると、(1)生産・分配・消費(産業・経済・文化)、(2)社会化(教育・生涯学習・文化の質量)、(3)社会統制(政治、連帯、まとまり、国民性)、(4)社会参加(文化の質、行政制度面と非制度面)、(5)相互扶助(文化の質、連携、支え合い、福祉)が、機能面の客観的結果として位置づけられる(金子、二〇一一)。

狭域の限界集落でも広域の大都市でも、「まち」の維持にはこれら(1)~(5)への配慮が欠かせない。現在の「地方創生」論では、(1)「しごと」に直結する「生産」産業中心だが、(2)~(5)の機能強化にも配慮

し、「地域経済再生」を超えたい。同時に、文化「生産」的「地方創生」でも「地域社会再生」のきっかけが得られるとする包括的な視点がほしい。たとえば現在の観光開発では(2)〜(5)が欠けるために、観光に依存するだけでは地方創生の「まち、ひと、しごと」には結び付かないと考えられる。

リスクもコストもかかる地方創生

総じて「創生」という変革にはリスクもあり、コストもかかる。したがって、それらをあらかじめ想定したうえでの「地域創生」では、地域社会の定住者が最大公約数的に合意できる方向性をいかに創り上げるかが課題になる。リゾート開発の歴史が教えるように、観光に特化した企業だけが潤う構造では、観光特需自体も長続きしない。特需は「爆買」と同じく気まぐれで予測できない。

したがって、リゾートだけでは「まち」にはなりえない。そこには標準的な上下水道、道路、ゴミ処理、医療、義務教育、公共交通、ガソリンスタンドなどのコミュニティ維持機能を継続的に整備する「しごと」がある。これらの標準的「画一性」が水平的な側面で「まち」を整える。整えられた「まち」に従業員として「ひと」も住むのだから。したがって、永続性を目指すのなら、リゾート企業でさえも「まち」づくりへの応分の負担が求められる。

3　地方創生の主体と方向性

地方創生の主体分類

以上を受けて、地方創生の一般解を目指すために、地方創生運動のうちなんらかの集合体が主体になる事業を選定することにした。たまたま一〇年かがりの視察、観察、調査、インタビューの要約を公表した竹本昌史（二〇一六）があり、そこからの一九三事例を取り上げ、コミュニティのＤＬＲ理論とＬの根幹をなす運動主体・事業主体論の立場から再分類を行うことができた。すなわち目標としての（Ｄ）を決定する主体（Ｌ）はどのような資源を（Ｒ）を使ったのかをまとめ、その上で「Ｒ＝Ｄ」か「Ｒ≠Ｄ」かを調べてみたのである。

図12‐2は竹本が集めた一九三事例を前記の四分類で整理したものである。主体分類としての内訳は、自治体主導が三二・一％、コミュニティが三〇・一％、公益法人が一九・二％、ビジネス会社が一八・七％になった。まず、利益追求集合体として、産業活動や商業活動を目的とする「ビジネス会社」を措定した。この類型は、会社や地元（Ｌ）により、資源（Ｒ）を使って産業活動や商業活動（Ｄ）を行う。

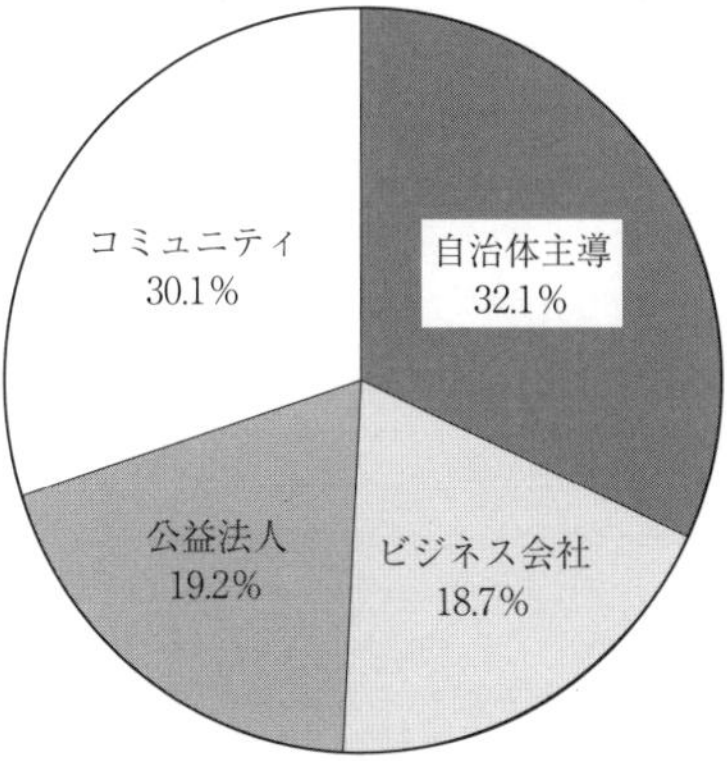

図 12－2　地方創生の主体

（注）四捨五入しているので，100％にはならない。

（出典）竹本（2016）。

次いで、同じ事業でも公的性格が強い「公共事業」を実施する行政体として「自治体主導」が得られた。主に都道府県や市町村が該当するが、そこでは国からの補助金が活用される場合も多い。自治体は事業活動の裏方に徹する場合もあるし、前面に登場することもある。さらに民間と共同する事業もあるので「自治体主導」と表現した。竹本が紹介した事例から私が「自治体主導」と判断したものをすべてここに分類した。

第三の「公益法人」は通常の意味より広く、公的な利益、公的な福祉、公益性の強い目標を追求する事業

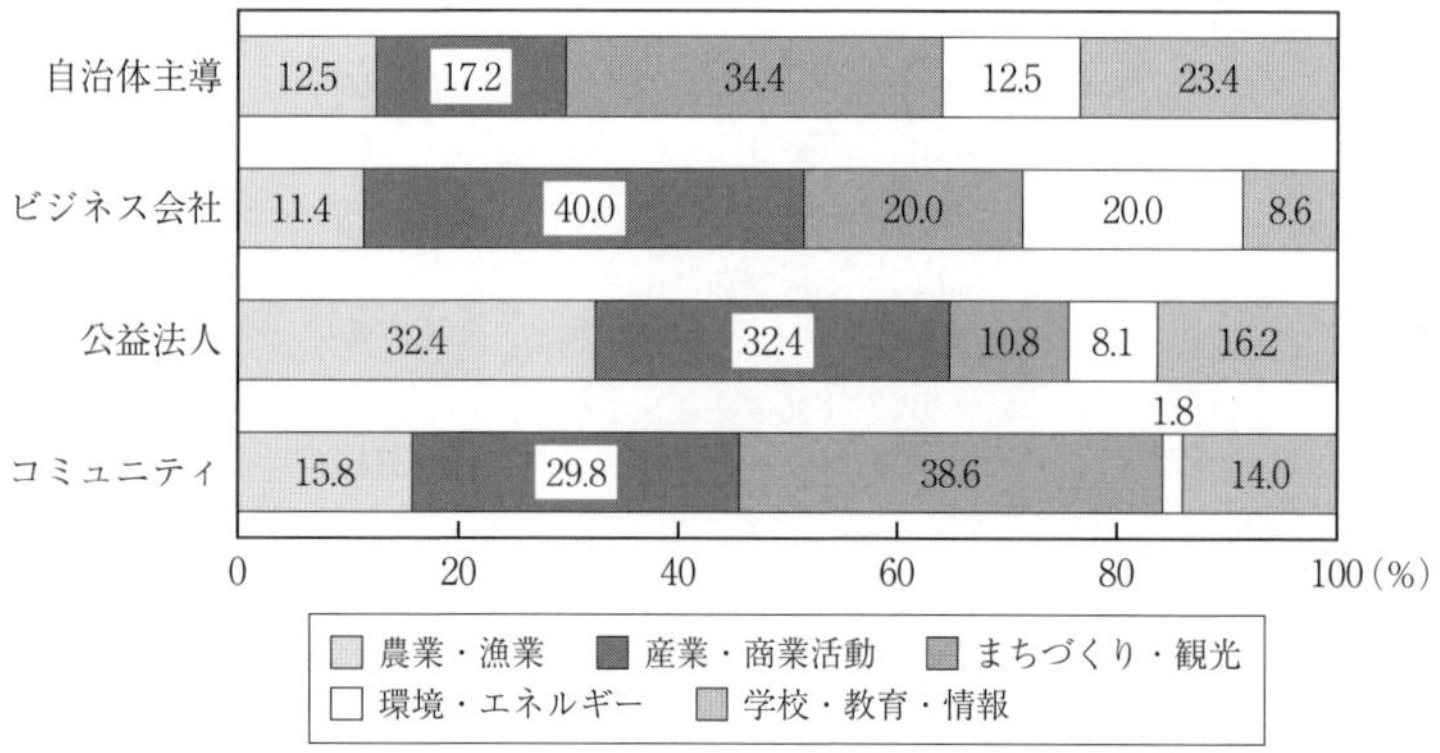

図12－3　地方創生の主体と方向

（出典）竹本（2016）。

体を総称する。ちなみに、竹本が扱った事例で公益法人としたのは、広い意味で生産者組合、運営組合、有限責任組合、農協、漁協、第三セクター、博物館、大学、水族館などである。

第四の主体が「コミュニティ」であるという場合は、その「まち」のコミュニティの「器官」でもある商店会（街）、そこでの有志が作った組合、各種のＮＰＯ、露店組合、その他のボランタリー団体などの活動を包摂した。分類的には前記三類型の残余範疇に近い。

地方創生の事業活動

次に、一九三事例の内容を判断して、事業活動を五つに分類した。それは「農業・漁業」三三事例（一七・一％）、「産業・商業活動」五四事例（二八・〇％）、「まちづくり・観光」五五事例（二八・五％）、「環境・エネルギー」一九事例（九・八％）、「学校・教育・情報」三二事例（一六・六％）となった。

細かく見れば「農業・漁業」と「産業・商業」間にも「まちづくり・観光」と「学校・教育・情報」間などにも重複するところもあったが、内容を精査して独自に分類して、四類型にまとめた主体とクロスさせて図を作成した（図12－3）。

それぞれの特徴を整理しておこう。まず自治体主導では、「まちづくり・観光」が第一位となり、第二位は「学校・教育・情報」であった。ここでは地方創生の主体が自治体であるから、方向性には「まち」全体に関わる資源が活用され、結果的には「まちづくり」や「学校」関連の事業を用いた創生運動になっていた。

ただし、過疎地域の自治体も多く含まれていたために、「農業」に方向を絞りこみ、そこに資源の優先的な投入を行う事例もあった。

「環境、エネルギー」への配慮も他の主体よりはなされている。主体としては第二位になったコミュニティでも、「まちづくり・観光」が自治体主導と同じく一番多く出た。ここには居住空間の整備を通して、観光客にもその利便性や快適性を体験してもらうという狙いがある。第二位は商店会（街）の活動が多く、方向としては「産業・商業活動」が登場した。産業でも商業でも「農業」生産物は商店会の販売には欠かせないので、主体がコミュニティの場合でも「農業」自体が有力な資源としての機能をもつ。

公益法人では、生産者組合、運営組合、有限責任組合、農協、漁協、第三セクターなどのアソシエーションによって、地元特産品を開発販売する「農業・漁業」と「産業・商業活動」が同率の第一位となった。これもまた重複する商品が多い。また、大学や研究機関もここに含まれることから、「学校・教育・情報」での資源開発にも積極的であり、独自性が目立った。反面、「まちづくり・観光」を主要業務とする公益法人は少なかった。

地方創生ではビジネス会社が当初から参入する事例は少ないが、それでも活動方向としての「産業・

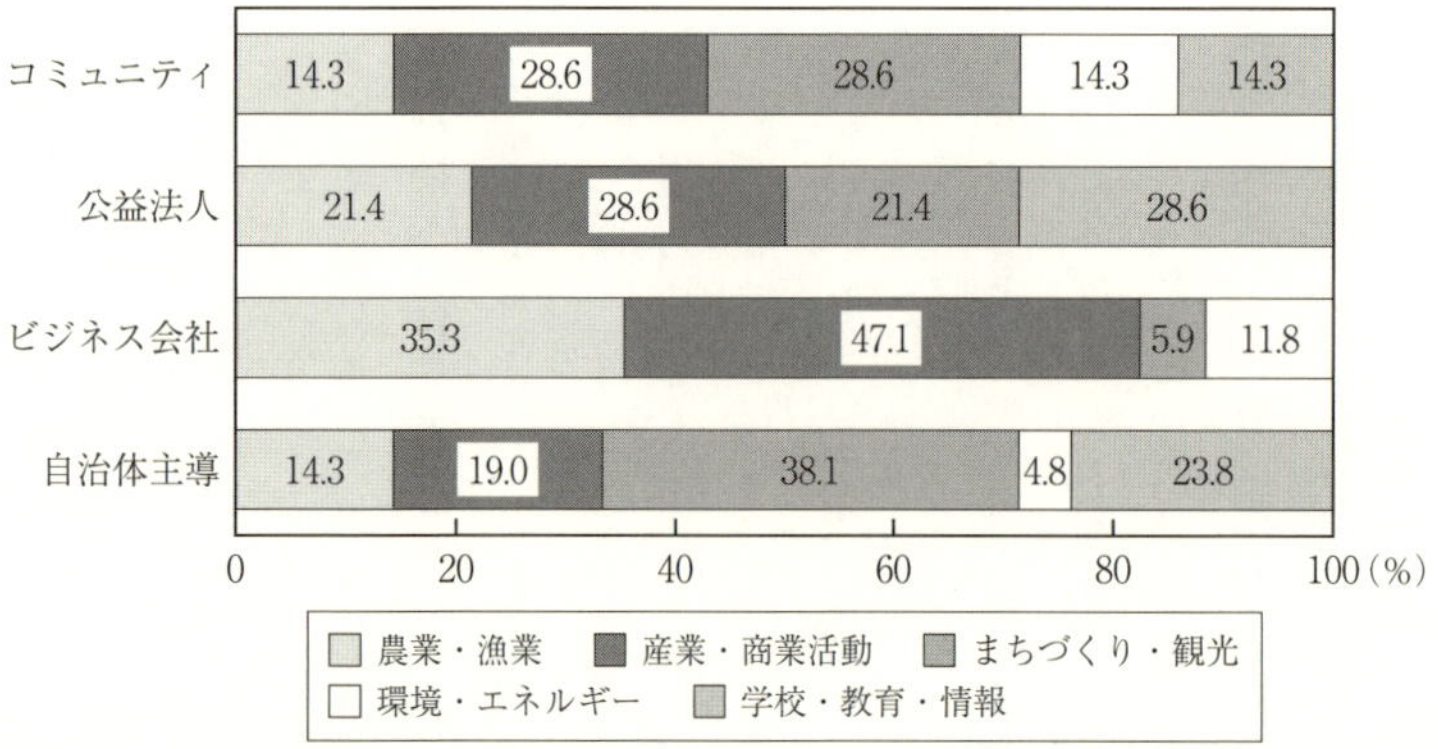

図 12－4　内閣府による地方創生（しごと）の主体と方向

（出典）内閣府ホームページ。

商業活動」が他を引き離して第一位となった。これは産業活動の一環として、地方創生のある領域を企業が受け持つことが多いからである。その代表が第二位となった「環境、エネルギー」開発であった。とりわけ過疎地域に、風の強さや日照時間の長さを活かした風力発電や太陽光発電を開始する事業を「ビジネス会社」が受け持っていた。なお、「まちづくり・観光」も「環境、エネルギー」と同率であった。

内閣府公開事例との比較

以上の集計分析から、何を学ぶか。比較の素材として、内閣府が公開している事例集をまとめてみよう。内閣府の二〇一七年七月ホームページを開くと、全国各地から集められた地方創生「事例」が掲載されている。そのなかで地方創生（しごと）を取り出せば、五九の事例になる。図12-3と同じような手法でその内訳をまとめたものが図12-4である。

竹本の調査事例とはやや性質が違うが、主体と方向を組み合わせると、内閣府が集めた事例の特徴は、以下の通りになる。一つは「ビジネス会社」が「農業・漁業」関連の商品開発を手掛けるという構図が浮かんでくる。もちろんその販売も含んだ「産業・商業活動」も多い。

事例数が少ないためもあり、「自治体主導」での方向性の分布は竹本の収集事例と近似的であったし、「コミュニティ」でも「公益法人」が手掛ける地方創生の方向も似ているところがあった。

これらを事業化して「付加価値」をつけるために、(1)誰が動くか、(2)どこと繋がるか、(3)どこまで拡げるかの判断が不可避となる。また、インバウンド（外部から誘客して稼ぐ）、ローカル（地元地域内で稼ぐ）、アウトバウンド（外部に販売して稼ぐ）に分類して、事業の特徴を整理するのも有益である。

以上を踏まえて、世界の地域創生の動向に触れ、そのあとに最近まで行ってきた私なりの事例を検討する。ただし、大川市の家具工業については前章で詳述したから、ここでは二事例のみに止める。

4　生産町の歴史的事例から

世界各地の地方創生事例　最初に世界各地の「地方創生」の実態として、ヴァンソン藤井由美と宇都宮浄人（二〇一六）によるフランスの地方都市の事例を見てみよう。そこでは「まちづくりのダイナミズムを支える軸として交通を位置づけ、そこから商業政策、土地利用といった都市政策全般まで議論を進める」（はじめに）とされている。交通システムを社会的な目標の中で考えるために、ストラテジー（戦略）、タクティクス（戦術）、オペレーション（運行）に分けて整理したあとで、頭文字を合わせて、STO枠組みとして利用される（同右：一九一）。この枠組みは参考になる。[4]

事例を基に日仏比較を行うと、地方創生の仕組みの違いや社会的制約の相違が歴然とする。「できない理由を挙げるのではなく、『どのようにしたら出来るか』」（同右：二〇〇〇）を出し合い、考え、実行するという哲学には賛同するが、たとえば、「ビジネスとして成立していない個人商店も基本的に保護していく政策は見直す必要がある」（同右：一九七）に、日本の個人商店や零細企業経営者が賛同するとは思えない。結果的に個人商店が倒産するのは歴史的必然性もあるが、このような社会的な発言には批判が集中するのは必定であろう。

したがって、「伝統的な個人商店、新しい個人商店、外部資本による商店を、偏ることなく発展させていく方法を模索しなければならない」（同右：一九七）としかいえず、無力さが漂ってしまう結論になった。たとえ交通政策を見直しても、この難題打開にふさわしい「方法」が見つかるのかどうか不明である。

世界の辺境からの地方創生

次に松永安光・徳田光弘（二〇一七）らが行った世界の地方創生研究を見てみよう。これは「辺境から生まれる新しい時代」として、世界各地の「辺境」で得てきた事例報告集である。DLR理論で見ると、いわば「辺境」地域社会の資源（R）を最大限活用した方向性（D）と主体（L）のまとめになっている。アルプス地方では、村役場や町役場という自治体そして地元企業が、地元の森林資源から得られた木材を活用して木造建築物を作った。その地域循環が二人によって評価されている。

中北部イタリアの事例では、グリーンツーリズム（アグリツーリズム）法により、農家が農場内の施設を宿泊所として自前の食事を提供するビジネスが紹介されている。それを地方都市の「空き家」に拡張して行うビジネスが「アルベルゴ・ディフーゾ」である。さらに洞窟の壁面をそのまま利用した部屋を提供するという観光客向けの宿泊施設も登場していて、いずれも民間企業が行っている。

スペインのピレーネ南麓地方では、「建築と美食の融合」が細かく紹介されている。ワイン、日本酒、チーズ、創作料理もある。地元大学に「食科学学部」が作られて、人材養成も始まった。

リスボンでは「廃村の廃屋」が新たな視点で再利用され、建築物や公設広場を美食フードコートにする試みが報告されている。主体は市役所の場合もあるし、小企業の場合もある。

アイルランドのダブリンでは「テンプル・バー」が政府主導で行われている。実際は、飲食店、店舗、アート関連ビジネスなどの小企業体の集合施設であり、独創的なレストランが「地域の持続可能な発展を可能にし、その魅力をふかめている」（同右：一三七）とまとめられた。

イギリスのグラスゴーでは、美術学校を軸として、アートビジネスが運営されていた。建築家マキントッシュの遺産の一つである「ライトハウス」も創造的なビジネスの生まれる空間として活用されている。さらに小さなウィスキー蒸留所が復活して、新しい地場産業として注目されてきた。

フィンランドは豊かな森林資源を基にして、日本のミサワホームによる製材事業やバイオマス発電だけではなく、製紙会社が製材、パルプ、合板、バイオ科学などを手掛けて、大規模なバイオマス発電を行っている。またラハティの水辺に沿う形で作られた木造建築公園もそこでは紹介されている。

台湾台北では、行政により日本統治時代の建物をリノベーションして、芸術、イベントなどに活用が始まった。台中では旧市街地の空き家、空きビルを若手事業家が再生する試みが始まっている。嘉義では有名な「阿里山森林鉄道」と森林資源が組み合わされて、南華大学教授を中心として古い建造物がリノベーションされ、いくつかの施設が観光名所として使われている。

ただしこれらはいずれも「きわめて固有性の高い個別解」(同右：二一四)であるという総括が付けられている。この日本的な活用は読者の問題意識次第だというわけである。

地方創生にもなった「灘五郷」の酒造り

さて、前章の大川の家具工業以外の事例を使って、少し理論的な整理を行ってみたい。一つの事例は歴史的には三〇〇年を越える「灘五郷」の酒造りであり、これもまた地方創生のＤＬＲ理論で説明できる。神戸市の菊正宗酒造記念館に行くと、その入口に「地方」創生でも地方「創生」でも応用可能な「日本一の酒どころの要因」が列挙してある。六要因のうち(Ｒ)としての天然資源に分類できるのが「米」である。これは近郊に播州米や備前米など大粒の酒造りに適した米の産地があり、手に入りやすかったと記されている。

第二の資源は「水」である。六甲山からの伏流水が得られ、これにはミネラルが多く、鉄分が少ないという水質であり、酒造りに適していたようである。

第三の天然資源は冬季の六甲山を越えて吹く冷たい乾燥した風(六甲おろし)である。これは冬季という決まった時期に六甲山から決まった方向に一定の強さで吹くために、窓の開閉だけで酒造の温度管理を容易にさせた。

この三者はいずれも天然資源そのものであるが、第四の「川」は天然資源でもあるが、そこに人為性が加わっている。すなわち、六甲山から神戸を経由して瀬戸内海までの傾斜が水の流れを円滑にして、それが精米のための水車の動力源になり、大量生産を可能にした。天然資源と人間の技術の融合がそこには見られる。

第五には「港」が挙げられる。なぜなら、徳川時代から酒の大消費地江戸への販売ルートに海が利用されて、その港が酒造り所や酒蔵のそばにあり、船で大量に運べたことである。これもまた天然の良港という資源に加えて、造船業としての第二次産業や船の運行技術の高さが調和した結果である。

第六の要因は「技」である。いくら天然資源として水、米、川、風などがあってもそれらは「必要条件」に止まる。産業を起こし、継続させるには、それら資源を使いこなせる人の技こそが「十分条件」になる。現在ではクルマで一時間、JR電車でも一時間程度、当時でも半日から一日で灘地方と往来できた丹波地域や但馬地域がある。両地域から、優れた酒造技術を伝承してきた丹波杜氏や但馬杜氏が、農閑期の出稼ぎ先に灘の酒造りに働きに出ていたという歴史がある。

さらに、江戸末期には「宮水」が発見され、昭和初期に酒造米として品種改良された山田錦が生まれたことも、灘の酒造りに大きな影響をもった。

同時に灘の酒造会社は、「ひと」づくりにも大きな貢献をしている。私立旧制灘中学校は、「白鶴」の白嘉納《はくかのう》家の次郎右衛門と「菊正宗」の本嘉納《ほんかのう》家の治兵衛、そして「櫻正宗」の山邑《やまむら》家の太左衛門の三家で一九二七年に設立された。また、私立甲陽中学校は最初教育者伊賀駒吉郎が一九一七年に作ったが、三年にして経営が不振となり、「白鹿」醸造元の辰馬吉左衛門が私財を投じて一九二〇年に辰馬学院甲陽中学校を創立した。現在では両校ともに有名進学校になり、多くの人材を輩出してきた。

「五き」への配慮が欠かせない

灘の酒造りは、天然資源としての水、山脈、気温、風、港を活かしたうえで、大消費地江戸への海運技術と酒造りのプロ集団として丹波杜氏と但馬杜氏が近在にいたから成功した。まさしく、「まち、ひと、しごと」そのものの融合であった。

かつて私は「地域活性化」の阻害要因として「五き」（天気、人気、景気、季節、規則）を挙げて、自然環境と人為環境の両方に留意したことがある（金子、二〇〇〇：二〇一四a）。この観点から、灘の酒造の成功は、「五き」のうち、「天気」と「季節」を積極的に活用した優良事例であるとみてよい。

環境未来都市としての下川町

第二の事例として、「環境未来都市」で各方面から高く評価される北海道上川郡下川町の調査を通して、私はその成功理由として、最も身近に活用できる「お湯」を地方創生の最大の資源とした過程に注目した。(5) 地球環境に配慮して、化石燃料を可能な限り使わない選択の結果、木質バイオマスを燃料化して、それを最大限に活用することで、町民に無尽蔵に近い資源として「お湯」を提供する。その住民密着の資源提供を支えるのは、高度に洗練された科学的な森林管理の実践にあった。

すなわち、一九五三年に国有林一二二一haを購入して以来「循環型森林経営」の手法により、天然林一五九八haを含む町有林四五八三haのうち人工林二九八五haが、この循環型経営に使用されてきた。町で「循環型森林経営」が正式に始まったのは二〇一四年からであるが、独自に長年にわたり町有林を増やす努力をしてきた。そして一九九四年から二〇〇三年の間にも一九〇二haを買い増してきた。

具体的には毎年五〇haを伐採して、その後にすぐ植林する。その育成に六〇年かかるから、結局は植林五〇ha×育林六〇年＝三〇〇〇haになり、町有林だけで「伐採・植林・育林」というサイクルが可能になった。一年間の伐採や植林はもちろん、育林の五九年間にも安定した地元での「しごと」が提供され、そこには雇用が生まれる。さらにその伐採の際にも地元の業者が関与できるから、下川町のなかで循環する木材の安定供給に結び付いたのである。「まち」が音頭を取り、「しごと」を作り、「ひと」が働く姿は、文字通り今日的な地方創生の典型になっている。

日本の中小自治体のほとんどが同じように森林資源を後背地にもっているのに、なぜ下川町のみが「森林経営」に成功したのか。現地調査に行くまで私はその理由がよく分からなかった。しかし、六〇年間の伐採・植林・育林の循環が定着した現状を知り、環境配慮型の地方創生のモデルの一つになったと評価するに至った(6)。

成長サイクルを取り込んだ伐採と植林と育林の循環作業は林産学の成果を活用するなど、科学的な根拠ももっている。森林から開発された「木質バイオマス」はその成果の一つに過ぎないが、この初発の資源化の意義は大きかった。なぜなら得られた「お湯」が町内の豊富な社会資源になり、多様な応用に結び付いたからである。たとえば、住宅やビルなどの暖房だけではなく、町内独自の発電や農業のビニールハウスでの農作物の栽培、そして居住空間のコンパクト化までも含んでいる。

さらに、下川町が経済、社会、環境で独自の課題を追求できるのは、社会学が発見した「まちづくり原則(一)－(五)」（金子、二〇一六a）を取り込んだ住民ニーズへの対応に加えて、北海道特有の冬期の除雪、医療過疎、統廃合される義務教育、買い物難民への対処などにも、これまでのまちづくり政策がすでに応えているからである。多くの自治体で地方創生の入口にさえ到達できない理由は、これらの基礎的ニーズ充足段階でもたついていて、その先にある創生事業になかなか進めないからである。

下川町の事例は自治体主導型であるが、それ以外にも地方創生主体は大中小零細などの企業、公益法人、NPOや団体、地元の商店街や商工会、コミュニティなどもまたありえる。いずれも人材（人財）としてのリーダーシップの問題がそこには横たわっている(7)。

5　コミュニティリーダーのPM理論

リーダーシップの科学理論　信長型、秀吉型、家康型などの単なる思い付きのラベリングを超えた科学的なリーダーシップ研究は、社会心理学における集団力学の実験から始まった。そこでは多くの成果が得られたが、日本の三隅二不二（一九八四）が開発したリーダーのPM理論は卓抜である。そこで開発された「実行力」としてのP機能と「統率力」としてのM機能を応用して、地域社会でも同じ文脈によりリーダーシップ構造を考えておきたい。

一般的な地方創生活動を考えた場合、その地域リーダーが独自の役割を果たすことが成功への近道である。この場合、三隅の研究成果に地域移動論の知見を加えると、リーダーのP機能属性として六つの特徴を引き出すことができる。すなわち、リーダーのP機能属性は、

(1)一度地域を離れて都市生活の経験があり、両者を比較できる。
(2)長期にわたる明確なビジョンをもち、人々に的確に示すことができる。
(3)すべての人々が賛同者にならないことも十分認識している。
(4)人と人を結び付けるネットワークづくりの才能に長けている。
(5)地域を情報の発信源にしようとする意気込みがある。
(6)自営業という立場で、比較的自由に時間がとれる。

ただし、五つの仕事それぞれで月額五万円の合計二五万円、年収三〇〇万円程度の「ナリワイ」（小田切、二〇一四：一九八）、あるいは三つの異なる業務で月に合計三〇万円の「複業」（神山、二〇一七：一四四）は、安易に推奨できない。この年収では大都市からのUターンなどによる参入はそれほど多く期待できない。国保や介護保険の掛け金だけではなく、パソコンやプリンターの維持管理、インターネットの諸費用も含めると、三〇〇万円の年収では長く続けることは難しい(8)。

リーダーシップのＰＭ理論

ちなみに、リーダーシップのPとMは、三隅が開発したリーダーシップのPM理論に依拠しており、もともと経営学の分野でいわれていたが、ここでは地域分析のため借用している（三隅、前掲書）。Pというのは、パフォーマンス（performance）と訳されているが、通常は実行力ないしは遂行力である。三隅の総括では、率先的行動、管理能力などに類別されている（同右：五〇〇）。これが強いとPになり、弱いとpになる。

表12-1　リーダーシップのPM 理論

		統率力（M）	
		強	弱
実行力(P)	強	PM	Pm
	弱	pM	pm

（出典）三隅（1984：70）。

次に、Mとはメインテナンス（maintenance）の頭文字であるが、統率力、まとめる力、統合力になり、詳しくは集団維持行動や公平性などに分けられる。リーダーシップには、この二種類があるというのが、集団力学におけるリーダーシップのPM理論の前提にある（表12-1）。そしてこの理論は、企業内部、労働組織内部、一般組織内部のリーダーシップ論を超えて使えるというよさがある。地域社会の中でも実行力に富んだリーダーもいるし、まとめる力に長けているリーダーもいる。これらを説明するためのきわめて分かりやすい理論として、二〇年前から私はPM理論を地域社会論に持ち込んできた（金子、一九九七）。

これらを地方創生活動に当てはめれば、中心グループの中で、その代表者はMよりもPに特化して、その周囲に数名が集団としてM機能を果たしている場合が多い。すなわち、二人三脚的ながら、その活動グループはP機能もM機能もほどよくもっていると評価できる集合体ならば、地方創生運動にも果たす役割が大きい。この場合、活動の立ち上げ時点では実行力を表すP機能に負うところが大きい。ただ、その活動の永続的展開過程になると、集団維持のための統率力としてのM機能が不可欠になる。通常は一人で併せ持つことには無理があるので、集団指導体制のなかにPM機能を揃えることになる。

ちなみに三隅が行った企業、工場、学校、家族、スポーツ集団、自治体などでのPM理論の実証研究で、確認された最大公約数的な因子は表12－2のようになっている。

多くの場合、P機能として析出されたのは、計画性、率先性、垂範性、厳格性、規律指導性などであった。一方のM機能では、集団維持、配慮、公平性、それに独善性などが該当した。いずれも組織内部でのリーダーシップ研究ではあるが、コミュニティの地方創生論にも役立つ知見である。社会心理学ではここまでのリーダーシップ研究成果があるのだから、集団を超えて地域社会レベルでも活用すれば、地方創生の「人材」論でも得られるところが大きいであろう。

リーダーは養成できるのか　まずは、このPM機能をもつリーダーをどのように育てていくかという問題がある。市町村の社会教育行政では、地域リーダー養成講座を公民館などでよくやっているが、調べた限りではあまり実際のリーダーづくりに結び付いていない。何週間かのカリキュラムの中で、リーダー養成講座として必要なものを学ぶということはもちろん大事なのだが、具体的に活動の経過を

表 12－2　実際のリーダーシップの PM 因子

<table>
<tr><th colspan="2">組織体・集団の種類</th><th>P行動因子</th><th>M行動因子</th></tr>
<tr><td rowspan="4">民間企業体</td><td>第一線監督者</td><td>計画性
従業員への圧力</td><td>集団維持</td></tr>
<tr><td>課長（工場）</td><td>計画性
内部調整
垂範性
厳格性</td><td>配慮
独善性</td></tr>
<tr><td>課長（事務・技術系）</td><td>計画性
率先性
垂範性
厳格性</td><td>配慮
独善性</td></tr>
<tr><td>部次長・工場長</td><td>計画性，計画遂行性
率先性
垂範性
厳格性</td><td>公平性
独善性</td></tr>
<tr><td rowspan="2">地方官公庁</td><td>係　長</td><td>実行計画
規律指導
自己規律</td><td>集団維持</td></tr>
<tr><td>課　長</td><td>企画・調整
規律指導
実行計画</td><td>集団維持</td></tr>
</table>

（出典）三隅（1984：500)。ただし，一部を省略した。

調べていくと、だいたい自然発生的にリーダーが登場する。そのリーダーの属性を調べていくと、大都市からのUターン者が目立ち、職業的には自営業が多く、あるいはP機能かM機能かのどちらかに長けている。たとえば、計画性に富む人がいたり、集団維持の能力がある人も必ずいる。

そういう意味では行政のいう「ひとづくり」には限界があって、本当に養成講座でまちづくりに有能な「ひとづくり」ができているかという疑問がある。なぜなら、実際のリーダーは地域リーダー養成講座など受けていないからである。地域活動をやっている人は、むしろ、そういうようなものにはマイナスの価値を置くぐらいの元気さがある。現実に影響力を行使できる地域リーダーは、全国的に見てもそのような「人材育成事業」講座からは出てきていないことを銘記しておきたい。同時にP機能を象徴する率先性や垂範性も、養成講座からは得られないであろう。むしろそれらのいくぶんかは天賦の才能であるといってよいからである。

しかも「人材育成事業」を行ってきた自治体の大半では、逆説的に地元での人材や地域リーダーの不足が常に嘆かれている。これはなぜか。一番大きな問題は、「人材育成事業」を行っていながら、「人材」として「研修・交流」に参加した人々を自治体が積極的に追跡調査をしていない点にある。たしかに一朝一夕に人材または地域リーダーは育たない。ただし一〇年間継続してきたのであれば、初期の育成事業参加者がどのような「人材」に育っているか、もしくは育っていないかの調査をしてみることはできる。それによって、事業の成果が具体的に検証されるはずである。しかし、予算をつけて、「人材育成事業」の具体的検証を行った自治体はほとんどないに等しい。追跡調査を忘れたこの「やりっぱなし」体質は、二一世紀の予算的に厳しい時代にはもはや通用しない。

現段階では、身近な社会資源を歴史的史跡、文化活動、天然資源、経済活動、スポーツ活動などから掘り起こすところから探求する。(9) リーダー養成講座などはやめて、むしろそれらの社会資源を求める過程で自主的な活動を始める老若男女からなる「ひと」を支援する。そこに登場する「ひと」は、「しごと」に関しても「まち」についてもなんらかのかたちで動き始める。

それはイノベーション理論でみた豊かさ（richness）、利益（benefit）、快適性（amenity）、福祉（welfare）や暮らし良さ（well-being）のいずれかの一部になるはずである。これらのうちのいずれかを求め始め、それをどこかに繋げ、自らが動き、拡げる。この営みの継続のために、社会学分野からはマクロ社会学もミクロ社会学も投入する。複雑な事実が理論を鍛えて、単純化された理論が見えるまで「社会学する」。長く読まれてきた内外の古典こそがその最良の導きになるはずである。

注

(1) そのきっかけはどちらでもよいが、できれば両方を合わせて考慮しておきたい。
(2) イノベーションについては、本書第4章を参照してほしい。
(3) この分類はこれまでの事例観察とその分析から、私が独自に作ったものである。
(4) 私の例でいえば、ＤＬＲ理論や前章のＩＳＭＤが該当する。
(5) たとえば『平成二八年版環境白書』では、「環境モデル都市」そして「環境未来都市」としても、下川町の紹介がなされている（環境省編、二〇一六）。ちなみに「環境モデル都市」とは、低炭素のまちづくりの一層の普及のため、「温室効果ガスの大幅な削減など低炭素社会の実現に向け、高い目標を掲げて先駆け的な取組にチャレンジする23都市」（環境省編、同右：一一三）を指している。また、「環境未来都市」とは都市の低炭素化をベースに、環境・超高齢化等を解決する成功事例を都市で創出し、国内外に展開して経済成長につなげる」（同右：一一三）都市であり、これには一一都市が選定されている。両方に含まれたのは下川町と富山市と北九州市である。

（6）後背地の森林は全国の中小都市や中山間地域、それに過疎地では例外なく存在するが、このような長期戦略で成功したのは下川町だけである。それは灘の酒造りとも符合する。水と米は全国でも同じように得られるものの、灘地域とそれを取り巻く周辺で水と米を使いこなした「ひと」の存在と、天然資源としての山脈、北風、港を「しごと」に活用できた「まち」により、優良産品としての「灘の生一本」が誕生したのである。

（7）宮本がいう「人材」の重要性は五〇年後でもまったく正しい。

（8）同じく松宮朝もまた、Ｉターンした「集落支援員」の調査を踏まえて、この人々が「月一〇万円あれば生活できる」（松宮、二〇一七：一六四）とみているが、私には疑問である。このレベルでは全国に向けて募集できないのではないか。

（9）二〇一五年から始まった文化庁の「日本遺産」認定事業は、二〇二〇年の東京オリンピックで来日する外国人旅行客の増加に照準を定めているが、使い方次第では国策としての地方創生にも役に立つところが大きい。

本章の論点

1、歴史的素材として地域活性化や地方創生に役立った鉱山業を調べてみよう。

2、自分のふるさとの郷土史を丁寧に読んで、地方創生として抽象化できる事例を探してみよう。

3、柳田國男の「生産町」を手掛かりにして、ふるさとの産業化の歴史を振り返ってみよう。

おわりに

「社会科学の有用性に疑いの目を向けている人は、少なくない」（ワッツ、二〇一一＝二〇一四：一〇）という現代において、本書は現代社会学的成果の質を高める正攻法として、社会学の個別性と普遍性に留意した内容を心がけた。歌謡曲が作詞と作曲の緊密な融合で生み出されるように、社会学では個別的現象の分析を通して普遍化を追究する。同時に普遍的理論を探究する際には必ず個別的事例に照らしてみることが鉄則である。両者が共存しないと、質の高い作品は生まれにくい。それがワッツのいう「疑いの目」に正対する方法の一つである。

個人の属性は非常に個別性が強い反面、身体的にも精神的にも普遍性を帯びる側面もある。本書で取り上げた権力、大衆、高齢化、少子化、地方創生などの社会現象もまた個別性に富むとともに、時代を超えて、国や地域空間を超えた普遍性もたくさん持っている。

可能な限りマクロ社会学とミクロ社会学の双方の成果を使って、個別性も普遍性も掬い取るような研究成果を出すことが、今後の社会学的成果の質の向上に資するであろう。社会調査の工夫、古典の読み方、データのまとめ方、論文の書き方などを学ぶ際には、その技法とともに自らの学問の姿勢も考慮しておきたい。

「仕事をする社会科学者というものは、いつも非常に多くの計画ないし構想をかかえていて、つぎはどれにとりかかるべきかという疑問に、つねにつきまとわれているようでなくてはならない」（ミルズ、一九五九＝一九六五：二六〇）。恩師鈴木広が翻訳したミルズの『社会学的想像力』はかなりな部分が研究の心構えないしは社会学入門の道しるべに過ぎないが、開陳された方法論から学ぶことは文字通り無数にあった。なかでもヴェブレンに触れながら、「ファイルを維持していくことが知的生産」（同右：二六二）は、私にとって長期にわたる研究構想に大いに役に立った。

その一部である本書の狙いは、社会システム問題の現状分析にあった。すなわち「少子化する高齢社会」が進む現代日本で直面する社会システム問題を取り上げ、その背景を探り、マクロ社会学とミクロ社会学の概念を駆使して丁寧な現状分析を行うことが第一の課題になった。

第二に、社会システム問題解決の処方箋を可能な限り作成しようとした。社会システム問題と認知されるに至った原因を引き出して分析し、その解決のための個別的ないしは普遍的な処方箋を具体的に提示することに努めた。それらを概念としての「社会システム創新」に結びつけようとした。

第三として、新しい社会学の理論のために、ミクロ社会学では不十分な側面をマクロ社会学で補いながら、「住むに甲斐《かい》ある世」（『草枕』）のための創生案を示した。今後の社会学理論の深化のためには隣接科学も活用する姿勢を明らかにした。

このような構成により、私が第一読者になりたい個別性と普遍性の双方に目配りした社会学の本来の姿に迫るために、既発表論文の加筆修正を進め、新たに書き下ろした合計で一二章が、若い世代に向けて新しく提供できることになった。このうち第11章と第12章は、JSPS 科学研究費 JP15K03903 を受けたその成果の一部でもある。

『社会学的想像力』に導かれて、「少子化する高齢社会」における都市コミュニティの調査研究を行ってきた私の研究史では、「あらゆる者は自己の方法論者となり、あらゆる者は自己自身の理論家となれ」（ミルズ、前掲書：二九二）が座右の銘であった。今は亡き恩師と語りあえた日々を追想しながら、単著でも編著でも共著でも、それに忠実であろうとした。

とりわけ問題の立て方として、「pならばq」の形ではなく、「qであるためには何が必要か」という「遡及的推論」形式を重視した。最終的な答は「社会システムの創新」であるが、それを目指すためにも、ささやかな領域を切り取った個別各章での分析が必要であった。

以上の大原則に基づき本書でも、恩師の綜合社会学を念頭に置き、この数年の書下ろしをまとめてみた。平成が別の年号に変わる時代の推移の中でも、学問的な歩みを堅持していきたい。

《著者紹介》

金子　勇（かねこ・いさむ）

1949年　福岡県生まれ。
1977年　九州大学大学院文学研究科博士課程単位取得退学。
現　在　神戸学院大学現代社会学部教授。北海道大学名誉教授。
文学博士（九州大学，1993年）。
第1回日本計画行政学会賞（1989年），第14回日本都市学会賞（1994年）。
著　書『コミュニティの社会理論』アカデミア出版会，1982年。
『都市高齢社会と地域福祉』ミネルヴァ書房，1993年。
『高齢社会　何がどう変わるか』講談社，1995年。
『地域福祉社会学』ミネルヴァ書房，1997年。
『高齢社会とあなた』日本放送出版協会，1998年。
『社会学的創造力』ミネルヴァ書房，2000年。
『都市の少子社会』東京大学出版会，2003年。
『少子化する高齢社会』日本放送出版協会，2006年。
『社会調査から見た少子高齢社会』ミネルヴァ書房，2006年。
『格差不安時代のコミュニティ社会学』ミネルヴァ書房，2007年。
『社会分析――方法と展望』ミネルヴァ書房，2009年。
『コミュニティの創造的探求』新曜社，2011年。
『環境問題の知識社会学』ミネルヴァ書房，2012年。
『「時代診断」の社会学』ミネルヴァ書房，2013年。
『「成熟社会」を解読する』ミネルヴァ書房，2014年。
『日本のアクティブエイジング』北海道大学出版会，2014年。
『「地方創生と消滅」の社会学』ミネルヴァ書房，2016年。
『日本の子育て共同参画社会』ミネルヴァ書房，2016年，ほか。

叢書・現代社会のフロンティア㉗
社会学の問題解決力
――理論・分析・処方箋――

2018年5月10日　初版第1刷発行　〈検印省略〉

定価はカバーに
表示しています

著　者　金　子　　勇
発行者　杉　田　啓　三
印刷者　坂　本　喜　杏

発行所　株式会社　ミネルヴァ書房
〒607-8494　京都市山科区日ノ岡堤谷町1
電話代表　(075)581-5191
振替口座　01020-0-8076

冨山房インターナショナル・新生製本

ISBN 978-4-623-08350-3
Printed in Japan

人名索引

あ 行

か 行

さ 行

た 行

な　行

は　行

ま　行

や　行

ら　行

わ　行

事項索引

※「マクロ社会学」「ミクロ社会学」などは頻出するため省略した。

あ 行

か 行

さ　行

た　行

な　行

は　行

ま　行

や　行

ら　行

参照文献

安倍徹也，2015，『イノベーション理論集中講義』日本実業出版社.

赤川学，2004，『子どもが減って何が悪いか！』筑摩書房.

赤川学，2017，『これが答えだ！ 少子化問題』筑摩書房.

Alexis de Tocqueville, 1835-1840, *De la Démocratie en Amérique*.（=1972-1987，井伊玄太郎訳『アメリカの民主政治』上・中・下，講談社）

Aron, R., 1968, *The Social Order*, Encyclopaedia Britannica.（=1968，松原洋三訳『現代の社会』エンサイクロペディアブリタニカ日本支社）

Ashton, T. S., 1948, *The Industrial Revolution, 1760-1830,* Home University Library.（=1973，中川敬一郎訳『産業革命』岩波書店）

Baudrillard, J., 1970, *La societe de consummation*, Planete.（=1979，今村仁司・塚原史訳『消費社会の神話と構造』紀伊國屋書店）

Bauman, Z., 2001, *Community : Seeking Safety in an Insecure World*, Polity Press.（=2008，奥井智之訳『コミュニティ――安全と自由の戦場』筑摩書房）

Bauman, Z. & May, T., 2001, *Thinking Sociologically* (2nd), John Wiley and Sons Ltd..（=2016，奥井智之訳『社会学の考え方』筑摩書房）

Beck, U., *Risikogesellschaft*, Shurkamp Verlag, 1986.（=1998，東廉・伊藤美登里訳『危険社会』法政大学出版局）

Bell, D., 1976, *The Cultural Contradiction of Capitalism*, Basic Books.（=1976，林雄二郎訳『資本主義の文化的矛盾』上・中・下，講談社）

Bellah, R. N. et al. 1985, *Habits of the Heart*, University of California Press.（=1991，島薗進・中村圭志訳『心の習慣』みすず書房）

Bendix, R. & Roth, Guenther, 1971, *Scholarship and Partisanship*, University of California Press.（=1975，柳父圀近訳『学問と党派性』みすず書房）

Blau, P. M. (ed.), 1975, *Approaches to the Study of Social Structure*, The Free

Press.（＝1982，斎藤正二監訳『社会構造へのアプローチ』八千代出版）
Burawoy, M., 2005, “2004 American Sociological Association Presidential Address : For Public Sociology,” *The British Journal of Sociology*, 2005 Volume. 56, Issue 2 : 259-294.
地域つながりセンター，2016，『世の中捨てたもんじゃない』第１集，地域つながりセンター.
Coleman, J. S., 1990, *Foundation of Social Theory*, Harvard University Press.（＝2004，久慈利武監訳『社会理論の基礎』上，青木書店；＝2006，久慈利武監訳『社会理論の基礎』下，青木書店）
Comte, A., 1822, “Plan des travaux scientifiques necessaries pour réorganiser la société”.（＝1980，霧生和夫訳「社会再組織に必要な科学的作業プラン」清水幾太郎編集『コント　スペンサー』中央公論社：51-139）
Dahl, R. A., 1961, *Who Governs?-Democracy and Power in an American City*, Yale University Press.（＝1988，河村望・高橋和宏監訳『統治するのはだれか』行人社）
Dahl, R. A., 1971, *Polyarchy*, Yale University Press.（＝2014，高畠通敏・前田修訳『ポリアーキー』岩波書店）
Dahrendorf, R., 1956, *Industrie und Betriebssoziologie*, Walter de Gruyter & Co.（＝1961，池内信之・鈴木英壽訳『産業社会学』千倉書房）
Dahrendorf, R., 1997, *“Morality, Institutions and Civil Society” from After 1989*, Macmillan press Ltd.（＝1998，加藤秀治郎編・監訳『政治・社会論集　重要論文選』晃洋書房）
Descartes, R., 1637, *Discours de la méthode*.（＝1997，谷川多佳子訳『方法序説』岩波書店）
Dubos, R., 1965, *Man Adapting*, Yale University Press.（＝1970，木原弘二訳『人間と適応』みすず書房）
Durkheim, É., 1893, *De la division du travail sociale*, P.U.F.（＝1971，田原音和訳『社会分業論』青木書店）
Durkheim, É., 1895, *Les Règles de la méthode sociologique*, P.U.F.（＝1978，宮

島喬訳『社会学的方法の規準』岩波書店)
Durkheim, É., 1897, *Le Suicide : étude de sociologie*, nouvell édition, P.U.F.（＝1985, 宮島喬訳『自殺論』中央公論社)
Elias, N. & Scotson, J. L., 1965, *The Established and the Outsiders*, Sage.（＝2009, 大平章訳『定着者と部外者』法政大学出版局)
遠藤薫・佐藤嘉倫・今田高俊編, 2016,『社会理論の再興』ミネルヴァ書房.
Engels, F., 1845＝1887, *The Condition of Working Class in England*.（＝1971, 全集刊行委員会訳『イギリスにおける労働者階級の状態』1・2, 大月書店)
Etioni, A., 1996, *The New Golden Rule*, Basic Books, A Division of Collins Publishers.（＝2001, 永安幸正監訳『新しい黄金律』麗澤大学出版会)
フィッシャー, 1975,「アーバニズムの下位文化理論をめざして」(＝1983, 奥田道大ほか訳『都市の理論のために』多賀出版：50-94)
Fischer, C. S., 1984, *The Urban Experience*, Harcourt Brace & Company.（＝1996, 松本康・前田尚子訳『都市的体験』未來社)
Fromm, E., 1941, *Escape from Freedom*, Rinehalt & Company.（＝1951, 日高六郎訳『自由からの逃走』東京創元社)
藤原書店編集部編, 2016,『ジェイン・ジェイコブズの世界』藤原書店.
藤松素子編, 2006,『現代地域福祉論』佛教大学.
福田アジオ編, 2015,『知って役立つ民俗学』ミネルヴァ書房.
福武直, 1976,『社会学四〇年』東京大学出版会.
福武直・日高六郎, 1953,『社会学』光文社.
古厩忠夫, 1997,『裏日本』岩波書店.
古野清人, 1980,『宗教人類学五十年』耕土社.
Galbraith, J. K., 1973, *Economics and the Public Purpose*, Houghton Mifflin.（＝1975, 久我豊雄訳『経済学と公共目的』河出書房新社)
Galbraith, J. K., 1992, *The Culture of Contentment*.（＝2014, 中村達也訳『満足の文化』筑摩書房)
Giddens, A., 1989, *Sociology*, Polity Press.（＝1992, 松尾精文ほか訳『社会学』

而立書房）
Giddens, A. & Sutton, P. W., 2017, *Sociology* (8th), Polity.
Habermas, J., 1981, *Theorie des kommunikativen Handels*, Frankfurt am Main（＝1985-1987，河上倫逸ほか訳『コミュニケイション的行為の理論』全3巻，未來社）
濱田康行・金子勇，2017a,「人口減少社会のまち，ひと，しごと――地方創生の新たな方向と中小企業」『商工金融』第68巻第6号：3-40.
濱田康行・金子勇，2017b,「地方創生論にみる『まち，ひと，しごと』」『経済学研究』第67巻第2号：29-97.
Helfer, M. E., Kempe, R. S. & Krugman, R. D., 1997, *The Battered Child,* (5th),The University of Chicago Press.（＝2003，坂井聖二監訳『虐待されたこども』明石書店）
Hillery, G. A. Jr., 1955, "Definition of community," *Rural Sociology*, Vol. 20.（＝1978，山口弘光訳「コミュニティの定義」鈴木広編『都市化の社会学』増補版，誠信書房：303-321）
北海道下川町役場，2014,『エネルギーの自立と地域創造』同役場.
Hunter, F., 1953, *Community Power Structure*, University of North Carolina Press.（＝1998，鈴木広監訳『コミュニティの権力構造』恒星社厚生閣）
今田高俊，1986,『自己組織性』創文社.
Irving Louis Horowitz. (ed.), 1963, *Power, Politics, and People : The Collected Essays of C. Wright Mills*, Oxford University Press.（＝1971，青井和夫・本間康平監訳『権力・政治・民衆』みすず書房）
磯村英一，1959,『都市社会学研究』有斐閣.
磯村英一，1976,『都市学』良書普及会.
Jacobs, J., 1961, *The Death and Life of Great American Cities*, The Random House Publishing Group.（＝2010，山形浩生訳『アメリカ大都市の死と生』鹿島出版会）
Jason, L. A., 2013, *Principles of Social Change*, Oxford University Press.
Jewkes, J., Sawers, D. & Stillerman, R., 1962, *The Sources of Invention,* Mac-

millan & Co. Ltd..（＝1968, 星野芳郎・大谷良一・神戸鉄夫訳『発明の源泉』岩波書店）
神島二郎, 1961,『近代日本の精神構造』岩波書店.
神山典士, 2017,『成功する里山ビジネス』角川書店.
金子勇, 1982,『コミュニティの社会理論』アカデミア出版会.
金子勇, 1984,『高齢化の社会設計』アカデミア出版会.
金子勇, 1993,『都市高齢社会と地域福祉』ミネルヴァ書房.
金子勇, 1995,『高齢社会　何がどう変わるか』講談社.
金子勇, 1997,『地域福祉社会学』ミネルヴァ書房.
金子勇, 1998,『高齢社会とあなた——福祉資源をどうつくるか』日本放送出版協会.
金子勇, 2000,『社会学的創造力』ミネルヴァ書房.
金子勇, 2003,『都市の少子社会』東京大学出版会.
金子勇, 2006a,『少子化する高齢社会』日本放送出版協会.
金子勇, 2006b,『社会調査から見た少子高齢社会』ミネルヴァ書房.
金子勇, 2007,『格差不安時代のコミュニティ社会学』ミネルヴァ書房.
金子勇, 2008,「社会変動の測定と社会指標」金子勇・長谷川公一編『社会変動と社会学』ミネヴァ書房：103-128.
金子勇, 2009,『社会分析——方法と展望』ミネルヴァ書房.
金子勇, 2010,『吉田正』ミネルヴァ書房.
金子勇, 2011,『コミュニティの創造的探求』新曜社.
金子勇, 2012,『環境問題の知識社会学』ミネルヴァ書房.
金子勇, 2013,『「時代診断」の社会学』ミネルヴァ書房.
金子勇, 2014a,『「成熟社会」を解読する』ミネルヴァ書房.
金子勇, 2014b,『日本のアクティブエイジング』北海道大学出版会.
金子勇, 2016a,『「地方創生と消滅」の社会学』ミネルヴァ書房.
金子勇, 2016b,『日本の子育て共同参画社会』ミネルヴァ書房
金子勇, 2017a,「高齢社会の健康長寿研究」鳥越皓之・金子勇編『現場から創る社会学理論』ミネルヴァ書房：13-22.

金子勇，2017b，「書評：大谷信介・山下祐介・笹森秀雄編『グローバル化時代の日本都市理論：鈴木栄太郎『都市社会学原理』を読み直す』ミネルヴァ書房，2015」『西日本社会学会年報』：91-92.
金子勇編，2002，『高齢化と少子社会』ミネルヴァ書房.
金子勇編，2003，『高田保馬リカバリー』ミネルヴァ書房.
金子勇編，2017，『計画化と公共性』ミネルヴァ書房.
金子勇編，2018a，「地方日本の創生」『地域創生学』創刊号，北九州市立大学（近刊）.
金子勇編，2018b，『社会変動研究の現状と課題』ミネルヴァ書房（近刊）.
金子勇・長谷川公一，1993，『マクロ社会学――社会変動と時代診断の科学』新曜社.
環境省編，2016，『平成28年版　環境白書』日経印刷.
加藤周一，1974，『雑種文化』講談社.
Kaufmann, F. Z., 2005, *Schrumpfende Gesellschaft*, Schrkamp Verlag.（＝2011，原俊彦・魚住昭代訳『縮減する社会』原書房）
小室直樹，1975，『危機の構造』中央公論社.
厚生労働省編，2014，『平成26年版　厚生労働白書』日経印刷.
厚生労働省編，2016，『平成28年版　厚生労働白書』日経印刷.
厚生労働省編，2017，『平成29年版　厚生労働白書』日経印刷.
Kunkel, J. H., 1970, *Society and Economic Growth*, Oxford University Press.（＝1974，加藤昭二訳『行動社会学と経済発展』勁草書房）
Lefebvre G., 1934, *Foules revolutionnaires*.（＝2017，二宮宏之訳『革命的群衆』岩波書店）
Lipset, S. M. & Bendix, R., 1959, *Social Mobility in Industrial Society*, University of Carifornia.（＝1969，鈴木広訳『産業社会の構造』サイマル出版会）
Little, A., 2002, *The Politics of Community*, Edinburgh University Press.（＝2010，福士正博訳『コミュニティの政治学』日本経済評論社）
Lofland, J. & Lofland, L., 1995, *Analyzing Social Setting*, Wadsworth Publishing Company.（＝1997，進藤雄三・宝月誠訳『社会状況の分析』恒星社厚生

閣）

Lynd, R. S. & Kynd, H. M., 1929, 1937, *Middletown : A Study in Contemporary American Culture. Middletown in Transition : A Study in Cultural Conflicts*, Harcourt, Brace & World, Inc.（＝1990，中村八朗訳『ミドゥルタウン』青木書店）

MacIver, R. M., 1917, *Community*, Macmillan and Co., Limited.（＝1975，中久郎・松本通晴監訳『コミュニティ』ミネルヴァ書房）

マーンフィ，C., 1977,「これまでとは違った新たな介入方法について」Halfer, M. E., et. al., (eds.), *The Battered Child*, The University of Chicago.（＝2003，坂井聖二監訳『虐待された子ども』明石書店：936-972）

増田寛也編，2014,『地方消滅』中央公論新社.

丸山真男，1964,『現代政治の思想と行動』増補版，未來社.

松宮朝，2017,「Ｉターン移住者，集落支援員による『協働』型集落活動」日本村落研究学会編『年報　村落社会研究 53』農山村文化協会：143-173.

松永安光・徳田光弘編，2017,『世界の地方創生』学芸出版社.

松下圭一，1971,『シビル・ミニマムの思想』東京大学出版会.

Merton, R. K., 1957, *Social Theory and Social Structure*, The Free Press.（＝1961，森東吾ほか訳『社会理論と社会構造』みすず書房）

Merton, R. K., 1966, “Social Problem and Sociological Theory,” in R. K. Merton & P. A. Nisbet(eds.), *Contemporary Social Problem*, The Free Press.（＝1969，森東吾ほか訳『社会理論と機能分析』青木書店）

Mills, C. W., 1956, *The Power Elite*, Oxford University press.（＝1969，鵜飼信成・綿貫譲治訳『パワー・エリート』上・下，東京大学出版会）

Mills, C. W., 1959, *The Sociological Imagination*, Oxford University Press.（＝1965，鈴木広訳『社会学的想像力』紀伊國屋書店）

三隅二不二，1984,『リーダーシップ行動の科学』有斐閣.

宮本常一，1967,「日本列島にみる中央と地方」『宮本常一著作集２』未來社.

Moody, H., 1988, *Abundance of Life*, Columbia University Press.

Moody, H., 1994, *Aging : Concepts and Controversies*, Pine Forge Press.

Moore, W. E., 1965, *The Impact of Industry*, Prentice-Hall, Inc.（＝1971，井関利明訳『産業化の社会的影響』慶應通信）
森岡清美，2012，『ある社会学者の自己形成』ミネルヴァ書房.
森嶋通夫，1991，『政治家の条件』岩波書店.
森嶋通夫，1994，『思想としての近代経済学』岩波書店.
森嶋通夫，1999，『なぜ日本は没落するか』岩波書店.
内閣府編，2014，『平成26年版　少子化社会対策白書』日経印刷.
内閣府編，2016，『平成28年版　少子化社会対策白書』日経印刷.
内閣府編，2017a，『平成29年版　高齢社会白書』日経印刷.
内閣府編，2017b，『平成29年版　少子化社会対策白書』日経印刷.
内閣府政策統括官，総務省大臣官房総括審議官，厚生労働省雇用均等・児童家庭局長，2008，『総合的な少子化対策の推進について』（府政共生第47号）：10-19.
内藤莞爾，1970，『末子相続の研究』弘文堂.
中野孝次，1996，『清貧の思想』文藝春秋.
夏目漱石，1929＝1992，『草枕』岩波書店.
日本社会学会調査委員会編，1958＝2002，『日本社会の階層的構造』有斐閣.
日本郵政グループ労働組合編，2012，『Smile プロジェクト　実践マニュアル』日本郵政グループ労働組合.
日本郵政グループ労働組合編，2014，『Smile プロジェクト　2013年度チャレンジ支部実践レポート』日本郵政グループ労働組合.
日本郵政グループ編，2015，『2015　日本郵政グループ　ディスクロージャー誌』日本郵政グループ.
Nisbet, R. A., 1953, *The Quest for Community*, Oxford University Press.（＝1986，安江孝司ほか訳『共同体の探求』梓出版社）
Nisbet, R. A., 1970, *The Social Bond*, Alfred A. Knopf.（＝1977，南博訳『現代社会学入門』（一）～（四），講談社）
Nisbet, R. A., 1976, *Sociology as an Art Form*, Oxford University Press.（＝1980，青木康容訳『想像力の復権』ミネルヴァ書房）

小田切徳美，2014，『農山村は消滅しない』岩波書店．

OECD, 1977, *Subjective Elements of Well-Being: 1977, Measuring Social Well-Being.*（＝1979，小金芳弘監訳『「暮らし良さ」測定法の研究』至誠堂）

Ogburn, W. F., 1923, *Social Change: with Respect to Culture and Original Nature,* London.（＝1944，雨宮庸蔵・伊藤安二訳『社会変化論』育英書院）

奥田道大，1999，「都市コミュニティの再定義」奥田編『講座社会学４　都市』東京大学出版会：257-306.

奥井復太郎，1940，『現代大都市論』有斐閣．

Olson, M., 1965, *The Logic of Collective Action,* Harvard University Press.（＝1983，依田博・森脇俊雅訳『集合行為論』ミネルヴァ書房）

大橋薫，1976，『社会病理学研究』誠信書房．

大川市誌編集委員会編，1977，『大川市誌』大川市．

大野晃，2008，『限界集落と地域再生』北海道新聞社．

大野忠男，1971，『シュムペーター体系研究』創文社．

大谷信介・山下祐介・笹森秀雄編，2015，『グローバル化時代の日本都市理論』ミネルヴァ書房．

大塚民俗学会編，1972，『日本民俗事典』弘文堂．

大藪寿一，1982，『現代社会病理論』幻想社．

Ortega y Gasset, 1930, *La Rebelión de las Masas.*（＝1967，神吉敬三訳『大衆の反逆』角川書店）

Parsons, T., 1951, *The Social System,* The Free Press.（＝1974，佐藤勉訳『社会体系論』青木書店）

Parsons, T., 1964, *Social Structure and Personarity,* The Free Press.（＝1985，武田良三監訳『社会構造とパーソナリティ』新泉社）

Parsons, T., 1969, *Politics and Social System,* The Free Press.（＝1974，新明正道監訳『政治と社会構造』誠信書房）

Parsons, T., 1977, *Social Systems and The Evolution of Action Theory,* The Free Press.（＝1992，田野崎昭夫監訳『社会体系と行為理論の展開』誠信書房）

パーソンズ・倉田和四生編訳，1984，『社会システムの構造と変化』創文社．
プレジデント編集部，2016，『Japan Forbes』No. 22，プレジデント社．
Putnam, R, D., 2000, *Bowling Alone : The Collapse and Revival of American Community*, Simon & Shuster.（＝2006，柴内康文訳『孤独なボウリング』柏書房）
Riesman, D., 1961, *The Lonely Crowd*, Yale University Press.（＝1964，加藤秀俊訳『孤独な群衆』みすず書房）
Roberts, K., 2012, *Sociology : An Introduction,* Edward Elgar.
Rogers, R. & Gumuchdjian, P., 1997, *Cities for a Small Planet*, Faber and Faber Limited.（＝2002，野城智也ほか訳『都市――この小さな惑星の』鹿島出版会）
里見清一，2016，『医学の勝利が国家を滅ぼす』新潮社．
Schaff, A., 1977, *Entfremdung als Soziales Phänomen*, Europa Verlag GmbH,（＝1984，花崎皋平訳『社会現象としての疎外』岩波書店）
Sennett, R., 1977, *The Fail of Public Man*, Cambridge University Press.（＝1991，北山勝彦・高階悟訳『公共性の喪失』晶文社）
清水幾太郎，1972，『倫理学ノート』岩波書店．
清水幾太郎，1978，『オーギュスト・コント』岩波書店．
清水幾太郎，1993，『清水幾太郎著作集 18』講談社．（初出は1972年『図書』3月号，岩波書店）
Simmel, G., 1903, *Die Grossstädte und das Geistesleben*,（＝1978，松本通晴訳「大都市と心的生活」鈴木広編『都市化の社会学』増補版，誠信書房：99-112）
Simmel, G., 1917, *Grundfragen der Soziologie*.（＝1979，清水幾太郎訳『社会学の根本問題』岩波書店）
白澤卓二，2013，『長寿エリートの秘密』角川学芸出版．
Smelser, N. J., 1968, *Essays in Sociological Explanation*, Prentice-Hall. Inc.（＝1974，橋本真訳『変動の社会学』ミネルヴァ書房）
Sorokin, P. A. & Zimmerman, C. C., 1929, *Principle of Rural Urban Sociology*,

Hort.（＝1940，京野正樹訳『都市と農村——その人口交流』刀江書院）
総務省統計局，2017a，『社会生活統計指標 2017』同省統計局.
総務省統計局，2017b，『統計でみる市区町村のすがた 2017』同省統計局.
総務省統計局，2017c，『社会生活統計指標——都道府県の指標 2017』同統計局.
鈴木栄太郎，1969，『鈴木栄太郎著作集Ⅵ　都市社会学原理』増補版，未來社.
鈴木広，1970，『都市的世界』誠信書房.
鈴木広，1986，『都市化の研究』恒星社厚生閣.
鈴木広，2001，「家族社会学の現代的課題」鈴木広監修『家族・福祉社会学の現在』ミネルヴァ書房：3-14.
鈴木広，2001，「アーバニズム論の現代的位相」鈴木広先生古希記念論集刊行委員会編『都市化とコミュニティの社会学』ミネルヴァ書房：1-15.
鈴木広，2002，「現代都市社会学の課題」鈴木広監修『地域社会学の現在』ミネルヴァ書房：3-16.
鈴木広ほか，1962，「零細企業集団型都市の社会分析」『社会学評論』13巻1号：59-84.
鈴木広編，1965＝1978，『都市化の社会学』増補版，誠信書房.
鈴木広編，1976，『都市構造と市民意識——福岡市民意識調査』福岡市総務局企画調整部.
鈴木広編，1978，『コミュニティモラールと社会移動の研究』アカデミア出版会.
高田保馬，1919，『社会学原理』岩波書店.
高田保馬，1922＝1950＝1971＝2003，『社会学概論』ミネルヴァ書房
高田保馬，1927，『人口と貧乏』日本評論社.
高田保馬，1934，『国家と階級』岩波書店.
高田保馬，1948＝2003，『階級及第三史観』ミネルヴァ書房.
高田保馬，1959＝2003，『勢力論』ミネルヴァ書房.
高田保馬，1960，「社会変動について」『社会学評論』39・40巻：2-10.（金子勇編，2003，『高田保馬リカバリー』ミネルヴァ書房，に再録）

高田保馬・新明正道・尾高邦雄，1951，「社会学に対する私の立場」『社会学評論』4 巻：79-104.
高木市之助，1967，『国文学五〇年』岩波書店.
竹中平蔵，2005，『郵政民営化「小さな政府」への試金石』PHP 研究所.
竹本昌史，2016，『地方創生大事典』国書刊行会.
富永健一，1965，『社会変動の理論』岩波書店.
富永健一，1971＝2003，「高田保馬の社会学理論」高田保馬『社会学概論』ミネルヴァ書房：331-371.
富永健一，1972，「高田保馬の勢力理論」『社会学評論』90：28-46.
富永健一，1986，『社会学原理』岩波書店.
富永健一，1993，「戦後日本社会学の発展とその問題」日本社会学史学会編『社会学史研究』第15号，いなほ書房：35-52.
富永健一，1995，『行為と社会システムの理論』東京大学出版会.
富永健一，1996，『近代化の理論』講談社.
富永健一，2000，「高田保馬・戸田貞三・鈴木栄太郎と二〇世紀社会学」日本社会学史学会編『社会学史研究』第22号，いなほ書房：49-66.
富永健一，2002，「訳者解説　パーソンズの社会学理論」Parsons, T, 1978, *Action Theory and The Human Condition*, The Free Press.　富永健一ほか訳『人間の条件パラダイム』勁草書房：217-276.
富永健一，2003，「高田保馬とパーソンズ」金子勇編『高田保馬リカバリー』ミネルヴァ書房：223-260.
富永健一，2008，『思想としての社会学』新曜社.
富永健一，2011，『社会学わが生涯』ミネルヴァ書房.
富永健一編，1979，『日本の階層構造』東京大学出版会.
Tumin, M. M., 1964, *Social Stratification*, Prentice-Hall. Inc.（＝1969，岡本英雄訳『社会的成層』至誠堂）
Tönnies, F., 1887, *Gemeinschaft und Gesellschaft*.（＝1957，杉之原寿一訳『ゲマインシャフトとゲゼルシャフト』岩波書店）
鳥越皓之，2017，「どんな魅力ある理論を形成できるか」鳥越皓之・金子勇編

『現場から創る社会学理論』ミネルヴァ書房：3-12.
東洋経済新報編集部編，2017，『都市データパック　2017年版』東洋経済新報社.
植村勝彦，2012，『現代コミュニティ心理学』東京大学出版会.
宇沢弘文，1977，『近代経済学の再検討』岩波書店.
宇沢弘文，1989，『経済学の考え方』岩波書店.
Vaillant, G., 2002, *Ageing Well*, Scribe Publications.
ヴァンソン藤井由美・宇都宮浄人，2016，『フランスの地方都市にはなぜシャッター通りがないのか』学芸出版社.
Veblen, T., 1899, *The Theory of the Leisure Class.*（＝2016，村井章子訳『有閑階級の理論』筑摩書房）
Wallerstein, I., 1974, *The Modern World-System*, Academic Press.（＝1981，川北稔訳『近代世界システム』1・2，岩波書店）
Warren, R. L., 1970, “Toward a non-utopian normative model of the community,” *America Sociological Review*, Vol. 35, No. 2 : 219-228.（＝1978，金子勇訳「コミュニティの非ユートピア的規範モデルを求めて」鈴木広編『都市化の社会学』増補版，誠信書房，283-300）
Warren, R. L., 1972, *The Community in America* (2nd.), Rand McNally & Company.
渡邉洋一，2000，『コミュニティケア研究』相川書房.
渡邉洋一，2005，『コミュニティケアと社会福祉の展望』相川書房.
Watts, D., 2011, *Everything is Obvious-Once you Know the Answer*, Crown Business.（＝2014，青木創訳『偶然の科学』早川書房）
Weber, M., 1904, *Die >>Objektivität<< SozialWissenchaftlicher und Sozialpolitischer Erkenntnis.*（＝1998，富永祐治・立野保男訳，折原浩補訳『社会科学と社会政策にかかわる認識の「客観性」』岩波書店）
Weber, M., 1904-1905, *Die protestantische Ethik und der >>Geist<<des Kapitalismus.*（＝1989，大塚久雄訳『プロテスタンティズムの倫理と資本主義の精神』岩波書店）

Weber, M., 1921a, *Polotik als Beruf.*（＝1962, 清水幾太郎・清水礼子訳「職業としての政治」『世界思想教養全集 18　ウェーバーの思想』河出書房新社：171-227；＝1959, 西島芳二訳『職業としての政治』角川書店；＝1980, 脇圭平訳『職業としての政治』岩波書店）
Weber; M., 1921b, *Wissenschaft als Beruf.*（＝1962, 出口勇蔵訳「職業としての学問」『世界思想教養全集 18　ウェーバーの思想』河出書房新社：129-170）
Weber, M., 1921-1922, *Bürokratie.*（＝1958, 阿閉吉男・脇圭平訳『官僚制』角川書店）
Weber, M., 1922, *Soziologische Grundbegriffe.*（＝1972, 清水幾太郎訳『社会学の根本概念』岩波書店；＝1953, 阿閉吉男・内藤莞爾訳『社会学の基礎概念』角川書店）
Wirth, L., 1938, "Urbanism as a Way of Life," *American Journal of Sociology*, 44.（＝1978, 高橋勇悦訳「生活様式としてのアーバニズム」鈴木広編『都市化の社会学』増補版, 誠信書房：127-147）
A. J. Reiss, Jr., (ed.), 1964, *Louis Wirth on Cities and Social Life*, The University of Chicago Press.
山形浩生, 2010,「訳者解説」Jacobs, J., 1961, *The Death and Life of Great American Cities*, The Random House Publishing Group.（＝2010, 山形浩生訳『アメリカ大都市の死と生』鹿島出版会：476-495）
山崎朋子, 1977＝2008,『サンダカン八番娼館』文藝春秋.
山下祐介, 2014,『地方消滅の罠』筑摩書房.
柳田國男, 1906＝1991,「時代と農政」『柳田國男全集 29』筑摩書房：7-227.
柳田國男, 1928＝1990,「青年と学問」『柳田國男全集 27』筑摩書房：115-350.
柳田國男, 1929＝1991,「都市と農村」『柳田國男全集 29』筑摩書房：333-541.
柳田國男, 1931＝1990,「郷土科学について」『柳田國男全集 27』筑摩書房：508-517.
柳田國男, 1955＝1977,『年中行事覚書』講談社.
柳田國男, 1935＝1990,「郷土生活の研究法」『柳田國男全集 28』筑摩書房：7-

244.
柳田國男，1937＝1990，「平凡と非凡」『柳田國男全集 27』筑摩書房：543-562.
柳田國男，1997，『故郷七〇年』筑摩書房.
柳田國男監修，民俗学研究所編，1951，『民俗学辞典』東京堂出版.
野城智也，2016，『イノベーション・マネジメント』東京大学出版会.
横石知二，2007，『そうだ，葉っぱを売ろう』ソフトバンククリエイティブ.
吉田民人，1974，「社会体系の一般変動理論」青井和夫編『理論社会学』東京大学出版会：191-238.
Young, J., 1999, *The Exclusive Society*, SAGE Publications.（＝2007，青木秀男ほか訳『排除型社会』洛北出版）
全国知事会，2013，『自立可能な地域経済社会の構築』全国知事会.